人文与社会译丛

人文学概論

人文知の新たな構築をめざして

安酸敏眞 著

増補改訂版

知泉書館

まえがき

　人文学概論は,「人文学とは何か」を歴史的・体系的に論述することを任務とする。現在,わが国には人文学部を擁する大学が,国立10校,公立1校,私立39校,あわせて50校存在するので,人文学の内容をコンパクトに解説した書物があってもよさそうなものである。しかし意外にも,その種の書物は従来ほとんど出回っていなかった。おそらくその理由は,戦前からある老舗大学では,人文学を学ぶ学部は「文学部」として設置されていたからである。そこではカリキュラムが最初から〈哲学・史学・文学〉の三部門に大別され,全体の学問的営みを「人文学」として捉える意識が希薄にならざるを得なかった。しかしここ数年,その欠けを補うような書物が何冊か刊行され,筆者も裨益されるところが少なくない。しかし本書には本書なりの価値があると信じて,ここに増補改訂版をお届けする次第である。

　ところで,「人文学概論」という名の書物こそ存在しなかったものの,わが国の大学に教養部が存在した当時は,哲学概論・史学概論・文学概論など,「○○概論」といった名称の書物は当たり前に存在していた。しかし「大学の設置基準の大綱化」以降,教養部の解体と歩調を合わせるかのように,この種の概論は大学の講義室からも書店からもすっかり姿を消してしまった。それだけでなく,「○○とは何か」を正面から論ずる概論は,物事の普遍的本質を問う〈本質主義〉を連想させるためであろうか,〈構築主義〉が幅を利か

v

まえがき

せる現今きわめて不興なのである。ここにも「人文学概論」が書かれない理由があるのかもしれない。

　にもかかわらず，人文学を学ぼうとする学徒にとって，「人文学とは何か」という問いは，素朴かつ本質的な問いとして問われざるを得ない。本書は，こうした学生が抱く疑問に答えようとして，筆者の三十五星霜にわたる研究と教育の実践に基づいて，独自の切り口で書き下ろしたものである。学問の専門化が極度に進んだ現在，教員も学生も自分の専門分野のことしか考えない傾向が強まっているが，学問はつねにより広い全体を視野に入れなければならない。「木を見て森を見ず」という諺があるが，とりわけ人文学はそれではいけない。なぜなら，人文学は人間とその文化を総合的に探究する学問だからである。

　とはいえ，人文学の全域をカバーする概論を一人で書くことは，学問研究の専門化・分業化が押し進められたいま，超人でもないかぎりもはや不可能である。本書が日本や東洋，あるいはイスラーム文化圏などにほとんど頁を割いていないのは，事柄のなさしめるところではなく，あくまでも筆者の力量の乏しさに起因する。近い将来，各専門分野の研究者たちの共同作業によって，グローバルな射程をもった「人文学概論」が書かれ，本書がその先駆的役目を終える日が来ることを願っている。

　人間もその文化も奥が深いので，本書を一読したからといって，人文学がわかるというものではない。カントは「ひとは哲学というものを学習することができない。ひとは所詮，哲学的に思索することを学び得るだけである」と言ったが，これと同じような意味において，人文学において大事なことは，あれやこれやの出来合いの知識を頭に詰め込むこと

ではない。そうではなく，自分の頭で自立的にものを考える
ようになることが肝要である。人文学が果たしうる教育的使
命は，まさにこの点に存していると思う。「自立的思考」の
ことを，ドイツ語では Selbstdenken というが，人文学とい
                ゼルプストデンケン
う学問は，古今東西の各種の文献資料の読解や現地調査など
を通して，そのような「自立的思考」を身に付けることを目
指している。

　本書がそうした知的修練への手引きになれば幸いである。

                                著　　者

目　次

まえがき ……………………………………………………………… v

人文学の歴史と現状

01　「人文学の終焉」からのスタート ……………………… 5

「人文主義の終焉」──ペーター・スローターダイクの問題
　　提起 ………………………………………………………………… 5

人文主義と人文学 ……………………………………………………… 7

人文学と教養 …………………………………………………………… 9

人文学部と文学部 …………………………………………………… 10

中世の大学と人文学 ………………………………………………… 12

人文学の中心課題 …………………………………………………… 14

「パンのための学問」と人文学 …………………………………… 15

02　ギリシアにおける学知の誕生 ……………………… 19

ミュトスからロゴスへ ……………………………………………… 19

ソクラテスにおける「哲学の人間学的転回」……………………… 20

プラトンとイデアの学説 …………………………………………… 25

アリストテレスの学問体系 ………………………………………… 27

真理探究と師弟関係 ………………………………………………… 30

03　パイデイアとヨーロッパ的教養の伝統 …………… 32

パイデイアとは ……………………………………………………… 33

フマニタス，自由学芸 ……………………………………………… 37

リベラル・アーツの理念 …………………………………………… 39

ix

目　次

04　知識人の覚醒と大学の誕生　44
革新の 12 世紀　44
12 世紀ルネサンスの背景　46
12 世紀の知識人とアベラール　50
大学の誕生　53

05　ルネサンス人文主義と「フマニタス研究」　58
ヒューマニズム　58
フマニタス研究　60
ルネサンス人文主義　64
北方人文主義とエラスムス　66
エラスムス的人文主義と「文芸共和国」の理想　69

06　「フンボルト理念」と近代的大学の理想　72
近代知のパラダイムと新しい大学の誕生　73
フンボルトの大学理念──孤独と自由　75
学問による教養／研究を通じての教育　80
自立的思考の練成場としてのゼミナール　82

人文学の諸相

07　人間と文化　89
文化とは何か　89
「文化」と「文明」の対立　92
クルトゥール・カルチャー・文化　95
人間と文化　98
異文化との出会いと知的覚醒　100

08　言語と芸術　104

目　次

「シンボルを操るもの」（animal symbolicum）………… 104

ミメーシス ……………………………………………… 105

言　　語 ………………………………………………… 107

芸術の原理としての表象性 …………………………… 112

言語芸術としての文学 ………………………………… 114

09　神話・宗教・祝祭 ……………………………… 118

神　　話 ………………………………………………… 118

宗教とは何か …………………………………………… 122

絶対依存感情とヌミノーゼ …………………………… 124

「究極的関心」と実在の自己実現 …………………… 126

祝　　祭 ………………………………………………… 128

10　時間・記憶・歴史 …………………………… 132

時　　間 ………………………………………………… 132

存在と時間 ……………………………………………… 135

記　　憶 ………………………………………………… 137

記憶と忘却 ……………………………………………… 140

記憶の媒体と記憶の大変動 …………………………… 142

歴　　史 ………………………………………………… 144

11　原典と翻訳 …………………………………… 151

人文学にとっての原典の意義 ………………………… 151

翻訳とは何か …………………………………………… 153

翻訳の実際 ……………………………………………… 156

「文人の翻訳」と「学人の翻訳」…………………… 159

文化の翻訳 ……………………………………………… 163

12　文献学と解釈学 ……………………………… 168

xi

目　次

フィロロギーと文献学 ………………………… 169

解釈学とは何か ………………………………… 175

解釈学の命題 …………………………………… 177

古典を学ぶ意義 ………………………………… 180

13　書籍と図書館 ……………………………… 184

図書館とアーカイブズ ………………………… 184

博物館・美術館 ………………………………… 186

アレクサンドリア図書館 ……………………… 188

セプトゥアギンタの翻訳 ……………………… 189

パピルスから羊皮紙へ ………………………… 191

中国における図書館 …………………………… 192

中世西欧の修道院 ……………………………… 193

イスラーム世界における図書館 ……………… 195

ルネサンスと宗教改革期の図書館 …………… 197

近現代の図書館 ………………………………… 198

納本制度と国立国会図書館 …………………… 199

デジタル図書館・美術館の出現 ……………… 200

14　情報とメディア ……………………………… 203

メディアとは何か ……………………………… 203

情報と知識基盤社会 …………………………… 206

インターネット ………………………………… 208

デジタル人文学？ ……………………………… 210

クリティカとトピカ …………………………… 215

15　「認識されたものの認識」としての人文知 …… 218

人文学の非実用的有用性 ……………………… 218

研究大学・人文科学・人文学 ………………… 220

xii

目 次

グローバル化時代の「新しい人文学」……………… 224

文献学への回帰………………………………………… 227

「認識されたものの認識」──文献学を基盤とする人文学

…………………………………………………………… 230

「いっそう文雅なる学問」の行方 …………………… 235

補遺　人文学研究とその方法……………………… 238

ディルタイと「精神科学」…………………………… 239

西南学派と「文化科学」……………………………… 240

人文学の方法…………………………………………… 243

人文学の学問性………………………………………… 246

あとがき………………………………………………… 249

人文学に関連する文化史年表………………………… 253

主要文献解題…………………………………………… 266

索　　引………………………………………………… 285

入文字概論
―人文知の新たな構築をめざして――

人文学の電子化と着作権

01
「人文学の終焉」からのスタート

「人文主義の終焉」——ペーター・スローターダイクの
問題提起

　人文学は，学問一般の歴史と同じほど古い，老舗中の老舗ともいうべき学問分野である。しかし経済的合理性と効率が最優先される現代社会にあって，実学の対極に位置する人文学は，いわば窓際に追いやられ，その有用性も疑問視されるような状況にある。このことを裏書きするかのように，1999年7月にドイツの哲学者ペーター・スローターダイクは，「人文主義時代の終焉」というテーゼを含む，「人間園の規則」という過激な講演を行い，それをきっかけに大きな論争が起こった。

　スローターダイクによれば，「人文主義の本質と機能」は，「書物（エクリチュール）というメディアを通じて友愛を生み出すテレコミュニケーション」である。すなわち，人文主義は若者たちに古典作家の書物を押しつけ，現代とは時代を隔てた過去のテクストの読解を通じて，野獣性をもった人間を飼い馴らし，このような教養＝人間形成のプロセスを通して，「人間を野蛮から奪い返そうとする運動」を意味してきた。しかしこのような「国民＝市民的な人文主義の時代は終

5

01 「人文学の終焉」からのスタート

焉した」というのである[1]。この書物において，スローター
ダイクはおおむね以下のような主張をしている。すなわち，
「かつて詩人のジャン・パウルは，『本というのは友人に宛て
た分厚い手紙である』とコメントした。この文によって彼
は，人文主義の本質と機能を，核心的かつ魅力的に言い当て
たことになる。人文主義とは，書字（エクリチュール）を媒
体（メディア）にした友愛を創設する遠隔情報伝達（テレコ
ミュニケーション）なのだ。キケロの時代から〈humanitas〉
と呼ばれてきたものは，その最も狭い意味，及び最も広い意
味において，文字習得（アルファベット化）の帰結である」[2]。
そして「エクリチュールは，手紙が送られてきた時点で相互
に空間的に離れて生活している，顔見知りの友人同士の間に
遠隔通信的（telekommunikativ）な懸け橋を架けるだけでは
なく，見知らぬものの内でも作用し，遠方への誘惑を発する
のである」[3]。実際，フランス革命勃発の 1789 年から第二次
世界大戦終結の 1945 年までは，「読むことを愛するナショ
ナルな人文主義の最盛期だった」。その中心にあって特権意
識をもっていたのは，「新旧の文献学者たちのカースト」で
あった。「彼らは，子孫たちに，重要な分厚い手紙の受取人
のサークルに入るためのイニシエーションを授ける使命を託
されていたのである。この時代の教師の権力と，文献学者た
ちが決定的な役割を果たしていたことの根拠は，共同体を樹

---

1) Peter Sloterdijk, *Regeln für den Menschenpark. Ein Antwortschreiben
zu Heideggers Brief über den Humanismus* (Frankfurt am Main, 1999). 邦訳は，
ペーター・スローターダイク，仲正昌樹訳『「人間園」の規則——ハイデッ
ガーの『ヒューマニズム書簡』に対する返書』御茶の水書房，2000 年，31
頁。

2) 前掲書，23 頁。

3) 前掲書，26-27 頁。

立するエクリチュールの送り手とされる著者たちについての特権化された知識の所有にあった。市民的人文主義の教養は，その実体から言えば，若者たちに古典作家を押し付け，ナショナルな読解の普遍的有効性を主張するための全権に他ならない」[4]。「今日，こうした時代が最終的に過ぎ去ってしまったわけであるが，……国民的市民的な人文主義の時代が終焉したのは，愛の霊感を与えてくれる手紙を友人たちによって構成される"国民"に向けて書く技術だけではもはや……近代的な大衆社会の住民の間のテレコミュニケーション的な絆を結ぶのに十分でなかったから」[5]である。

　スローターダイクの議論は，人文主義そのものの是非を問いかえすというよりも，むしろユルゲン・ハーバーマスのような進歩的知識人たちの批判に主眼を置いたものなので，ここではこれ以上深入りはしないが，人文主義あるいはその推進役としての人文学が，文字の習得（アルファベット化）と書物の読解を通じて，人間に教養を得させ，それによって人間性を陶冶しようとしてきたことは間違いない。現代が本当に「人文主義時代の終焉」であるかどうかは，慎重な検討を要するが，人文学という学問が，以下に述べるような理由から，今日受難の時代に差し掛かっていることは，おそらく否定できないであろう。

人文主義と人文学

　英語では「人文主義」を humanism，そして「人文学」の

---

4)　前掲書，30 頁。
5)　前掲書，30-31 頁。

01 「人文学の終焉」からのスタート

ことを humanities という[6]。humanities は humanity（人間性）という言葉の複数形なので，そこからも人文学が人間に深く関わる学問であることがわかる。われわれはひとまず人文学を「人間とその文化を総合的に探究する学問」と定義しておこう。後段で詳しく考察するが，人文学という学問は，ルネサンス期に興隆した「フマニタス研究」（studia humanitatis）[7]の伝統に棹さしている。中世においては「神学」（theologia）という学問が，あらゆる学問の上位に座していて，すべてのことを聖書に示された神の啓示から理解しようとしたが，これに対してルネサンス期の「フマニタス研究」は，古典ギリシア＝ローマの哲学・文学・文献学などの原典研究を通じて，幅広い教養を身につけ，それによって「人間性」（humanitas）を陶冶すると同時に，そこから新しい文化形成の指針と活力を導き出そうとした。つまり，ヨーロッパ文化のルーツであるギリシア＝ローマの古典文化に立ち返り，キリスト教が支配的になる以前に流布していた文学や哲学の文献の読解を通して，失われた人間性を回復しようと企てたのである（第5章参照）。「ルネサンス」という言葉そのものが，そのような意味をもっているのであるが，人文学という学問も一種のリバイバル精神あるいは「温故知新」

---

6) 赤塚行雄氏によれば，「『人文学』（humanity＝この英語は15世紀にできていた）は，『神学』（divinity）に対するもので，僧侶ならぬ俗人の日常の学といった意味をもっていた。つまり，人事，人倫の秩序のもとで，人間どう生きるべきかを考えようとした。」（赤塚行雄『人文的「教養」とは何か――複雑系の人文学』學藝書林，1998年，229頁）。あるいはまた，「人文学とは簡単にいえば，『人間とは何か。人間はどう生きるべきか』を考える学問である。」赤塚行雄『人文学のプロレゴーメナ』風媒社，2000年，12頁。

7) 「フマニタス研究」（studia humanitatis）については，第5章を参照のこと。

の精神を本領としている[8]。人文学が繰り返し原典テクスト
の読解を不可欠とするのも，このことと無関係ではない（第
11章および第15章参照）。

人文学と教養

　人文学はいわゆる「教養」ということにも密接に関わって
いる。われわれが一般的に「教養」と呼んでいるものは，ギ
リシア語ではパイデイア（παιδεία），ラテン語ではフマニタ
ス（humanitas），ドイツ語ではビルドゥング（Bildung）に
相当するものである。奇しくもフマニタスという用語が両方
の意味をもっているように，人間性と教養とは相関関係にあ
る。教養とは人間の自己形成，あるいは個人の人としての自
己完成に関わるものであって，端的に言えば，人間形成ある
いはそれに資するものである。キケロは人間性を陶冶するた
めの，人間にふさわしい学芸（ars）があるといい，それを
「自由学科」（doctrina liberalis）と名づけた。これは「年少者
らの心を教養（フマニタス）と徳（ウィルトゥス）へ向けて
形成するために発明された学芸」であり，これが現代でいう
「リベラル・アーツ」のもとになっている。古代ギリシアで

　8）「温故知新」という言葉は，『論語』第一巻の「第二　為政篇」の
「子曰，温故而知新，可以為師矣」に由来する。朱子の新注では「温」を
「たずねる」と訳すので，一般的には「故きを温ねて新しきを知る」と読
むが，貝塚茂樹氏は，それでは意訳にすぎるとして，漢の鄭玄にしたがっ
て，「故きを温めて」と読む。氏によれば，「温故知新」の原義は，「煮つめ
てとっておいたスープを，もう一度あたためて飲むように，過去の伝統を，
もう一度考えなおして新しい意味を知る」ことだという（貝塚茂樹訳『論
語I』中公クラシックス，2002年，39-40頁）。そこからこの言葉の意味は，
「古代の伝統から推論して，新しく現代を認識することだと解釈するのが妥
当であろう」，と言われる（貝塚茂樹『孔子』岩波新書，1951年，135頁）。

9

はこのような自由学芸は「エンキュクリオス・パイデイア」
(ἐγκύκλιος παιδεία) と呼ばれていたが，これはもともと自
由市民ならば誰でもが受けるべき「一般向けの教育」を意味
していた。しかしやがてそれらが円環（キュクロス kyklos）
をなして一つの全体を構成しているがゆえに「円環的な教
養」（エンキュクリオス・パイデイア）であるとの理解が生じ
た（第3章参照）。

　「エンキュクリオス・パイデイア」の理想は，20世紀にな
るとすたれてしまうが，19世紀までは厳然として存在して
いた。レッシング，ヘルダー，ゲーテ，シュライアマハー，
ヘーゲル，W・フンボルト，シラーなどはもちろんのこと，
トレルチやマックス・ヴェーバーの時代に至るまで，このよ
うな「全般的教養」の理想は単なる観念ではなく，それを具
現化した人物たちが少なからず存在していた。しかし19世
紀後半以降，学問の専門化の急速な進展とともに，このよう
な幅広い知識や教養は事実上もはや不可能となったのであ
る。のちほど述べるように，19世紀ドイツのフンボルト的
な大学の理念が後退し，「アメリカ大学の世紀」が到来した
のは，この変化と軌を一にしていた。

人文学部と文学部

　ところで，人文学部は文学部とどこが違うのだろうか。わ
が国においては，文学部は昔から存在しているが，戦後，新
制大学が発足したとき，人文学部を擁していた大学は，わず
かに新潟大学と東京都立大学のみであった。文学部は英語
では the Faculty of Letters というが，人文学部は the Faculty
of Humanities である。したがって，両者の相違は letters と

人文学部と文学部

humanities の違いといってもよい。ここで人間のみが文字を有し，昔から「読み，書き，ソロバン」が人間の身に付けるべき最も基本的な技能であったことを考えれば，人間にとって言語や文字の使用がいかに本質的意義を有しているかは明らかであろう（第8章参照）。

言語と文字は人間の文化活動の最も根幹的なところに位置しているので，文学部も人文学部も言語の学習・習得に大きなウェイトを置いている。しかし，言語によって表現された芸術作品，つまり詩歌・小説・評論・随筆などを連想させる「文学」という名称を冠しているにもかかわらず[9]，わが国の伝統的な大学の文学部は，文学のみを扱う学部ではなく，そこには通常，哲学，歴史学，文学の3部門が置かれている。しかも，哲学の部門であれば，さらに細かく哲学，西洋哲学史，倫理学，宗教学，美学などに細分化されており，歴史学の部門であれば，日本史学，東洋史学，西南アジア史学，西洋史学，考古学，現代史学などに細分化されている。最近では，もともとは哲学のなかに位置づけられていた心理学や社会学が哲学から独立した反面，従来の文学部にはなかった情報学や史料学や二十世紀学などが出来たりして，文学部もかなり様変わりしている[10]。

---

9)　通俗的理解に従ってこう記したが，この記述は実は誤解を与えかねない。なぜなら，文学部は「文学」部ではなく，「文」学部だからである。わが国の帝国大学は当初，分科大学制度を採っており，法科大学，医科大学，文科大学などとして設置されていた。ところが1919（大正8）年の帝国大学令改正によって，分科大学が廃され学部が置かれるようになった結果，上記の各分科大学は改称されて，それぞれ法学部，医学部，文学部になったのである。したがって，文学部＝「文学」部という捉え方はそもそも正しくない。

10)　現在のわが国における文学部の学科区分を例示すると，例えば東京大学文学部の場合には，従来は思想文化学科／歴史文化学科／言語文化

01 「人文学の終焉」からのスタート

中世の大学と人文学

　人文学部についてより詳しく知るためには，大学という制度が成立した中世のヨーロッパにまで立ち返ってみる必要がある。この時代には学部はたかだか4つしか存在しなかった[11]。300を越える学部が乱立している現代とは何という違いであろうか。それはともあれ，その4つの学部とは学芸学部（哲学部），神学部，法学部，医学部である（第4章参照）。

　ゲーテの名作『ファウスト』のなかには，主人公のファウストが高い丸天井のあるゴチック式の部屋のなかで，次のように呟くシーンがある。「ああ　哲学は言わでものこと　医学に加えて法律学　無駄なことに神学までも　胸を焦

───────────────

学科／行動文化学科の四学科に分かれていたが，平成30年度から人文学科一学科制が適用される。京都大学文学部の場合には，平成7年度からすでに人文学科一学科制に移行し，文献文化学（東洋系・西洋系）／思想文化学／歴史文化学／行動文化学／現代文化学に区分されている。

　11）　カントは1798年，晩年に書いた「諸学部の争い」で，その後の近代的大学概念に長く影響を与えることになる未来の大学についての見取り図を示した。彼によれば，大学とは，神学部，法学部，医学部という「上級学部」と，哲学部という「下級学部」の弁証法的統一体である。三つの上級学部は，大学外に，そこで教える内容を方向づける上位の審級をもつ。すなわち，神学部は教会を，法学部は国家を，医学部は公衆医療を目的に成立している。「聖書神学者はその教説を理性からではなく聖書から，法学者はその教説を自然法からではなく国法から，医学者は公衆に施される治療法を人体の自然学ではなくて医療法規から汲みとる」のだ。これに対して哲学部は，「みずからの教説に関して政府の命令から独立であり，命令を出す自由はもたないが，すべての命令を判定する自由をもつような学部」である（カント，角忍・竹山重光訳「諸学部の争い」『カント全集18』岩波書店，2002年，1-156頁）。つまり，「三つの上級学部が営むのは外部の要請に応える他律的な知であり，下級学部が営むのは外部から独立した自律的な知である」。吉見俊哉『大学とは何か』岩波新書，2011年，81頁。

がして　学びぬいたが　今ここにいるこの阿呆は　昔と同じ阿呆のままだ！」(Habe nun, ach! Philosophie,/ Juristerei und Medizin/ Und leider auch Theologie/ Durchaus studiert, mit heißem Bemühn./ Da steh ich nun, ich armer Tor!) という言葉である。ちなみに，格調高い森林太郎（森鷗外）訳では，「はてさて，己は哲学も／法学も医学も／あらずもがなの神学も／熱心に勉強して，底の底まで研究した。／そうしてここにこうしている。気の毒な，馬鹿な己だな。」となっている。いずれにせよ，この言葉はファウストがその時代の大学の全学部を総なめにしたことを意味している。にもかかわらず，「一体この世界を奥の奥で統べているのは何か」がいまだに彼にはわからない！　そこに真理探求者としてのファウストの苦悩と絶望が存している[12]。

　中世の大学のこの四学部編成のあり方は，現代にまで深い影を落としている。たとえば，欧米の大学で学位を取得すると，物理学であれ，経済学であれ，歴史学であれ，宗教学であれ，すべて Ph.D. という学位になるが，その場合 Ph.D. というのはラテン語の Philosophiae Doctor（=Doctor of Philosophy）の略語にほかならない。このことは中世の大学のシステムを頭に入れてはじめて理解できる。つまり，神

---

[12]　小塩節氏はゲーテの『ファウスト』について，「いかにも 16 世紀のドイツそのままの舞台に，18 世紀という近代の人ゲーテが自分の分身を刻みこむようにして描いたのが，巨大な近代人ファウストであった」，と述べている（小塩節『ファウスト──ヨーロッパ的人間の原型』YMCA 出版，1972 年，10 頁）。なお，ファウスト的人間とは，①激越な認識衝動　②行動への意志　③「はじめに行為ありき」によって特徴づけられるが，大山定一氏によれば，それは「自己の力量以上の仕事に，がむしゃらに挑みかかる人間，盲目滅法に自己の情熱にすべてを打ちこんで却って痛ましい悲劇的没落をとげる不幸な人間」である（大山定一『ファウスト入門』アテネ文庫，1951 年，3 頁）。

学，法学，医学以外の大部分の学問は，もとをただせばすべて学芸学部（哲学部）に属していたわけである。近代になって学問の専門化が進み，人文・社会・自然諸科学が次々と独立した後も，もともと学芸学部（哲学部）に帰属していた諸学科の最高学位はすべて Ph.D. であり——具体的には，Ph.D. in Physics, Ph.D. in Economics, Ph.D. in History, Ph.D. in Religion などと表記される——，わが国ではこれは一般に「学術博士」と表記されるが，ときにはそのまま「哲学博士」と訳している人もいる。しかし日本語の「哲学」が連想させるものは，物理学からも，経済学からも，歴史学からも，宗教学からもほど遠いものなので，これだと大きな誤解を与えかねない。したがって，事柄に即して言えば，中世の哲学部なるものは，日本語では「学芸学部」の名称をあてた方がより適切であろう。

　1810 年に創設されたベルリン大学においては，「哲学部」（die philosophische Fakultät）に特別な重要性が置かれていた。この場合の「哲学部」も，たしかにそこでは哲学が重きをなしていたが，今日の人文学部と理学部を併せたような学部であった。かつて全国の幾つかの国立大学には，「文理学部」という学部があったし，私立の日本大学にはいまでもこの名称の学部が存在する。「文理学部」は英語では the Faculty of Literature and Sciences とか the Faculty of Arts and Sciences と表記するが，ベルリン大学の「哲学部」はほぼこれに相当するといえよう（第 6 章参照）。

人文学の中心課題

　中世の大学には，最高でも 4 つの学部しか存在しなかっ

たが，そのうち神学部，法学部，医学部は「上級学部」と
呼ばれており，学芸学部（哲学部）はいわばその下に位置
づけられていた。学芸学部（哲学部）には7つの自由学科
（liberal arts）があり，それは伝統的には，言語学的な「三
学」（trivium）と科学的な「四科」（quadrivium）とに分かれ
ていた。前者は文法（grammar），修辞学（rhetoric），論理
学（logic）からなっており，後者は算術（arithmetic），幾何
学（geometry），天文学（astronomy），および音楽（music）
からなっていた。現代の人文学部は，7つの自由学科のうち
の言語学的なトリウィウムに主に関わるものだと考えてよい
が，もちろん学問の発展に伴い，そこに新しい様々な区分や
名称が生じている（第3章参照）。

　さて，現在のわが国の大学の状況を考えてみると，1991
年の「大学の設置基準の大綱化」以来，全国の大学から教養
部が消え，学部の専門教育に一層の拍車がかかったことで，
わが国の大学からは「全般的な教養」の理想はおろか，教養
の理念ですら雲散霧消してしまった。ところが近年，教養教
育の重要性が再び叫ばれ，4年間の学士課程教育全体を一種
の教養教育へと改変する過激論まで飛び出してきている。こ
れは何とも皮肉な現象である。なぜなら，こうなってしまっ
たのは，専門教育に比重を置いた結果，「幅広い視野から物
事をとらえ，高い倫理性に裏打ちされた的確な判断を下すこ
とができる人材」が育たなくなったからである。

「パンのための学問」と人文学

　人文学部の学生は，実学志向がますます強まる現在の状況
に不安になるかもしれない。というのは，経済学部，経営

01 「人文学の終焉」からのスタート

学部，工学部，法学部などにおいては，就職に直接役立つ実学的な学問を学ぶことができるが，人文学部で学ぶ大半の教科は就職には直結しないものばかりだからである。それは実学ではなく《非実学》，あるいは誤解を恐れずに言えば，《虚学》とでも呼べるものである[13]。シラー（Friedrich von Schiller, 1759-1805）の有名な表現を用いれば，人文学部の学問は「パンのための学問」（Brotstudien; Brotwissenschaft）ではないのである。シラーは次のように言う。

　　……パンの学者が自分の前に描く勉学の計画と，哲学的頭脳の人が自分の前に描くそれとは，異なっている。勉強に際して，ただただ，何かの官職に就く力ができて，それの利益を分けてもらえるための条件を満たすことだけを目的とするような人，己の精神の力を動かすのは，ただ，それによって，自分の物質的な生活状態をより良くし，また，つまらぬ名誉欲を満足させるためのみであるような人──そのような人は，大学生としての経歴にはいる際において，彼がパンのための勉学と呼んでおるところの学問を，そのほかの，精神をただ精神としてだけ楽しませるような，他のあらゆる学問から，じつに念

――――――――――
　13）　京都大学文学部では，かつて文学部の学問を「虚学」として特徴づけたことがあるという。文学部で学ぶ諸学問が，いずれも社会の需要に必ずしも直接的に答えることができないという意味で，そう言われたとのことである。しかし恩師の武藤一雄先生によると，「虚学」ということの根底的な意味は，「みずからの学問の虚しさを，他のいかなる学問にもまさって，より深く自覚しているところにある。そしてこのことは，この世のリアリティが，真のリアリティではなく，『この世の有様は過ぎ去る』といわれるように，虚無性に浸透されたリアリティであるという自覚に結びついている」のである。武藤一雄『神学的・宗教哲学的論集Ⅰ』創文社，1980年，17-18頁。

16

「パンのための学問」と人文学

入りに区別しておく，そのことよりももっと重大な関心
事を持たないであろう。[14]

このように，シラーは現代社会において幅を利かせている
「パンのための学問」に対して，「精神をただ精神としてだ
け楽しませるような学問」(die Wissenschaften, die den Geist
nur als Geist vergnügen) の重要性を力説したが，人文学部の
学問の大方は，本来的にこのような性格をもったものであ
る。日本文化や欧米文化についての知識が，たとえば観光業
や出版業に就く場合に大いに役立つことはあるとしても，人
文学部で学ぶ日本文化や欧米文化についての知識は，そのよ
うな専門的職業に特化したものではない。多少なりとも実学
的な色彩のある語学科目であっても，市井の語学学校や会話
学校とは本質的に異なっている。単なる会話のテクニックで
はなく，言語の背後にある文化やものの考え方，価値観，人
間観，世界観などを総合的に学ぶのが，大学の人文学部だか
らである。

「パンのための学問」がもてはやされる昨今ではあるが，
「精神をただ精神としてだけ楽しませるような学問」が不用
になることは断じてないであろう。なぜなら，《人間とは何
か？》という問いは，科学技術や経済の発展が至上価値と

---

14) シラー，新関良三訳「世界史とは何か，また何のためにこれを学
ぶか」，『シラー』(世界文学大系 38)，筑摩書房，1959 年，94-95 頁。なお，
明らかにこれは，新約聖書の聖句「人はパンのみにて生くるものにあらず，
神の口より出る一つ一つの言葉で生くるなり。」(「マタイによる福音書」第
4 章 4 節) を背景にしている。ちなみに，『貧乏物語』の著者河上肇は，「人
はパンなくして生くるあたわず，しかしながら人はパンのみにて生くる者
にもあらず」と述べている (河上肇『貧乏物語』岩波文庫，1972 年，131
頁)。

01 「人文学の終焉」からのスタート

なった現代においても，永遠の問いであり続けるからであり，人文学はまさしく「『人間とは何か。人間はどう生きるべきか』を考える学問」（赤塚行雄）だからである。

02

ギリシアにおける学知の誕生

ミュトスからロゴスへ

　人文学にかぎらず，およそ今日の学問全般は，古代ギリシアにおける学知の誕生に遡る。われわれは通常これを「哲学」の誕生として学んでいる[1]。古代ギリシアにおける学知としての哲学の成立は，しばしば神話的思考から合理的思考への，つまりミュトス（μῦθος）からロゴス（λόγος）への歩みとして説明される。すなわち，われわれを取り囲んでいる世界が，それ自体，統一的な全体として理性的な秩序をそなえていることに気づき，それを理性の眼によって眺めるということで，世界とそこにおける現象を内在的かつ論理的に考察する態度が成立したといわれる。ギリシア人は，このような秩序を有し調和をもった全体としての世界をコスモスと呼び，そしてコスモスを秩序ある全体的連関として形成している元の原因にあたるものを，アルケー（始源のもの）と名

　1）「哲学」という日本語は，フィロソフィア（φιλοσοφία）というギリシア語の訳語で，明治の思想家の西周（1829-97）による造語と言われている。元のギリシア語はフィル（愛する）とソフィア（知恵）の結合によってできたもので，「愛知」ないし「知の探求」ほどの意味である。西ははじめフィロソフィアを「賢哲を希求」する意味の周茂叔の文に基づき「希哲学」と訳したが，のちにそれが「哲学」という語に定着したのである。

19

02　ギリシアにおける学知の誕生

づけたが,「愛知の学」としての哲学は, このアルケーの探
究として始まったのである[2]。

　具体的には, 哲学は前6世紀初頭, イオニアの都市ミレ
トスで, 自然の本質を合理的に探ろうとする学問として発生
した。すなわち, タレス (Thales, c.625-c.545B.C.) の「万
物は水から成る」という言葉が, その出発点を形づくってお
り, そして彼からデモクリトス (Demokritos, c.460-c.370B.
C.) にいたる自然哲学者の歩みが, 学知の探究としての哲学
の最古の諸相を表わしている。ついで民主政治の隆盛ととも
に, 弁論・修辞を教える職業教師ソフィストが現われ, その
なかには国法・道徳の相対性を説く者もでた。「人間は万物
の尺度である」ことを説くプロタゴラス (Protagoras, c.481-
c.411B.C.) は, このようなソフィストの一人である。これ
に対してソクラテス (Sokrates, c.469-399B.C.) は, 客観的
真理の存在と知徳合一を説いて「哲学の人間学的転回」を成
し遂げた。

ソクラテスにおける「哲学の人間学的転回」

　プラトンが『ソクラテスの弁明』において語るところによ
れば, ソクラテスの友人のカイレフォンがデルフォイのアポ
ロン神殿に出向いて, ソクラテスよりも知恵のある者がいる
かと伺いをたてたところ, そのような者はいないとの神託が
くだった。これを聞いたソクラテスは大いに驚いた。自分が
知者だなどとは夢にも思っていなかったからである。彼は暫

---

　2)　Richard Tarnas, *The Passion of the Western Mind: Understanding the Ideas That Have Shaped Our World View* (New York: Ballantine Books, 1993), 3-21 参照。

20

ソクラテスにおける「哲学の人間学的転回」

く神意のほどがわからず当惑していたが，誰か自分よりもすぐれた知恵のある者を見つけて，神託が間違っていることを示そうと考えるに至った。そこでまず政治家について，次に詩人について，最後に職人について調べてみたが，政治家や詩人は自分の本職である政治や芸術の原理について，何も確かなことを心得ていなかった。それに比べると，職人はまだしも自分の仕事について心得ていた。しかし彼らも最も大切な事柄を理解していなかった。そうこうするうちに，ソクラテスは神託の意味がわかってきた。すなわち，人間が必ず知らなければならないことが一つある。それは正しい生活をして，自分の「魂の面倒をみること」($\dot{\epsilon}\pi\iota\mu\acute{\epsilon}\lambda\epsilon\iota\alpha\ \psi\upsilon\chi\hat{\eta}\varsigma$）である。ところが人々はそのことを知らず，また一般にそのことについて無関心である。もちろんソクラテスもこの大切なことが何であるかを知らない。だが，それが大切であるということと，自分がそれについて無知だということを彼は知っている。つまり彼はこの「無知の知」において，いわば「無知の自覚」において，他のすべての者にまさる知識をもっている。そしてこのことこそ，「ソクラテス以上の知者はない」という神託の意味であると悟った。

　このような悟りを得たソクラテスは，「すべての人間が必ず知らねばならぬ」ものがあることを人々に伝え，それをともに探究することを，みずからの使命と感じるようになった。人間にとって最も大切なことは，金銭や名誉やそのほか外から自分に付け加わったものに心を奪われることなく，ただ自分の内心に注意すること——ソクラテスはそれを「魂の面倒をみること」，「魂をできるだけすぐれたもの

21

02 ギリシアにおける学知の誕生

にすること」[3]などと呼んでいる——だという点に，人々の注意を向けることを，いわば自分の天職と信じて，その後の30年あまりをこの使命の達成に捧げた。「汝自身を知れ」（γνῶθι σαυτόν; Know thyself）という言葉は，ソクラテスのこうした使命感と活動を示すものとしてしばしば引き合いに出される[4]。

　みずからの使命を悟ったソクラテスは，自分自身を神によってアテナイという巨大で気品のある軍馬につけられた「あぶ」に譬えた。軍馬を覚醒させておくために，「あぶ」のように刺し回らなければならないというのである。プラトンによると，ソクラテスは「吟味を受けない生は人間の生きる

---

　3)　「私は，アテナイ人諸君よ，君たちに対して切実な愛情をいだいている。しかし，君たちに服するよりは，むしろ神に服するだろう。すなわち私の息のつづく限り，私にそれができる限り，決して知を愛し求めることを止めないだろう。……世にもすぐれた人よ，君はアテナイという，知力においても，武力においても，最も評判の高い，偉大な国都の人でありながら，ただ金銭を，できるだけ多く自分のものにしたいというようなことだけに気をつかっていて，恥ずかしくないのか。評判や地位のことは気にしても，思慮や真実は気にかけず，魂をできるだけすぐれたものにするということには無関心で，心を向けようとしないのか？」プラトン『ソクラテスの弁明』29D～E。

　4)　この言葉はデルフォイのアポロン神殿に掲げられていたものである。もともとの意味は，人間はその身のほどを知り，そのはかなさ，弱さ，無知をよく心得て，神に従えということであった。すなわち，このアポロンの戒めは，みずから神になり上ろうとする「傲慢」（ὕβρις; ヒュブリス，思い上り）をすてて，自制と謙虚を教えるものであった。それはまた，農夫は農夫として，職人は職人として，商人は商人として，その「身のほど」をわきまえて，野望をいだくなという意味であったともいわれる。ソクラテスはこの格言をより深い意味に解した。それは，自分自身を深くほりさぐって，そこに，特殊なもの，一時的なものをこえて永遠に同一なものを発見することであった。つまり，いわゆる「内省」への要求であり，われわれを真に幸福にする人間の内的本質を悟ることであった。

ソクラテスにおける「哲学の人間学的転回」

生ではない」[5]と言ったが、この吟味の方法が有名なソクラ
テスの対話法（問答法）である。これは原語ではディアレク
ティケーという。後代に「弁証法」という訳語が充てられる
Dialektik ないし dialectic という論理学の方法は、ここに由
来するものである。

　ソクラテスによると、知識は、それを所有する者からしな
い者へと引き渡されるような物品ではなく、各人がすでに自
分自身のうちにいわば可能的（潜在的）に持っているところ
のものである。しかし、それを自分だけの力で生み出すこと
は困難なので、この知識を生み出すためには援助が必要であ
る。ソクラテスが精を出した対話は、その援助の役割を果た
すものであって、彼はそれを産婆術（maieutic）と名づけた。
母親がたまたま産婆だったこともそれに関係していたのであ
ろう。

　ソクラテスがその問答において取り上げ、その概念的規定
を求めたものは、いったい何だったのか。それは「アレテー」
（ἀρετή）一般の普遍的本質であったと考えられている。「ア
レテー」という言葉には、通常、「徳」という訳語が充てら
れるが、当時のギリシアにおいては、それは単なる倫理的
な意味での「徳」を意味しなかった[6]。アレテーはどんな技

　5）　プラトン『ソクラテスの弁明』38A。マイケル・マクローン、甲
斐明子・大津哲子訳『ギリシア・ローマ古典』創元社、2000 年、107-108
頁参照。
　6）　藤沢令夫氏は、「徳」（アレテー）について次のように述べている。
「『徳』と書くと、いかにも道徳的な意味合いに感じられるが、そう訳され
る言語『アレテー』（ἀρετή）の基本的な意味は、『よさ、すぐれてあること、
卓越性』ということであり、むしろ積極的な『能力』の意味に近い。しか
し、そもそも何をもって人間の『卓越性』であると考え、どのような人が
『すぐれた』人間とみなされるかは、時代と社会によって異なる。……ソク
ラテスの生きた前五世紀の民主国アテナイでは、『アレテー』とは何よりも

02 ギリシアにおける学知の誕生

術についても「有能」であり，「卓越」していることであった。例えば，大工にとっては，家を立派に建てることがその「徳」である。しかし立派な家を建てるためには，建築術をよく心得ていなければならない。このように，一般的には，「徳」とはその技術について正しい知識をもっていることを意味した。ソクラテスはこのような職業的技術について言われ得ることを，人間の生活一般に押し広げた。すなわち，建築技術をよく心得た大工のみが家を立派に建てることができるように，いかに生きるべきかについて正しい知識をもっている人間のみが，有徳の生活を送れるというのである。

かくしてソクラテスは，人間にとっての普遍的な徳とは，何が人間にとって善であるかについての正しい認識を得ることにほかならず，この認識が人間を必然的に正しい行為に導き，幸福を得させると考えた。これがソクラテスのいう「知徳合一」の教えである。

だが，ソクラテスはアテナイ市民に誤解されて，前399

政治的能力を指し，国家有数の人物となるための政治的手腕と能力のことであった。ソフィストたちが授業料をとって『徳』を教えるというのは，そのような手腕と能力を授けることであり，さらに具体的には，この社会で何よりもものをいう『言論の能力』を授けるということであった。そのような風潮の中にあって，ソクラテスが，『魂がすぐれてあること』こそが人間としてのほんとうの卓越性であり，『アレテー』であると喝破したのである。『幸福』をかたちづくる『よいもの』として人びとが血まなこになって求め，それをもつ人を羨むところの，富も，名誉・地位も，健康も，美貌も，強さも，生まれのよさも，そして言論の能力を核とする政治的能力も，すべて『魂の卓越性』としての徳があってはじめて，人間にとってよいものとなり，幸福に寄与するものとなるのであって，魂が劣悪であれば，それらは有害なものに転じ，逆に不幸の因となる。——これは疑いもなく，ギリシアの伝統的な『徳』概念に対する，ひいては人間の生き方における価値についての，根本的な視点の転換要求であった。」藤沢令夫『プラトンの哲学』岩波新書，1998年，51-52頁。

年の春，70歳のとき，「ソクラテスは国の認める神々を認めず，別の新奇なダイモーンを導入するという罪を犯し，かつまた，青年たちに害毒を与えるという罪を犯している。これは死刑が相当」と告発されて裁判にかけられ，獄中で毒杯をあおって亡くなった。

プラトンとイデアの学説

　ソクラテスの最大の弟子プラトン（Platon, c.427-347B.C.）は，師の教えを深めてイデア論や理想国家論を展開した。ホワイトヘッドは，「ヨーロッパの哲学的伝統を一番無難に総体的に特徴づければそれはプラトンにつけられた一連の脚注であるということだ」と述べているが[7]，これは事態を正しく言い表わした至言である。

　プラトンは前427年頃，アテナイに生まれた。それはアテナイとスパルタをそれぞれの盟主とする民主制諸国と寡頭制諸国との間で戦われたペロポネソス戦争（前431-404）の開始からほぼ4年目の年にあたっていた。そのプラトンがソクラテスと出会ったのは，20歳の頃と推定されているが，それから約8年後の前399年，ソクラテスは政治的な陰謀によって裁判にかけられ，有罪判決を下されて死刑に処せられた。やがてプラトンは，ソクラテスを主人公とする対話篇の執筆によって，師の言行の意味するところをみずから確認しながら，その教えを独自の哲学へと展開していった。

　プラトンの哲学は，通常，イデア論として人口に膾炙して

　7）　アーサー・O・ラブジョイ，内藤健二訳『存在の大いなる連鎖』晶文全書，1987年，30頁参照。

02 ギリシアにおける学知の誕生

いる。「イデア」(ἰδέα) は，また「エイドス」(εἶδος) とも言われ得るが，それは事物の永遠不変のすがた，肉眼ではなく精神の眼によって見られる「真のかたち」，そのあるべき「すがた」のことである[8]。プラトンによれば，われわれの魂は前世においてイデアの世界に生きて，そのめでたいすがたを眺めていたが，現世において肉体のうちに生きるようになると，そのイデアの認識を平生は忘れてしまっている。ところが，感覚的認識においてイデアの模像であるところのものを見ると，かつて見ていたイデアの認識を取り戻すのである。かくして，すべての認識は「想起（アナムネーシス）」(ἀνάμνησις) であるといわれる。これがプラトンのいわゆる「想起」の説である。

プラトンのイデア論によると，理性的思惟の対象となる永遠不変のイデアの世界と，感覚的知覚の対象となる生成消滅の個物の世界とが対立するが，イデアはものの真のかたちまたはすがた，「原型」または「模範」であり，個物はイデアの大なり小なり不完全な「模倣」である。つまりイデアはもののあるべき理想であり，個物はこのイデアに与り，それを「分有する」かぎりにおいて存在するといわれる。

プラトンのイデア論には幾つかの局面ないし発展段階があり，実際にはそう単純に定式化できないところがあるが，ともあれ彼はただ思惟されるだけで，感覚的に知覚されることのできない事物の本質をイデアとして捉え，それを認識することに彼の哲学の主眼を置き，アテナイに「アカデメイア」

---

8)　「イデア」(idea) は「見る」という意味の「イデイン」(ἰδεῖν; idein) という動詞に由来する名詞であるが，「エイドス」(eidos) もこの動詞から派生し，「見られるところのもの」(that which is seen)，ひいては事物の真の「形」(form) や「姿」(shape) を表わす。

という学園を創設して弟子たちの教育にあたった。アカデメイアは各方面から多くの優秀な人材を集めて，学問研究の中心となるとともに，各都市国家の政治や法律に携わる実務家を輩出したが，こうした弟子たちのなかにアリストテレス（Aristoteles, c.384-c.322B.C.）がいた。

アリストテレスの学問体系

アリストテレスは，ギリシアの北方マケドニアに近い町に生まれた。父ニコマコスはマケドニア王の侍医であった。前366年，彼は17-18歳のころアテナイに上ってプラトンの学園アカデメイアに入学し，347年プラトンが亡くなるまで丸々20年間，プラトンから直に学び，終生消しがたい感銘を受けた。前343年ないし342年，マケドニアのフィリッポス王に招かれ，当時13-14歳の王子アレクサンドロスの教育係となって，将来の大王にまさに帝王学を授けた。アリストテレスは約3年間王子を教えたが，前334年アレクサンドロスがアジア遠征に出発したその春に，アテナイに戻って自分の学校を開いた。彼はアテナイの東郊，アポロンを奉った森に学舎を借り，その学校をリュケイオン（Lykeion）と名づけた。アリストテレスは，毎朝，そこの散歩道を散歩しながら，高弟たちと哲学の深遠な問題を議論したので，彼の学派は「逍遙学派」（peripatetics）と呼ばれることになった。

プラトンがソクラテスから出発して自説を打ち立てたように，アリストテレスはプラトン学説に批判的に対峙することによって，古代世界において最大かつ最高の学問体系を樹立するに至った。具体的には，アリストテレスは徹底的に考え抜くことによって，プラトンのイデア論に含まれる重大な問

02　ギリシアにおける学知の誕生

題点に気づいたのである。アリストテレスによるプラトン批判の要点は，おおむね以下のとおりである。

プラトンによると，イデアは個物からまったく分離して存在するものと考えられたが，しかし個物からまったく分離して存在するイデアは，いかにして個物と関係をもつことができるであろうか。個物はイデアを「分有」し，その不完全な「模倣」であるといわれるが，まったく分離したものを分有し模倣することは，いかにして可能であろうか。結局，プラトンの「イデアの説」は，ただ一つあれば十分なものを二つあると考え，この現実の世界を不必要に二重にするものではないのか。こう考えたアリストテレスは，ただ個物のみが本来の意味において存在する，と主張した。

このように，アリストテレスは個物から分離したイデアの存在を否定したが，しかし理性によって思惟される事物の本質まで否定したわけではない。すなわち，事物の普遍的本質を認める点では，アリストテレスはプラトンの忠実な弟子であり続けた。しかし師のプラトンとは違って，彼は事物の本質が個物を「超越する」ものであるとは考えず，そうではなく個物に「内在する」ものであり，事物の生成変化を通じてそれ自身を実現してゆくものだと考えた。このような洞察に至った背景には，数学（とくに幾何学）を愛してやまなかったプラトンと違い，アリストテレスが生物学（とくに動物学）に精通していたことが関係している[9]。アリストテレスは生

---

9)　F・M・コーンフォードは，プラトンとアリストテレスを比較して，プラトンは「内向性の人」であり，彼の哲学は，結局のところ，「ふつうの経験世界からの退却の哲学」だったのに対して，アリストテレスの生来の精神的傾向はプラトンとは反対で，「経験的事実の研究へと向かうもの」だった，との見方を示している。F・M・コーンフォード，山田道夫訳『ソクラテス以前以後』岩波文庫，1995 年，115 頁。

アリストテレスの学問体系

物や動物を含む現実的世界の観察から，生成消滅する生の動態を捉えることのできる，次のようなダイナミックな思考図式を編み出した。

アリストテレスによれば，個物は「質料」（ΰλη; matter）と「形相」（εἶδος; form）とからなるが，同時に，そこには成長・発展あるいは衰退・消滅という側面がある。彼はこのような事物の変化という動的な側面を，「可能態」（δύναμις），「現実態」（ἐνέργεια），「完成態」（ἐντελέχεια）という新たな概念を導入して説明する。デュナミスとは質料に内在し，発展して形相を実現しうる可能性を意味し，その現実化したものがエネルゲイアである。エンテレケイアはこのような現実化の運動が完結し，形相がその目的を完全に達成した状態をいう。たとえば，生まれたばかりの赤ん坊は言葉を話すことも歩くこともできないが，潜在的にもっている言語能力と歩行能力は，赤ん坊の成長とともにやがて現実的なものとして発現してくる。このようにして，赤ん坊は子どもとなり，やがて成人した大人となるのであるが，そこで子どものときに潜在的にもっていた生殖能力や思考能力が，その可能的な状態から現実化されてくるのである。

このようにアリストテレスは，20星霜にわたって師事したプラトンの教えを，その最も枢要な点において批判することによって，それとは対極的な世界内在的かつ動的・発展的な思惟方式に基づく，壮大な学問体系を築き上げた。アリストテレスの学問体系は，理論的学問と実践的学問とに大別されるが，前者には第一哲学（形而上学），数学，自然学などが属し，後者には倫理学，経済学，政治学などが属している。それ以外にも，詩学，気象学，人相学など実に多種多様な学問が，体系的な視点から考察吟味されており，タレスか

29

02 ギリシアにおける学知の誕生

らプラトンに至るまでの古代ギリシアの哲学的探究の成果が、ここに総合的な学問体系として完成されている。

真理探究と師弟関係

　われわれは通常、ソクラテス、プラトン、アリストテレスという三代の師弟関係によって成し遂げられた知の発展を、古代哲学史の一コマとして学ぶのを常としているが、事柄は単に狭い意味での哲学にのみ関係しているのではなく、広く学問全体に関わっている。人文学にとっても、古代ギリシアにおけるこのような学知の誕生と成熟は、その最深の基礎を形づくるものとして、またつねにそこに立ち返るべき原点として、その重要性を保ち続けている。とくにプラトンとアリストテレスという二大哲人は、その後のヨーロッパの思想発展に決定的な影響力を及ぼしてきている。両者の人間関係は学問研究のあり方に関しても、きわめて重要な示唆を与えるものである。アリストテレスがプラトンをいかに尊敬していたかは、彼が師の逝去に至るまで20年間、そのもとで学び続けた事実から明らかである。しかし彼は師の教えをその枢要箇所において批判的に乗り越えようとした。学問上の師弟関係というものは、こういうものでなければならない。さもなければ、師弟関係は任侠道における親分・子分の関係と変わらないものになり、学問の進展はそこから望むべくもない。第一流の人に追随し、ただそれを真似るだけで独創性のない人のことを、われわれはエピゴーネンとか亜流と呼ぶが、アリストテレスのプラトンに対する関わり方は、まさにそれとは正反対のあり方である。アリストテレス自身が語った言葉ではないが、彼の学問態度をきわめてよく表わす

30

真理探究と師弟関係

言葉として,「プラトンを愛す,されど真理はなおいとし」
(amicus Plato, sed magis amica veritas) という名言がある。
これは人文学に励む学徒がつねに心すべき,寸鉄人を刺す警
句といえるであろう[10]。

ラファエロ「アテナイの学堂」
(ヴァチカン美術館, 1509/10)

---

10) Cf. *Veni vidi vici. Geflügelte Worte aus dem Griechischen und
Lateinischen*, ausgewählt und erläutert von Klaus Bartels, 7. Aufl. (München:
Deutscher Taschenbuch Verlag, 2003), 40. なお,真理探究と師弟関係という
テーマを考える上で示唆に富んでいるのは,ジョージ・スタイナー,高田
康成訳『師弟のまじわり』岩波書店,2011 年である。

31

03

パイデイアとヨーロッパ的教養の伝統

21世紀になって，教養教育の重要性が再び叫ばれている。例えば，中教審の大学分科会は2005年に「我が国の高等教育の将来像」という答申を発表し，21世紀の「知識基盤社会」（knowledge-based society）においては，「専攻分野についての専門性を有するだけでなく，幅広い教養を身に付け，高い公共性・倫理性を保持しつつ，時代の変化に合わせて積極的に社会を支え，あるいは社会を改善していく資質を有する人材」の育成が急務であると説いている。そして新たに構築されるべき教養教育は，「学生に，国際化や科学技術の進展等社会の激しい変化に対応し得る統合された知の基盤を与えるものでなければならない」。そのためには，「各大学は，理系・文系，人文・社会・自然といった，かつての一般教育のような従来型の縦割りの学問分野による知識伝達型の教育や単なる入門教育ではなく，専門分野の枠を超えて共通に求められる知識や思考方法等の知的な技法の獲得や，人間としてのあり方や生き方に関する深い洞察，現実を正しく理解する力の涵養に努める」[1]べきであると述べている。

---

1) 「我が国の高等教育の将来像（答申）」（平成17年1月28日，中央教育審議会）。http://www.mext.go.jp/b_menu/shingi/chukyo/c を参照。平成26年5月5日にアクセス。

このように，昨今教養の意義が再認識されつつあるが，それでは一体教養とは何であろうか。西洋古典学者の廣川洋一氏によれば，「教養は，専門という枠内においてではなく，ひとりの人間としてその生き方を問われるとき，事がらを適切に判断する力そのものであり，全体を見渡し全体の利益をはかる視力と力をもつことにほかならない」[2] という。この定義は，上記の答申書中に見出される，「専門分野の枠を超えて共通に求められる知識や思考方法等の知的な技法の獲得」や，「人間としてのあり方や生き方に関する深い洞察，現実を正しく理解する力の涵養」といった表現と，ほぼ重なり合うと言ってよかろう。

パイデイアとは

ところで，このような教養のことを，古代ギリシア人は「パイデイア」（παιδεία, paideia）と呼んできた。周知のように，古代ギリシアにおける教育は，商人，医者，職人などの特殊な専門的職業上の技術教育とは一線を画し，人間が端的に人間として善くなることを目指していた。すなわち，市民としての人間が共通にもつべき普遍的・一般的な徳の醇化こそが，彼らの教育の理想とするところであって，このような「徳を目指しての教育」としての一般教養・教育の理念を，彼らはパイデイアと名づけたのである。

プラトンは最晩年の著作の一つである『法律』において，登場人物アテナイからの一客人の口を通して，次のような教

---

2) 廣川洋一『ギリシア人の教育——教養とはなにか』岩波新書，1990 年，4 頁。

03 パイデイアとヨーロッパ的教養の伝統

育観を提示しているが，おそらくこれはプラトン自身の教育観を直截に吐露したものと思われる。

　　それでは，わたしたちの意味する教育なるものを，漠然としたものに終わらせないよう，気をつけてください。というのも，日頃わたしたちは，人それぞれの育ち方を非難したりほめたりする場合，誰それには教育があるが，誰それは無教育だと言うものですが，時にはそういう人たちでも，小売りのあきないや舵取り，その他それに類する仕事の才覚では，相当の教育をうけていることさえあるのに，それでもそのように無教育と言うものなのです。これはつまり，思うに，わたしたちの今の（教育）議論は，そうした仕事の才覚を教育と心得ている人びとには，かかわるものではない，ということなのでしょう。むしろ，徳を目ざしての子どもの頃からの教育を教育と考える人びとの，教育論なのです。そのさいその徳とは，正しく支配されるすべを心得た，完全な市民になろうと，求め憧れる者をつくりあげるもののことです。目下の議論は，思うに，そうした意味での養育だけを選別し，ただそれだけに教育の名をあたえんとしているものなのです。これに対し，金銭や体力，その他知性も正義の心も伴わぬ他の才覚などを目標とするものは，職人的で自由人にふさわしくないもの，教育と呼ばれるにはまったく値しないものと見ているのです（Leg., 643e-644a）[3]。

───────────

　3）　プラトン，森進一・池田美恵・加来彰俊訳『法律』（『プラトン全集』第13巻）岩波書店，1976年，99頁。

パイデイアとは

この引用文中の「教育」にあたる原語が、まさに「パイデイア」（παιδεία）である。したがって、パイデイアとは、自由人にふさわしい「徳を目ざしての子どもの頃からの教育」であって、それは「正しく支配されるすべを心得た、完全な市民」を育成することを目標としている。この意味での教育は、金銭や名声の獲得をめざす職業的な技術教育とは完全に別種の、勝義における真の人間教育である。このような教育こそもろもろの領域において限られた、特殊な専門的職業上の才覚からは区別された、一般あるいは普遍的（general, universal）な教育と呼ばれるにふさわしいものである[4]。

プラトンは同じ『法律』の少しあとでは、教育（パイデイア）についてこうも述べている。「教育とは、法律によって正当と告示された理、また老齢の有為の人物から、その経験に照らし、真に正当なりと認められた理、そういう理へと子供たちを誘い導くことにほかならない、ということです」（Leg., 659d）[5]。つまり、プラトンの考える教育とは、すぐれた年長者たちによって指し示された「善さ」に向かっての「指導」を主体とする、子どもたちへの方法的な働きかけのことである。

プラトンは前 387 年頃、アテナイにアカデメイアと称する学園を創設して若者たちの教育にあたったが――そうした若者の一人がアリストテレスであり、彼は前 366 年から 20 年間にわたってそこで学んだ――、プラトンの同時代人で良きライバルであったイソクラテス（Isokrates, 470/69-399B. C.）も、プラトンよりも数年早く同じくアテナイに弁論・修

---

4) 廣川洋一『ギリシア人の教育――教養とはなにか』、13 頁。
5) プラトン『法律』、134 頁。

35

03 パイデイアとヨーロッパ的教養の伝統

辞の学校を設立して，アカデメイアに優るとも劣らない名声
を博し，多くの有為な人材を輩出した。イソクラテスは最晩
年の大作『パンアテナイア祭演説』のなかで，プラトンと同
じようにパイデイアの理念を表明している。イソクラテスが
目ざしたのも，人間としての善さ，人間としての固有の性能
（アレテー）の完成を目ざす教育であり，それは人間として
の徳を完全に開花させた「完全な人」を目標としていた。そ
れでは「完全な人」とはどのような人であろうか。廣川洋一
氏によれば，それは「日常生起するもの事にたいして健全な
判断をなしうること，仲間と節度ある交わりを保つこと，快
楽に克ち不幸にも過度にも負けぬこと，成功においても驕慢
とならず自己自身を保つこと，それらの事がらの一つだけで
なく，それらのすべてにたいして，精神のよき調和をもつこ
とができる人びと」[6]のことである。

　プラトンとイソクラテスでは，パイデイアについての考え
方はかなり共通しているが，しかし細かいところでは決定的
違いもあるという。廣川洋一氏によれば，プラトン的な哲学
的な知がややもすれば理論のための理論知に傾きがちである
のに対して，イソクラテスが重要視する「思慮」は，「実践
知としてつねに個人の生の現場から国政の場にいたる広い
領域で現実的な判断を提供するものでなければならなかっ
た」[7]。しかしそれはパイデイアの理念に関するかぎり，大同
における小異と言えなくもなく，言論・修辞術の教師である
イソクラテスが，実践的な言論の術の修得の根底に，このよ
うな「思慮」を据えて重要視したことは，プラトン同様，ソ

---

　6)　廣川洋一『ギリシア人の教育──教養とはなにか』，24-25頁。よ
り詳しくは，同書151-152頁参照。

　7)　前掲書，165頁。

クラテスを師と仰ぐイソクラテスの精神をよく示している。

　古代ギリシアおよびヘレニズム時代[8]における教育の理想と現実を知るためには，プラトンとイソクラテス以外にも，アリストテレス，ゼノン（Zenon, c.336-c.264B.C.），エピクロス（Epikuros, c.341-c.270B.C.）などにおける教育理念についても一瞥しなければならないが，ここでは優れた概説書にその役目を委ねることにしたい[9]。しかしのちのリベラル・アーツ（自由学芸）の理念の基礎が，ヘレニズム時代の末期に中等教育の学科として整頓されたことだけは，ここで指摘しておかなければならない。

フマニタス，自由学芸

　古代ギリシアならびにヘレニズムの教育理念は，やがてローマに移植されることになったが，共和政末期にその雄弁をもって政治家ならびに弁護士として活躍したキケロ（Marcus Tullius Cicero, 106-43B.C.）は，哲学と弁論の再結合を説いた書物『弁論家について』*De oratore* において，「人間的教養」としてのフマニタスの理念を唱導し，ヨーロッパ的精神の一大指導理念たる「ヒューマニズム」の形成

　8）　ヘレニズム（Hellenismus）という概念は，ギリシアを意味するヘラス（Hellas），またはギリシア人が自称したヘレネス（Hellenes）に由来し，ドイツの歴史学者ドロイゼン（Johann Gustav Droysen, 1808-84）が，『ヘレニズムの歴史』を書いて，その文化史的意義を明らかにしたことによっている。

　9）　古代ギリシアおよびヘレニズム時代に限らず，ローマ時代も含めて，古代の教育思想史については，少し古くなったものの，上智大学中世思想研究所編集『教育思想史Ⅰ——ギリシア・ローマの教育思想』（東洋館出版社，1974 年）が，均整のとれた全体像を提示している。

03　パイデイアとヨーロッパ的教養の伝統

に多大な貢献をした。

　ヒューマニズムの概念については，第5章でより詳しく学ぶことにするが，キケロは，人間の人間たる所以を表わす「フマニタス」（humanitas）という語を，二重の意味で用いている。一つにはそれは「寛大」，「穏和」，「親切」などと訳すことが可能な，ある種の人間的な徳を表わし，もう一つにはそれは「教養」，「知的洗練」という，むしろ個人としての人間の自己完成を意味する。前者の意味はローマの伝統的な徳としてキケロ以前にも見られるが，それに対して後者の意味はキケロにきわめて特徴的なものであると言われる[10]。

　それでは人間的教養としてのフマニタスは，いかにして形成ないし獲得されるのであろうか。キケロによれば，「子どもたちの精神を人間的教養と徳に向かって形成するためにそうして発見された学術（アルス）」（De or. III. 58）[11]があるのであり，それによる精神の陶冶はいわば人間的教養の食物のようなものである（Fin. V. 54），と。つまり，これがいわゆる「自由学科」（doctrina liberalis）であり，それは「自由人にふさわしいあらゆる学術」（De or. I. 72; cf. I. 11）[12]なのだという。具体的にいかなる学科が自由学芸とされるかは，キケロにおいてはまだ若干不確定なところがあるが，おおむね修辞学，文学，哲学，数学，幾何学，音楽，天文学が，それに

───────────

　10）　松尾大「キケロ」，上智大学中世思想研究所編『ギリシア・ローマの教育思想』（教育思想史 I）東洋館出版社，1974年，292頁参照。なお，キケロの古典的教養の理想については，高田康成『キケロ──ヨーロッパの知的伝統』（岩波新書，1999年）が参考になる。

　11）　キケロ，大西英文訳『弁論家について（下）』岩波文庫，2005年，144頁。

　12）　キケロ，大西英文訳『弁論家について（上）』岩波文庫，2005年，49頁。

該当する学科と見なされている（De or. I. 8-11, 187, 212, III. 127）[13]。

リベラル・アーツの理念

　西欧の中世初期における教育の基礎は，いわゆる「七自由学芸」（seven liberal arts）より成り立っていた。これらのうちの3つ，すなわち文法（grammar），修辞学（rhetoric），論理学（logic）は，いずれも広義における言語学的な科目であり，「三学」（trivium）としてまとめられていた。残りの4つ，すなわち算術（arithmetic），幾何学（geometry），天文学（astronomy），および音楽（music）は，広義における科学的な科目であり，こちらは「四科」（quadrivium）としてまとめられていた[14]。これらの「七自由学芸」は，最初のころはいまだ初歩的なものであったが，時代が進むにつれてその数が固定され，またその内容も標準化されてきた。そしてこの概念全体は主として，5世紀前半に書かれたマルティアヌス・カペラ（Martianus Capella，生没不詳）[15]という人の書物によって中世に到達し，それ以降のヨーロッパの教養教育の中核的内実を形づくることになった。

　「七自由学芸」は，ギリシア古典期の「教育とは教養であ

　13）　キケロ『弁論家について（上）』，13-15, 112-113, 129頁，『弁論家について（下）』，190頁参照。

　14）　「三学」と「四科」の具体的な中身については，ピエール・リシェ，岩村清太訳『ヨーロッパ成立期の学校教育と教養』知泉書館，2002年，254-294頁参照。

　15）　5世紀前半に活躍したカルタゴの文人。散文と韻文との混合体で書かれた彼のリベラル・アーツの入門書は，中世に対して大きな影響を及ぼしたが，その著作の正確なタイトルは知られていない。

03 パイデイアとヨーロッパ的教養の伝統

る」という思想の血脈を継承するものであり，そこに「エンキュクリオス・パイデイア」（ἐγκύκλιος παιδεία; enkyklios paideia）の概念が成立した。「エンキュクリオス」とは「丸い；通常の；一般的な，全般的な」という意味のギリシア語であるが，パイデイアと合体してできた「エンキュクリオス・パイデイア」の概念は，もともとは「すべての自由人に必要不可欠な全般的な教育」，「万有についての一定の，深く掘り下げられていない知識」，さらには「全人的調和的教育」を意味した。しかしクインティリアーヌス（Quintilianus, c.35-c.100）やウィトルーウィウス（Vitruvius, 1世紀，生没不詳）らのラテンの著作家たちが，それらの学科がちょうど円 環（κύκλος）をなして一つの全体を構成するがゆえに「円環的な教養」と名づけられたと説明したため，このような理解が定着することになった[16]。

14世紀末にイタリアの画家アンドレア・ダ・フィレンツェ（Andrea da Firenze, c.1343-77）の描いた『七自由学芸』と題された絵（右図参照）は，これらの7つの自由学芸の権威的学者を同時に描いており，注目に値する。これによると，算術はピュタゴラス，幾何学はエウクレイデス（ユークリッ

16）ウィトルーウィウスは『建築書』のなかで，「すべての教育は相互に内容の連絡交流をもっている」。そして「エンキュクリオスな教育（encyclios disciplina）は，実に，一個の人体のようにその肢体から構成されている」と述べている。*Vitruvius on Architecture*, vol. I, The Loeb Classical Library no. 251, edited and translated by Frank Granger (Cambridge, Mass.: Harvard University Press, 1931), 17. 森田慶一訳註『ウィトルーウィウス建築書』（東海選書），東海大学出版会，1979年，146頁参照。

なお，*Encyclopedia Britannica* のような「百科事典」を意味するエンサイクロペディア（〔英〕encyclopedia;〔仏〕encyclopédie;〔独〕Enzyklopädie）という語は，「エンキュクリオス・パイデイア」を語源としている。

リベラル・アーツの理念

七自由学芸

（上段左より）「算術」「幾何学」「天文学」「音楽」「論理学」「修辞学」「文法」
（下段には対応する学者たち）ピュタゴラス，エウクレイデス，プトレマイオス，ト
バル・カイン，アリストテレス，キケロ，プリスキアヌス
（アンドレア・ダ・フィレンツェ画，「聖トマス・アクィナスの勝利」1366–67 年フレスコ画，
Cappellone degli Spagnoli, Santa Maria Novella, Florence所蔵）[17]

ド），天文学はプトレマイオス，音楽はトバル・カイン[18]，
論理学はアリストテレス，修辞学はキケロ，文法はプリスキ
アヌス（Priscianus Caesariensis）[19]が代表している。

---

17) http://www.wga.hu/frames-e.html?/html/a/andrea/firenze/index.html
（2014 年 5 月 16 日にアクセス）。
18) トバル・カイン（Tubal-Cain）とは，旧約聖書の「創世記」第 4
章 22 節に言及されている伝説上の人物。カインの 6 代目の子孫であり，初
めて鉄や銅で刃物を作ったとされ，鍛冶の始祖と見なされている。彼の腹
違いの兄弟には，「琴や笛を執るすべての者の先祖となった」ユバル（Yubal）
がいる（「創世記」4:21）。通常は，音楽の発明者はこのユバルであると考
えられている（岩村清太『ヨーロッパ中世の自由学芸と教育』知泉書館，
2007 年，101 頁）。したがって，トバル・カインがなぜ音楽の権威的存在と
見なされるようになったのかは，遺憾ながら筆者には不明である。
19) 6 世紀の初頭に活躍したラテン文法家。コンスタンティノポリス

03　パイデイアとヨーロッパ的教養の伝統

　古代世界の学問はほとんどすべて，少数の標準的な教科書に標準化されて中世に伝えられた。そしてこれらの手引書の権威は非常に大きかった。ドナトゥス（Aelius Donatus, 4世紀，生没不詳）[20]の『大文法』（Ars major）と『小文法』（Ars minor），プリスキアヌスの『文法の原理』（Institutiones），ボエティウス（Boethius, c.480-524(26)）[21]の論理学の手引書ならびに彼の算術，音楽，修辞学の手引書，ベーダ（Beda, 673(74)-735）[22]の『イギリス教会史』（Historia Ecclesiastica Gentis Anglorum）などがそういう権威的な教科書であった。中世初期のカリキュラムはまだ貧弱なものであったが，やがて12世紀の文芸復興によって大いに拡充された。いまやプトレマイオスの天文学，エウクレイデスの全著作，およびアリストテレスの論理学などが新たにつけ加えられた。

　13世紀になると，古典研究や文法学はかつての光を失い，それに代わってアリストテレスの論理学と，実用的な法律学や修辞学の研究が優位に立つようになった。1250年頃，フランスの詩人アンリ・ダンドリ（Henri d'Andeli, 13世紀，生没不詳）は『七学芸の戦い』のなかで，次のように歌ってい

で教えた。その著『ラテン語文法学』Institutiones grammaticae（全18巻）は引用に富み，中世では広く使用され高い評価を得た。

　20）　4世紀中頃のラテン文法学者。彼の大・小の文法書《Ars major および Ars minor》は，中世における代表的文法書で，広く教科書として用いられた。

　21）　イタリアの哲学者，政治家。代表作は『哲学の慰め』De consolatione philosophiae（全5巻）。アリストテレスやアルキメデスを含む多くのギリシア語の著作をラテン語に翻訳して，中世の思想に大きな影響を及ぼした。

　22）　イギリスの神学者，歴史家。聖人。古典語をはじめ広く自由学科に通じジャローの修道院で研究と教授に従事した。ベーダ，長友栄三郎訳『イギリス教会史』創文社，1965年参照。

リベラル・アーツの理念

る。

　　論理学は学生をもっている。
　　しかるに文法学は学生数が減っている。
　　　……………………………
　　　他のすべての学芸科目の前方を
　　　市民法はきらびやかに馬で行き
　　　教会法は高慢に馬で行った。
　　（『七学芸の戦い』19-20 行，65-67 行）[23]

　ここに示されているように，いまや論理学は勉学そのもの
の主要科目となっただけでなく，およそ学問を営む際の不可
欠の方法として，他のすべての科目に浸透していった。哲学
や神学だけでなく，法学や医学においても，アリストテレス
の論理学は盛期中世の必須科目となった。かくして，12 世
紀にアラビアを経由して西欧にもたらされたアリストテレス
の哲学は，そのすべてにわたる学識とその方法の普遍性に
よって，中世西欧の知的世界を席巻し，まさに「知識人の
師」となったのである[24]。

────────

　23）　C・H・ハスキンズ，青木靖三・三浦常司訳『大学の起源』八坂
書房，2009 年，63 頁。
　24）　アリストテレス哲学の西方ラテン世界への導入は，まさに一大
「事件」と名づけるにふさわしい衝撃的な出来事であった。これについては，
川添信介「スコラ哲学とアリストテレス」，中川純男責任編集『哲学の歴史
3　神との対話』中央公論新社，2008 年，405-427 頁参照。

43

04

知識人の覚醒と大学の誕生

革新の 12 世紀

　ヨーロッパの歴史において，12 世紀という時代は画期的な文化史的意義を有しており，今日ひとはしばしば「革新の 12 世紀」[1] などと言ったりする。実際，オランダの著名な歴史家ヨハン・ホイジンガ（Johan Huizinga, 1872-1945）は，「もし，西洋キリスト教文化は結局どの時代にその形式を，その『形態』を決定づけたか，と問われたなら，12 世紀を挙げなければならないでしょう。12 世紀は他に例を見ないほど創造的な，造形的な時代でした。普通ルネサンスに数えられる時代よりも，1100 年から 1200 年に至る時代の方がはるかに多くの目ざめたもの，発展したものを示しています」[2]，と述べている。フランスのアナール学派の泰斗ジャック・ル・ゴフも，『中世の知識人』というコンパクトながら刺激的な書物のなかで，「12 世紀における都市の復興と知識人の誕生」について次のように語っている。

---

　1)　堀米庸三編『西欧精神の探究──革新の十二世紀』日本放送出版協会，1976 年参照。
　2)　ヨハン・ホイジンガ，里見元一郎訳『文化史の課題』東海大学出版会，1978 年，161-162 頁。

44

革新の 12 世紀

　はじめに都市があった。西欧中世の知識人は，都市とと
もに生まれたのである。都市では分業が必要とされ，そ
こで身をたてた職人の一種として，知識人が現れる時期
は，商工業の機能，より控えめにいえば，職人的機能
と結びついた都市の飛躍的発展の時期と軌を一にしてい
る。

………………………………

　著述にいそしみ，教えることをなりわいとする者，とい
うよりその二つを同時に行ない，教師および学者として
生計をたてる者，つまり知識人は，都市の勃興をまって
はじめて現われたのである。
　実際，十二世紀になってようやく，そういう人々の存在
が認められる。[3]

　今日ではすっかり定着した感のある「12 世紀ルネサンス」
（Twelfth-century Renaissance）[4] という概念も，12 世紀を皮
切りに学芸と文化が飛躍的に発展したことを示したもので
ある。具体的には，12 世紀から 13 世紀にかけてヨーロッパ
全体でスコラ学[5] が盛んになり，幾つかの都市に大学が誕生

───────────

　3)　ジャック・ル・ゴフ，柏木英彦・三上朝造訳『中世の知識人──
アベラールからエラスムスへ』岩波新書，1977 年，8-9 頁。
　4)　12 世紀はヨーロッパの文化が大きく刷新され，最初の精神的覚
醒に達した時代であるが，アメリカの中世学者のチャールズ・ホーマー・
ハスキンズはこれを捉えて「十二世紀ルネサンス」と名づけた。C・H・
ハスキンズ，別宮貞徳・朝倉文市訳『十二世紀ルネサンス』みすず書房，
1989 年（Charles Homer Haskins. *The Renaissance of the Twelfth Century*.
Cambridge, Mass. & London: Harvard University Press, 1957）参照。
　5)　一般に中世においては，すべての学問は，カトリック教会および
その修道院に付属する「学校」（schola）──スクール（school）という英
語はこのスコラというラテン語に由来する──を中心にして学習され，研

45

し，また「ローランの歌」，「アーサー王物語」，「ニーベルンゲンの歌」などの英雄叙事詩が生み出された。建築様式としては，ロマネスク様式が完成される一方で，新たに尖塔アーチと穹窿天井をもち，色鮮やかなステンドグラスを擁するゴシック様式もおこってきた。ノートルダム大聖堂，アミアン大聖堂，ケルン大聖堂，シャルトル大聖堂，カンタベリ大聖堂など，現在まで存続する壮麗な大聖堂（カテドラル）は，すべてこの時代にその起源を有するものである[6]。

12 世紀ルネサンスの背景

　このような文芸復興がなされるに至った背景は，農業生産力があがり商業が発展したこと，十字軍の遠征などを通じてイスラーム世界から学問（古代ギリシア・ローマ文化やアラビア文化）が流入してきたことなど，複数の要因が複合的に絡み合っているが，何といってもやはりカトリック・キリスト教が西欧社会にしっかりと根を下ろし，社会ならびに文化全般がいまやキリスト教的に組織化されるようになったことによっている。

　中世西欧世界の内部においては，9世紀の「カロリング・ルネサンス」（Carolingian Renaissance）[7]以降，カトリック教

究された。古代ギリシアに起源をもつ「哲学」（philosophia）も，このようなルートを通してあらためて学びとられ，捉え直された。中世西欧の哲学は，こうした「学校の教師」（scholasticus）による哲学という意味で，通常「スコラ哲学」（philosophia scholastica）と呼ばれている。

　6）　ロフト・トーマン編，アヒム・ベトノルツ写真，バルバラ・ボルンゲッサー文，忠平美幸訳『美しい荘厳な芸術 ヨーロッパの大聖堂』河出書房新社，2017 年参照。

　7）　カール大帝（シャルルマーニュ）の保護・奨励による古典古代文

12 世紀ルネサンスの背景

会を中心として，中世独自の思想的形成の努力が続けられて
きたが，11 世紀後半になるとアルプスの彼方の西ヨーロッ
パは，キリスト教社会としてのその相貌をくっきりとさせて
くる。クリュニー修道院で修業を積んだヒルデブラントは，
グレゴリウス 7 世（在位 1073-85）として教皇に即位すると，
1075 年教皇教書を発布して，俗人（国王や諸侯）の聖職者
叙任権を否認し，また教皇権の至高性を宣言した。聖職売買
（シモニア）と聖職者妻帯（ニコライティズム）を禁止し，世
俗権力による聖職者任命の廃止を意図したからである。これ
が世にいう「グレゴリウス改革」であるが，ときの神聖ロー
マ帝国皇帝ハインリヒ 4 世（在位 1056-1106）がこれに猛烈
に反発したことから，いわゆる「叙任権闘争」(Investiturstreit)
が最高潮に達した。すなわち，ハインリヒ 4 世は，王権も
また神に直接由来するものであると主張し，教皇権下に立つ
ことを拒絶したのである。そこでグレゴリウスは同年 12 月，
国王の恭順を命ずる書簡を書き送ったが，ハインリヒはこれ
に従わず，むしろ 1076 年正月，ヴォルムスに帝国議会を開
いてグレゴリウスの廃位を決議した。かくして対立は頂点に
達し，グレゴリウスは公会議においてハインリヒに破門を宣
告した。当初は強気であったハインリヒも，国会の内部で次
第に風向きが不利になり，状況の変化に打つべき手に窮して
しまった。

化復興運動のこと。カロリング朝のカール大帝は，アーヘンの宮廷にイン
グランドからアルクイン（Alcuin, c.735-804）を招いて古典的学芸の復興に
努めるとともに，ラテン語の普及にも大いに尽力した。その結果，西ロー
マ帝国の滅亡後停滞が続いていた西欧社会にもようやく学問と文化が復興
する兆しが見えてきた。「カロリング・ルネサンス」については，フィリッ
プ・ヴォルフ，渡邊昌美訳『ヨーロッパの知的覚醒——中世知識人群像』
（白水社，2000 年）が詳しい叙述を含んでいる。

04 知識人の覚醒と大学の誕生

1077年1月，皇帝ハインリヒは教皇グレゴリウスから，イタリア北部レッジョの南西にある小村カノッサの城外で痛悔の実を示すことを求められ，粗末な修道衣をまとっただけで，無帽，裸足のまま，3日間雪の上に立ち，涙とともに教皇による赦免を懇願し続けた。こうしてハインリヒは告解を行い，諸侯との争いの解決を教皇の裁定に委ねることを条件に破門を解かれた。これが世に言う「カノッサの屈辱」であるが，これによって皇帝権に対する教皇権の優位が事実上も確定した。

「十字軍戦争」と呼ばれる都合8回にわたる遠征は，このような教皇権の確立なしには不可能だったであろう。1095年，ときの教皇ウルバヌス2世（在位1088-99）は，フランス中部のクレルモンで開催された公会議において，イスラーム討伐令を発布した。これに呼応した西欧各地の封建諸侯や騎士たちが，聖地イェルサレムを奪還する目的で軍隊を結成し，1096年から1270年にかけて断続的にイスラーム勢力との戦いを行った[8]。170年以上にもわたって長引いたこの戦争は，結果的には教皇の権威の大きな揺らぎ，封建諸侯の没落，他方で国王の権威の高まりをもたらした。また，遠征隊の経路および中継点に位置していた北イタリア諸都市は，こ

---

8)　十字軍に関しては，古いところでは橋口倫介『十字軍——その非神話化』（岩波新書，1974年）が手ごろに読める。より斬新でビジュアルなものとしては，「知の発見」双書30のジョルジュ・タート，池上俊一監修『十字軍——ヨーロッパとイスラム・対立の原点』（創元社，1993年）がお薦めである。また，従来は西欧キリスト教世界から見た光景が史実のごとく語られてきたが，近年はアラブ・イスラム世界の史料に基づく十字軍史も読めるようになった。アミン・マアルーフ，牟田口義郎・新川雅子訳『アラブが見た十字軍』（ちくま学芸文庫，2001年）は，その代表格であろう。

12世紀ルネサンスの背景

の戦争特需によって大きな利益を上げ，ひいてはこれが15世紀に起こる勝義の「ルネサンス」の遠因ともなるのである。

それはともあれ，この十字軍の遠征は西欧社会に思わぬ学術的副産物をももたらした。それは一つには，ヘレニズム文化の遺産を継承し，西欧よりもはるかに優れた学術的発展を遂げていたイスラーム文化との直接的な接触が始まったことである。こうしてアル・ガザーリ（Al Gazali, 1058/59-1111）の『哲学者の意図』，アヴィケンナ（Avicenna, 980-1037）の『アリストテレス形而上学註解』，アヴェロエス（Averroes, 1126-98）の『形而上学要綱』などが西欧の知識人にもたらされただけでなく，モーゼ・ベン・マイモン（＝マイモニデス）（Mose Ben Maimon; Maimonides, 1135-1204）の『迷える者への救いの手引き』のようなユダヤ哲学も西欧のキリスト教世界の知るところとなった[9]。もう一つには，この遠征によってコンスタンティノープルを中心とするビザンツ帝国と西欧世界との間の学芸上の交流が促進された。これまで主としてアラビア語訳の文献を手がかりに進められていた古代ギリシアの思想・文化の再発見という仕事を，いまや直接にギリシア語原典を通して行う道が開けてきた。こうした背景のもとではじめて「12世紀ルネサンス」は緒に就いたのである。

---

9) キリスト教徒たちが，イスラーム支配下のトレドやコルドバなどで目にした学問的隆盛にいかに衝撃を受けたかは，リチャード・E・ルーベンスタイン，小沢千重子訳『中世の覚醒──アリストテレス再発見から知の革命へ』紀伊國屋書店，2008年，11-49頁参照。

49

04　知識人の覚醒と大学の誕生

12 世紀の知識人とアベラール

　ソールズベリのヨハネス（John of Salisbury, 1115/20-80）
が書き留めた言い伝えによれば，シャルトルの教師ベルナ
ルドゥス（Bernardus Carnotensis, 1126 年没）は，「最近のガ
リアにおける文芸の知識の最も豊かな泉と言える」[10]存在で
あったが，その彼の教育の基本方針は，以下のようなもので
あったという。

　　古典の著作家たちは，歴史，議論，説話，その他の主題
　の生の素材を，「解釈」（diacrisim）〔おそらく diatyposin
　の誤り〕——この言葉は「生き生きとした表現」あるい
　は「生彩ある描写」とも訳しうるものだが——によって
　再現し，さまざまな学知と魅力的な文体を用いて，あら
　ゆる学芸の教えを反映したようなみごとな文飾によって
　それらを美しく仕上げている。特に文法学と詩学の知識
　が，彼らの著作全体に惜しみなく注がれている。さらに
　それらでは，論理学が，その論拠により蓋然性を提示す
　ることで理性の黄金の光をもたらす。さらに，説得の学
　である修辞学が雄弁の銀の輝きを与える。さらに，数学
　が，四科という四輪戦車に乗りながらさまざまな証明を
　行う。また，自然の秘密の内奥を探究する自然学は，そ
　の宝庫からさまざまな色の装飾物をもたらす。だが，全
　学問分肢のうち最大の美を与えるのは倫理学である。そ

―――――――――――
　10）　ソールズベリのヨハネス，甚野尚志・中澤務・F・ペレス訳「メ
タロギコン」1・24,『中世思想原典集成 8　シャルトル学派』平凡社,
2002 年，648 頁。

50

れは哲学の最も卓越した部分であり，倫理学なくして哲学はその名に値しない。ウェルギリウスあるいはルカヌスの著作を注意深く検討すれば，そこで倫理学が重要な役割を果たしているのが見られよう。だが，古典の著作家についての講義が成果を挙げるかどうかは，学生の能力と教師の勤勉さの両方にかかっている。[11]

　ここに典型的に示されているように，新しい人間として登場する12世紀の知識人は，古代人と張り合うことはせず，むしろ彼らを模倣し，彼らから精神的糧を得ている。つまり，「12世紀の知識人は，古代人という素材と技芸とをそなえた職業人であり，それゆえ古代人の模倣が指導原理となるのである」[12]。これが中世において大きな反響を呼んだ，シャルトルのベルナルドゥスの有名な言葉が意味するところなのである。曰く，「シャルトルのベルナルドゥスは，われわれはまるで巨人の肩に座った矮人のようなものだと語っていた。すなわち，彼によれば，われわれは巨人よりも多くの，より遠くにあるものを見ることができるが，それは自分の視覚の鋭さや身体の卓越性ゆえではなく，むしろ巨人の大きさゆえに高いところまで持ち上げられているからである」[13]。

　11）　ソールズベリのヨハネス「メタロギコン」1・24，『中世思想原典集成8　シャルトル学派』平凡社，2002年，647-648頁。ルゴフ『中世の知識人』，15-16頁参照。

　12）　ル・ゴフ，前掲書，17頁。

　13）　ソールズベリのヨハネス，甚野尚志・中澤務・F・ペレス訳「メタロギコン」3・4，『中世思想原典集成8　シャルトル学派』平凡社，2002年，730-731頁。この有名な言葉については，E・ジルソン，服部英次郎訳『中世哲学の精神（下）』筑摩叢書，1975年，291頁や，甚野尚志『十二世紀ルネサンスの精神──ソールズベリのジョンの思想構造』知泉書館，2009年，25-27頁でも興味深い言及がなされているので，是非参照された

04 知識人の覚醒と大学の誕生

　ナント近郊のパレで生まれたブルターニュ人のアベラール（〔ラ〕Abaelardus, Petrus〔仏〕Abélard, Pierre, 1079-1142）こそは、「十二世紀という斬新な時代から生まれた，近代的意味からする知識人の先駆をなす大立者」[14]であったが，その彼ですら，権威ある著作に与えられる賞讃は古代の人々に与えられるべきだと主張していた。新しい時代の人間は先行する時代の恩恵に浴しており，しばしば多くのことを知っているとしても，それは自分の才能によって進歩したのではなく，むしろ先人が多大なる汗を流して探究した成果に支えられているからである。

　にもかかわらず，アベラールは新しい時代の精神を体現していた。彼は「抜群の影響力をもっていた……。弟子たちは彼を比類なき教師と見なした。繰り返されて陳腐となった定式を嫌って大胆に再点検し，完全な形での問題提起，論理的に最後の結論まで押し進める推論，その巧みな問題解決，明快な説明が人々を魅了したのである。授業のなかに露呈していたのは，ことごとくアベラールその人の性格である」[15]。アベラールは論理学者，倫理学者，神学者としての顔をもち，いずれの分野においても卓越した業績を残した。1118年のエロイーズとの恋愛事件は世間を震撼とさせただけでなく，後世にまで伝わる語り草となっているが，この一件ですら「ユマニストとしてのアベラール」[16]の一面をよく物語っている。それは「昼下がりの悪魔」（中年を襲う性愛の誘惑）に

い。

　14）　ル・ゴフ，前掲書，49頁。

　15）　フィリップ・ヴォルフ，渡邊昌美訳『ヨーロッパの知的覚醒——中世知識人群像』白水社，2000年，270頁。

　16）　ル・ゴフ，前掲書，67頁。

大学の誕生

大学での講義風景
（14世紀後半の写本。ベルリン国立図書館）

襲われた事件として片づけることのできない，人間精神のあ
る崇高さを湛えている。アベラールとエロイーズの『愛の往
復書簡』[17]がいまでも読者を魅了するのは，そうした優れた
人文主義的な特質によると同時に，そこに近代的な感覚が示
されているからにほかならない。

大学の誕生

　今日の大学の基礎となるものも，西欧の盛期中世に成立し

　17）　アベラールとエロイーズ，沓掛良彦・横山安由美訳『愛の往復書
簡』岩波文庫，2009年。ここに収録されている二人の往復書簡，とりわけ
「第一書簡」に相当する「災厄の記」（ヒストリア・カラミターティス）は，
単なるヒューマン・ドキュメント以上の価値を有している。

53

た[18]。ル・ゴフが指摘する「十二世紀における都市の復興と
知識人の誕生」こそは，12世紀後半から13世紀中葉にかけ
ての大学の相次ぐ誕生の前提をなし，それと不可分に結びつ
いている。西欧社会は何世紀にもわたる分散的な農本主義的
な経済体制をようやく脱却して，各地には自治都市が勃興し
つつあったが，そうした自由都市を中心に全ヨーロッパ的な
広がりをもつ広域的な人とモノのネットワークが形成され，
都市から都市へと移動する人の往来や物流が活発になった。
この時代に西欧各地に大学が誕生するようになったのは，こ
うしたことが背景となっている。

　一般的に，最古の大学はイタリアのボローニャ大学とフラ
ンスのパリ大学であると言われている。ボローニャ大学は学
生たちの「組合ユニヴァーシティ」が発展したものであるのに対して，パリ
大学は「教師組合コレギウム」という同業組合ギルドが発展したものである。
この二つの大学を皮切りに，モンペリエ，パドヴァ，オック
スフォード，ケンブリッジ，ウィーン，プラハ，ライプツィ
ヒ，コインブラ，サラマンカ，クラコフ，ルーヴァンなど，
中世の終わりまでに少なくとも80の大学がヨーロッパの
あちこちで設立された。これらの大学については，「一つの
目的にむかって合体した人々の集まり」，あるいは「大学は
教師と学生の組合である」（universitas societas magistrorum
discipulorumque）という言葉が当てはまる。つまり，西欧中
世に誕生した大学は，教えるべき学識を有する教師と，学

　18）　但し，西欧中世に誕生したこれらの大学は，今日の大学に直接つ
ながるものではなく，両者の間には「大学の第一の死」と「大学の第二の
誕生」という事態がある。すなわち，19世紀初頭のドイツで誕生した，研
究と教育の一致という「フンボルト理念」に立脚したベルリン大学こそが，
「今日につながる直接の先行者」である。吉見俊哉『大学とは何か』岩波新
書，2011年，64-90頁参照。

54

ほうとの意欲をもつ学生が存在することで生まれたものであり，そのかぎりで大学は，第一義的に，「『教える』ないし『学ぶ』というコミュニケーション行為の場である」[19]ということもできる。西欧中世に誕生したこれらの大学は，校舎や施設の建設から始まったものではなく，また国家権力による役割付与から始まったものでもない。初期の大学は「都市の自由」に根ざした，それ自体が移動可能な存在であり──「大学は，建物をもっていなかったので，自由に移動できた」[20]──，地主や都市支配層のみならず皇帝や教皇の権力からも独立して，自由に真理の探究と知識の交換を実践できる場であった。このように大学は，もとから地域や民族や国家を超越するインターナショナルな性格を有し，国際的協力のもとに真理を研究するところとして成立したのである。

ボローニャ大学は法学，パリ大学は神学，サレルノ大学とモンペリエ大学は医学が名を馳せたが，これらの4校にかぎらず，それぞれの大学には独自の起源があり，また独自の個性と発展があるので，十把一絡げに語ることは難しい。ジャック・ヴェルジェは，A）「自然発生的」大学，B）「移住」によって誕生した大学，C）「創設された」大学という区別を設けており，これによればボローニャやパリは第1の範疇に，ケンブリッジ，アンジェ，オルレアン，パドヴァなどは第2の範疇に，ナポリ，トゥールーズ，サラマンカなどは第3の範疇に属する[21]。しかしいずれの大学も都市に誕生していることは決して偶然ではない。「都市の空気は自由に

---

19) 吉見俊哉，前掲書，17頁。

20) C・H・ハスキンズ『大学の起源』八坂書房，2009年，28頁。

21) ジャック・ヴェルジェ，大高順雄訳『中世の大学』みすず書房，1979年，39-46頁。

04 知識人の覚醒と大学の誕生

トーラーを読むソロモン王，13世紀後半
（London, British Library）

する」（Stadtluft macht frei）[22]という諺があるように，都市と自由と大学の誕生との間には意味深長な相互連関がある。自由な空気がみなぎる大学都市における「市民と学生」の緊張をはらむ関係は，ケンブリッジ大学設立の背景ともなっているが[23]，このような近親相克的な関係は "town and gown"[24]という言葉に象徴的に示されている。

なお，ヨーロッパ中世大学史については，ヘースティングス・ラシュドールの *The Universities of Europe in the Middle Ages*[25]という研究書が，従来最も信頼すべき書物と見なされ

22）　ドイツのこの諺は，農奴が一定期間（通常1年と1日）都市に逃れて住み続けると，農奴の身分から自由になるとされたことに由来するが，今日ではより一般的ないし普遍的な意味で通用している。

23）　ケンブリッジ大学は，町の人々との対立を逃れてきたオックスフォード大学の学者たちによって，1209年に設立された。

24）　大学町では，町の住民と学生および大学関係者との間でしばしばトラブルが発生したが，後者は昔はガウンを羽織っていたので，このような語呂合わせのような言い回しが生まれたのである。Cf. *The New Dictionary of Cultural Literacy*, completely revised and updated edition (Boston & New York: Houghton Mifflin Company, 2002), 80.

25）　Hastings Rashdall, *The Universities of Europe in the Middle Ages,*

大学の誕生

てきた。しかし大学の生命をその発祥から現代にいたる歴史
的発展において描き出したステファン・ディルセーの『大学
史』も，近代的な包括的大学史を目指したものとして，それ
と並び立つ高い学術的価値を有している[26]。各種の大学が乱
立し，大学の本来の目的や使命も不明確になっている今日，
このようなすぐれた書物にあたって大学のあり方を再検討す
ることも，人文学に課された重要な使命である。

---

3 vols. (Oxford: Oxford University Press, 1895; revised ed., Oxford: Oxford
University Press, 1936). 邦訳はラシュドール，横尾壮英訳『大学の起源——
ヨーロッパ中世大学史』上・中・下巻，東洋館出版社，1966-68 年。

[26]　Stephen d'Irsay, *Histoire des universités françaises et étrangères des
origines à nos jours* (Paris: Éditions Auguste Picard, 1935). 邦訳はステファン・
ディルセー，池端次郎訳『大学史—その起源から現代まで』上・下巻，東
洋館出版社，1988 年。

57

05

ルネサンス人文主義と「フマニタス研究」

人文学という学問は，古代ギリシアのパイデイアの理念に
まで遡るが，より直接的にはルネサンス期の「フマニタス研
究」（studia humanitatis）——古典的人間教養研究——を母
胎としている，と一般的に考えられている。また「人文主
義」と称される思潮も，通常は，ルネサンス期に活躍した一
群の学者たちの多面的な文芸活動とそれを支えた精神を指し
ている。しかし通説にはしばしば落とし穴が潜んでいるの
で，われわれはルネサンス人文主義とフマニタス研究につい
て，以下に考察してみたい。

ヒューマニズム

「人文主義」という日本語は，ヨーロッパ言語の
ヒューマニズム（〔英〕humanism），フマニスムス（〔独〕
Humanismus），ユマニスム（〔仏〕humanisme），ウマネジモ
（〔伊〕umanesimo）などの翻訳語である。ヨーロッパ言語の
こうした表現は，いずれも博愛主義・人道主義・人間主義・
人本主義などとも訳されるので，われわれが人文主義によっ
て何を意味するのか，最初に明確にしておかないと誤解を招
きかねない。ヒューマニズムという表現は，ヨーロッパに

ヒューマニズム

おいても昔からあったわけではなく，約200年前にニート
ハンマー（Friedrich Immanuel Niethammer, 1766-1848）が，
『当世の教育教授論における博愛主義的教育とヒューマニズ
ムの対立』において用いたのが最初だと言われている[1]。そ
の場合，ニートハンマーは実科を重視する博愛（人間愛）主
義者の教育観に対して，フマニテート（Humanität）つまり
人間性の陶冶が大事だという主張をしたのであった。ここで
ヒューマニズムが「人間性の陶冶」の意味で解され，「博愛
主義」とむしろ対置されていることは興味深い。

　実際，ヒューマニズムという語は，ラテン語のフマニタス
（humanitas）──ドイツ語ではフマニテート（Humanität），
英語ではヒューマニティ（humanity）──に由来している
が，この語自体も必ずしも一義的とはいえない。ラテン
語の辞書には，*human nature, humanity*, in a good sense; *the
qualities, feelings, and inclinations of mankind; the human race,
mankind* という基本的意味に加えて，A. *Humane* or *gentle
conduct* towards others*, humanity, philanthropy, gentleness,
kindness, politeness;* B. *Mental cultivation befitting a man,
liberal education, good breeding, elegance of manners* or
language, refinement という派生的意味が載っている[2]。つま
り，フマニタスには人間性という意味のほかに，人類愛，博
愛，優美，親切，礼節，教養，上品，洗練などといった意味
があることがわかる。したがって，フマニタスを基にできた
ヒューマニズムという語に多義性が生ずるのは，いわば不可

　1）　根占献一『フィレンツェ共和国のヒューマニスト』創文社，2005
年，33頁。

　2）　Charlton T. Lewis & Charles Short, *A Latin Dictionary* (Oxford:
Clarendon Press, 1975), 869.

59

05　ルネサンス人文主義と「フマニタス研究」

避なことであろう。

フマニタス研究

　そこで，人文主義および人文学をヒューマニティやフマニテートという近代語から理解するのではなく，ルネサンス期の用法に押し戻して考えてみたい。その際，われわれは「フマニタス研究」（studia humanitatis）という用語に注目したい。「フマニタス研究」という用語は，その最初の用法をキケロに見出すと言われるが，14 世紀後半になるまでは久しく用いられず，それ以降イタリアの古典研究者の間で盛んに用いられ始めたものだという[3]。のちのフィレンツェ書記官コルッチェ・サルターティ，教皇庁書記官レオナルド・ブルーニ，フィレンツェの「プラトン・アカデミー」の学頭フィチーノなどにおける用例分析から明らかになることは，フマニタス研究というときのフマニタスには博愛の意味はなく，それは主として学芸的・訓育的意味を表わすものだということである。フマニタスの学芸的・訓育的意味については，すでにローマの文法家で『アッティカの夜』の著者であるゲリウス（Aulus Gellius, c.123-165）が，次のような決定的に重要な言葉を残している。

　　ラテン語を造り，これを正しく用いる人々は，フマニタスを，大衆が考え，ギリシア人によって人間愛（博愛）

　3）　根占献一『フィレンツェ共和国のヒューマニスト』39 頁。『共和国のプラトン的世界』創文社，2005 年，とくに 33-40 頁。『ルネサンス精神への旅──ジョアッキーノ・ダ・フィオーレからカッシーラーまで』創文社，2009 年，54 頁参照。

フマニタス研究

（φιλανθρωπία）と呼ばれて，誰彼の区別のない，あら
ゆる人間に対する如才のなさと好意とを意味することを
望まない。そうではなくて，だいたい彼らは，フマニタ
スでギリシア人がパイデイア（παιδεία）と呼ぶ——わ
れわれは一般教養の教育と訓練と言っている——ものの
ことを指している。そこでそれら科目（の修得）を誠実
に希望し志す人々こそが，問題なくもっとも人間的であ
る。なぜなら，この学への関心と習得とがあらゆる生き
物のうち人間にのみ与えられており，またそれゆえにフ
マニタスと名づけられている。[4]

　イタリア・ルネサンス研究者の根占献一氏によれば，15
世紀のある古典研究者の書物においても，次のように言われ
ているという。動物には自然の特性が具わっており，そして
人間にのみ学習意欲が具わっている。「それゆえ，ギリシア
人がパイデイアと呼称するものをわれわれはフマニタス研究
と呼ぶ。なぜなら徳における学問と訓育は人間にのみ特有で
あるからであり，このためわれわれの先祖はそれをフマニタ
ス，人類に相応しい探究，活動と呼んだのである，と」[5]。一
連の言語文献学的研究から導き出される結論は，われわれの
考察にとって非常に重要である。

　　やがてこの研究〔フマニタス研究〕は一五世紀中ごろま
　　でには，主としてラテン語による一連の学問分野，つま
　　り文法・レトリック・歴史学・詩学・道徳哲学（倫理

　4）　Aulus Gellius, *Noctes Atticae*, XIII, 17, 1. 訳文は若干の修正を施し
て，根占献一『フィレンツェ共和国のヒューマニスト』36-37 頁から借用。
　5）　根占献一，前掲書，40 頁。

61

05　ルネサンス人文主義と「フマニタス研究」

哲　学
(Figure 198)

詩　学
(Figure 183)

時　間
(Figure 12)

歴　史
(Figure 122)

（Cesare Ripa, *Baroque and Rococo Pictorial Imagery*, ed. Edward A. Maser）

学）の諸学科を表すようになり，この研究に従事あるい
は関与する人がフマニスタ（ヒューマニスト）と呼ばれ
るに至った。ヒューマニストの当時の用法に戻れば，こ
れに由来するヒューマニズムは優れて教育的な術語に属
し，一定のカリキュラムの認識とその意義の強調という
ことになる。[6]

　別の書物で根占氏は，のちに教皇にまでなった人物の
用例を挙げて，彼が「文法（grammatica）・レトリック
（rhetorica）・歴史学（historica）・詩学（poetica）・道徳学
（moralis）をフマニタス研究とし，神学・形而上学・論理学・
数学・自然学などの学科と区別している」[7]ことを紹介して
いる。いずれにせよ，ここからわかることは，フマニタス研
究は神学・哲学・自然科学の研究とは区別され，その基本的
精神においては古代ギリシアのパイデイアに相当し，また学
科的布陣においては自由学芸のうちの言語学的な「三学」が
中心となっているということである。そのかぎりでは，ルネ
サンス期のフマニタス研究は今日の人文学の先蹤をなしてい
る，と言ってよかろう。[8]

───────────

6)　前掲書，41 頁。

7)　根占献一『共和国のプラトン的世界』36 頁。

8)　われわれはこれまで，人文学をもっぱら「フマニタス研究」（studia
humanitatis）の用語に関連づけて考察してきた。しかし人文学はまた lit[t]-
erae humaniores とも humaniora [studia] とも呼ばれてきたので，これについ
ても若干の説明を施しておきたい。

　humanior は humanus の比較級の形であるので，「１．より人間的な，
より人間らしい　２．より洗練された，より品位のある」というほどの意
味である。したがって，lit[t]erae humaniores は，"the more human studies,
i.e. the humanities, secular learning as opposed to divinity"，つまり神学に対し
てギリシア＝ローマの古典文学，哲学，古代史などの，世俗的な「いっそ

05　ルネサンス人文主義と「フマニタス研究」

ルネサンス人文主義

　フマニタス研究が以上のようなものであるとすれば，このような研究に従事する学者や実務家が担い手となって，14世紀中葉から15世紀末にかけてイタリアで発展をみたルネサンス人文主義の本質は，生まれながらの人間性や人間らしさを無条件で称揚する，現代のヒューマニズムとは区別されるべきものであろう。かつてハイジャック事件に際して，わが国のときの総理大臣は，「人命は地球より重い」という言葉を発して，犯人たちの要求を呑んだが，そのようなヒューマニズム――類似のヒューマニズムは現代日本に蔓延している――をルネサンス人文主義に持ち込むのはご法度である。それでは，ルネサンス人文主義は具体的にどのようなものだったのであろうか。

　ニコラ・アッバニャーノによれば，ルネサンス人文主義は，「人間と，人間が自然および歴史の中に占める位置，そして人間に関わる規律などに新しい評価を与えることを目的としていた。その第一の特徴は，運動が職業的哲学者ではなく書記，歴史家，倫理学者，政治家などによって始められ，推進されたという点である」[9]。人文主義者たちは，唯名論的

う文雅なる学問」を意味する。humaniora [studia] も同様で，「教養〔人格形成〕の基礎としてのギリシア＝ローマの古典古代研究」を言い表している。Cf. James Morwood, *A Dictionary of Latin Words and Phrases* (Oxford: Oxford University Press, 1998), 104: Bernhard Kytzler /Lutz Redemund (Hrsg.), *Unser tägliches Latin: Lexikon des lateinischen Spracherbes* (Mainz: Verlag Philipp von Zabern, 2007), 236.

　9）　ニコラ・アッバニャーノ，天野恵訳「ルネサンス人文主義」，フィリプ・P・ウィナー編『西洋思想大事典』平凡社，1990年，第4巻，535

論理学を奉じる当時の哲学者たちに対して，古典古代の哲人・文人たちの「黄金の叡智」(aurea sapientia) を引き合いに出し，人間性の育成に具体的に奉仕する実践知を前面に押し出した。「人文学の父」と称されるペトラルカ (Francesco Petrarca, 1304-74) は，真実の追求ではなく，論敵を言い負かすことを目的とした詭弁的技法を弄ぶ哲学者・論理学者を厳しく批判し，真摯な人間が向かうべき本当の叡智とは，人間とその行為に関わるものであると説いた。すなわち，個人の私的生活や国家の統治を律し，また美の喜びを享受し，真理に思いを凝らすことなどが肝心なことであり，古代の哲人たちはつねにこうした事柄を追い求めた。しかるに昨今の哲学者たちは，これらの目的をなおざりにして，単に研究の手段にすぎぬ弁証法を目的と取り違えているというのである。ルネサンス期の人文学者たちは，ほぼ例外なく，ペトラルカが行ったこうした批判を繰り返し，「教育が人間の本性とその行為とに直結する学科，即ち詩作，雄弁術，歴史，哲学，倫理，政治，経済などにもとづいて行われるべきことを訴え続けた」[10]。

　ここからわかるように，ルネサンス人文主義は，14, 15世紀のスコラ学，あるいは当時の神学と哲学を席巻していたアリストテレス主義に立ち向かったもので，そのかぎりでは弁証法的・科学的な文化に対する修辞的・文学的傾向を帯びた文化の反逆と捉えられなくもないが，そのように見るだけではやはり不十分である。人文学とスコラ学の対立という視点は，人文学者たちがおしなべてプラトン主義者であった事

頁。

　10)　同上。

05　ルネサンス人文主義と「フマニタス研究」

実をよく裏書きできるが，他方で人文主義の運動は「本質において中世的かつキリスト教的な」現象だと解釈する見方にも道を開く。しかしこれだと，人文主義の運動が近代科学の誕生を促進した事実がぼやけてくる。ルネサンス人文主義は，中世と近代の狭間にあって，ある重要な役割を果たしているが，その意義を正当に評価するためには，あくまでもそれ自体の本質によって説明する必要がある。ルネサンスと中世を峻別する思考法に慣れきったわれわれの多くは，ルネサンス人文主義の世界は，神中心のスコラ的世界とは異なっており，ギリシア・ローマの古典に培われ，人間の内在的能力と善性とを重視する世界である，と信じ込んでいる。しかしはたして本当にそうであったのか？　それを文献学的＝歴史学的に検証するのが，まさにルネサンス人文主義が後世のわれわれに残した偉大な精神的・学術的遺産なのである。通説を鵜呑みにせず，原典資料に遡って検証する精神こそ，ルネサンス人文主義の精神であり，人文学はその実践の舞台であると言っても過言ではない。

北方人文主義とエラスムス

　さて，われわれはこれまでもっぱらルネサンス人文主義について論じてきたが，今日の人文学を考えるためには，エラスムスにおいて頂点を極める「北方人文主義」（Northern Humanism）についても一瞥しておかなければならない。この場合の「北方」というのは，イタリア側から見て「アルプスの向こう側」（transalpine）を意味し，「アルプスのこちら側」は cisalpine という。

　それはともあれ，「ルネサンスと宗教改革」という場合，

北方人文主義とエラスムス

しばしばルネサンスを
15世紀に，宗教改革を
16世紀に配置する，時
間的な前後関係で捉える
見方と，ルネサンスと宗
教改革をいわば並列的に
捉える見方とが共存して
いる。二つの見方はとも
に真理契機を有してい
る。14世紀中葉のペト
ラルカを嚆矢とするイ
タリア人文主義の思潮

エラスムスの肖像画（ホルバイン作）

は，15世紀にその盛期を迎えるが，16世紀になっても一向
に衰えず，むしろますます旺盛に盛り上がっていた。一方，
「北方人文主義」と呼ばれているものは，このイタリア人文
主義がアルプスの彼方に波及したもので，その盛時は15世
紀後半から16世紀前半にかけてであって，ルター（Martin
Luther, 1483-1546）の宗教改革と同時代の運動である。そし
て通説に従えば，イタリア人文主義が世俗的・異教的色彩が
濃厚であったのに対して，北ヨーロッパで展開した人文主義
はキリスト教的な性格をもっていた。しかし北方人文主義に
大きな影響を及ぼしたイタリア人文主義の泰斗ロレンツォ・
ヴァッラ（Lorenzo Valla, 1405-57）を，そのような色眼鏡で
見ると大間違いである。ヴァッラは，教皇領が皇帝から寄進
されたことの根拠にされてきた『コンスタンティヌスの寄進
状』が偽書であることを，卓抜な言語文献学的技法を用いて
証明した。それだけでなく，彼はまた唯一の正典と見なされ
てきたラテン語聖書（ヴルガータ）の誤りを指摘もした。こ

05 ルネサンス人文主義と「フマニタス研究」

れは文献学が聖書の権威に対しても力を発揮した一例であり，「人文学の王者」と称されるロッテルダムのエラスムス (Desiderius Erasmus, c.1466-1536) にも大きな影響を与えた。

16世紀前半はしばしば「エラスムスの世紀」と言われるように，ルネサンス人文主義の思想は，エラスムスにおいて完全な成熟段階に達する。シュテファン・ツヴァイク (Stefan Zweig, 1881-1942) は，感動的な筆致でこのことを言い表わしている。

　　四十歳と五十歳とのあいだに，ロッテルダムのエラスムスはその名声の絶頂に達する。数百年このかたヨーロッパは，これよりも偉大な名声を知らなかった。デューラー，ラファエルロ，レオナルド，パラケルスス，ミケランジェロなど，同時代のいかなる名前も，当時の精神的世界においてこれと等しい畏敬をこめて呼ばれるものはなく，いかなる文筆家の作品も，これほど無数の版を重ねて流布したことはなく，いかなる道徳的または芸術的権勢も，彼のそれに比肩できるものはない。エラスムス——これこそは始まろうとする十六世紀にとって，端的に賢者の代名詞を，メランヒトンがそのラテン語の頌歌のうちに讃えているように「オプティムム・エト・マクシムム」すなわち考えうるかぎりの最善最高を，学問と詩歌と世俗と精神の領域での否定しえない権威を意味している。[11]

---

　11)　ツヴァイク，内垣啓一・藤本淳雄・猿田悳訳『エラスムスの勝利と悲劇』みすず書房，1998年，84頁。

68

宗教改革者たちもこぞって，「われわれの誇り，われわれの希望」（ルター），「人文学の名誉と歓喜」（カルヴァン），「後世の理解あるとらわれない審判者は，この世紀の高揚せる光輝の創始者はエラスムスである，と宣言するであろう。彼こそわれわれを源泉まで導いた最初の人であり，古典言語をわれわれのものたらしめたのである」（ロイヒリン）などと，エラスムスの人文主義を一時は讃美したのである。彼が出版した新約聖書のギリシア語原典版『校訂新約聖書』が，ルターが宗教改革の烽火を上げる前年の 1516 年に刊行されていることを考慮に入れると，「エラスムスが卵を生んで，ルターがこれを孵化した」という風評的言説も，まんざら嘘ではない。しかし 1524 年に勃発したエラスムスとルターの間の「自由意志論争」は，エラスムス的人文主義とルターの宗教改革の本質的な異質性を際立たせる結果となった。

エラスムス的人文主義と「文芸共和国」の理想

1517 年 10 月 30 日，ルターがヴィッテンベルクの城門に掲げた「九十五カ条の提題」に端を発する宗教改革によって，西欧全域にわたるカトリシズムの一枚岩的支配は半永久的に失われたが，しかし壊滅的被害をもたらした宗教分裂にもかかわらず，ヨーロッパ文化の統一性が失われなかったのは，「15 世紀後半から 16 世紀にかけてイタリアからヨーロッパの爾余の国々に広まった新しい人文主義の文化が，分断されたキリスト教世界の両方の陣営の間に，そしてヨーロッパの主権諸国家と諸民族の間に，知的・芸術的統一の絆

05 ルネサンス人文主義と「フマニタス研究」

を提供した」[12]からである。すなわち，15，16 世紀の人文主義の運動は，「文芸共和国」（res publica litteraria）と呼ばれる，知識人による汎ヨーロッパ的な知的・精神的共同体を生み出したのである[13]。「その共通語はラテン語であり，ラテン語を用いて成員はたがいに書簡を交わし，旅先で出会えば話しあい，著名な出版業者が刊行する同一の本を読んだのである」[14]。「『文芸共和国』の指導者，至高の英雄にして権威だった人物はエラスムスであった」[15]が，「文芸共和国」という「この理想を信じる人々には，国家を超え宗派を超越した共同体，知的活動のかたちとしてのヨーロッパに所属するという感覚が与えられた。それと同時に，個々の人々が相互の関係において従ってゆくべき倫理の基礎も据えられたといえよう」[16]。

このように人文主義は偉大な働きをしたが，しかしそこに明らかな限界もあった。一見対立と見えるものを敵対と見なさず，それを和解融合させる上位の人間的統一を求めることが，エラスムス的人文主義の精神の標識であったけれども，人間性への教育のために人文主義が知っていたのは，ただ一つの道，すなわち教養の道であった。だが，ツヴァイクによれば，まさにここに致命的な問題点があった。

---

12) Christopher Dawson, *Christianity and European Culture: Selections from the Work of Christopher Dawson*, edited by Gerald J. Russello (Washington D.C.: The Catholic University of America Press, 1998), 142.

13) H・ボーツ／F・ヴァケ，池端次郎・田村滋男訳『学問の共和国』知泉書館，2015 年参照。

14) クシシトフ・ポミアン，村松剛訳『増補　ヨーロッパとは何か——分裂と統合の一五〇〇年』平凡社，2002 年，133 頁。

15) 前掲書，134 頁。

16) 前掲書，137 頁。

エラスムス的人文主義と「文芸共和国」の理想

　エラスムスおよびエラスムス主義者たちの意見によれ
ば，人間に潜んでいる人間的なものは，ただ教養と書物
によってのみ高められることができる。なぜなら無教養
人，無学者だけが，見さかいもなくその情熱に身を委ね
る。教養ある人間，文明化された人間は——この点で彼
らの思考は，悲劇的な誤った推論をしている——もはや
粗野な暴力に耐えられない。したがって，もしも教養人
たち，文化人たち，文明人たちが優位を占めるようにな
れば，混沌とした動物的なものはおのずから消えてゆ
き，戦争や精神的迫害は老衰した時代錯誤と化するにち
がいない，というのである。文明性を過大評価するあま
りに，人文主義者たちは衝動の世界の根源力を，その御
しがたい暴力ともども誤解し，文化に寄せる楽観主義の
ために，大衆の憎悪とか人類の大きな熱情的な精神病と
かの，ほとんど解決できない怖ろしい問題を平板化して
いる。[17]

　実際的にも，エラスムス的人文主義に鼓吹された「高貴な
理想主義的軍勢も，ルターとかツヴィングリとかによる民衆
革命の重厚な，土性骨のある突撃のまえに，美しくしかし無
力に屈服」[18]したのである。

17）　ツヴァイク『エラスムスの勝利と悲劇』101 頁。
18）　前掲書，104 頁。

71

06

「フンボルト理念」と近代的大学の理想

　すでに述べたように，現代まで続く大学という制度そのものは西欧の中世に誕生した。第4章に挙げた大学のリストを近代に向けてさらに延長すると，ドイツ最古のハイデルベルク大学は1386年に誕生し，アメリカではハーバード大学は1639年に，イェール大学は1701年に，プリンストン大学は1746年に誕生している。上記3校に加えて，ペンシルバニア大学，コロンビア大学，ブラウン大学，ダートマス大学，コーネル大学の，合衆国北東部にある由緒ある8私立大学は，一般に「アイヴィー・リーグ」（Ivy League）に属する大学として知られている。この呼称は一般に言われているように，「つたが生えるほど古く伝統のある大学」だからではない[1]。言葉の由来をひもとけば，もともとこれらの大学の関係者は自分たちを「VARSITY（大学代表チーム）同士の」という意味で，「INTER-VARSITY」——それを略して「I-V-Y」——と呼び合っていたが，1930年代にニューヨークの新聞記者が「IVY」（植物のつた）と表記して報道したことから，やがて「アイヴィー・リーグ」の呼称が定着した

---

　1) *dtv-Lexikon* (München: Deutscher Taschenbuch Verlag, 2006), Bd. 10, 314. しかし現在では，OEDをはじめ多くの辞書や事典に，「校舎・寮にツタにおおわれた煉瓦の建物が多かった」からであると記されている。

72

のだという。新大陸アメリカにおけるこれらの大学は，今でこそ世界のトップレベルにランクしているが[2]，20世紀初頭まではヨーロッパの大学にはるかに後れを取っていた[3]。

近代知のパラダイムと新しい大学の誕生

　話をヨーロッパの大学に戻せば，「近代知のパラダイムが浮上し，認識の地平を大きく広げていく時代」の到来とともに，西欧の中世都市を舞台に誕生し，急速にヨーロッパ全土に広まった諸大学は，徐々にその重要性を失って衰退し始め，「学知の発展にとって周縁的な存在にとどまるのである」[4]。したがって，中世起源のこうした大学は，今日の大学に直接つながるものではない。中世の大学と現代の大学との間には，吉見俊哉氏によれば，「大学の第一の死」と「大学の第二の誕生」という事態が存在するのであり，ナポレオ

---

　2)　2018年の世界大学ランキング（The *Times Higher Education* World University Rankings 2018）では，上位20校のなかにハーバード（6位），プリンストン（7位），ペンシルバニア（10位），イェール（12位），コロンビア（14位），コーネル（19位）の6校が入っている。わが国の東京大学は46位（2014年は23位），京都大学は74位（2014年は43位）にすぎない。もちろん，このTHEランキングは，カリフォルニア工科大学（3位），スタンフォード大学（3位），マサチューセッツ工科大学（5位）がトップ5に入っていることからわかるように，科学技術最優先の世情を色濃く反映している。それと同時に，グローバル化の時代に対応して，英語圏の大学が優位になる仕組みになっている。ちなみに，1位はオックスフォード大学，2位はケンブリッジ大学であり，かつては古典語教育に重きを置いていた英国の老舗大学の変貌ぶり（科学技術面での躍進）が目を引く。苅谷剛彦『オックスフォードからの警鐘──グローバル化時代の大学論』中公新書ラクレ，2017年参照。

　3)　潮木守一『アメリカの大学』講談社学術文庫，1993年，17-20頁参照。

　4)　吉見俊哉『大学とは何か』岩波新書，2011年，64頁。

06 「フンボルト理念」と近代的大学の理想

ン戦争渦中の 1810 年に誕生した，研究と教育の一致という
「フンボルト理念」に立脚したベルリン大学こそが，「今日に
つながる直接の先行者」[5]なのである。もちろん，啓蒙主義
の時代精神を体現して 1737 年に誕生したゲッティンゲン大
学は，近代的な理念に基づいた大学として刮目すべき革新性
を発揮し，現在までドイツ最大のノーベル賞受賞者を輩出し
ている[6]。しかし大学史における意義としては，もちろんベ
ルリン大学の陰にすっかり隠れてしまわざるを得ないであろ
う。

　さて，ベルリン大学が画期的であるのは，研究と教育の一
致という「フンボルト理念」に立脚し，もっぱら教育を旨と
する「学校」（Schule）に対して，大学を研究と教育が一体
となった高等研究＝教育機関として規定していることであ
る。ベルリン大学の設立者であったヴィルヘルム・フォン・
フンボルト（Wilhelm von Humboldt, 1767-1835）は，その設
立の趣旨を述べた建白書（『ベルリン高等学術施設の内的なら
びに外的組織について』（1809））のなかで，「学校では用意さ
れ出来上がった知識を教えたり学んだりするのに対して，高
等学術施設〔としての大学〕では学問をいつもまだ解決され
ていない問題として取扱い，そのためにいつも研究を続ける
という特徴がある。それに対して学校は，ただ既成の知識，
まとめられた知識だけを取り扱い，それを学ぶのである」[7]，

_____

　5）　前掲書，79 頁。

　6）　クリストフ・シャルル／ジャック・ヴェルジェ，岡山茂／谷口清
彦訳『大学の歴史』（文庫クセジュ）白水社，2009 年，83-84 頁，R・D・
アンダーソン，安原義仁・橋本伸也監訳『近代ヨーロッパ大学史――啓蒙
期から 1914 年まで』昭和堂，2012 年，26 頁参照。

　7）　Wilhelm von Humboldt, "Ueber die innere und äussere Organisation
der höheren wissenschaftlichen Anstalten in Berlin (1810)," *Werke in Fünf*

と述べている。言い換えると，「学校」は出来合いの知識の学習と伝授を主眼とするところであるが，「大学」は不断の真理探究に従事する研究の場所であり，教師も学生も「学問のために存在しているのである」[8]。まさにこの点こそ，ベルリン大学が近代的な研究大学（リサーチ・ユニヴァーシティ）のモデルとなった所以であり，また大学において「講義」以上に，文系では「ゼミナール（演習）」が，理系では「ラボラトリー（実験室）」における実験・実習が重要視される理由でもある。

フンボルトの大学理念 ——孤独と自由

シェルスキーも言うように，フンボルトの教育思想は人間性（フマニテート）を基本としている。つまり，人間に賦与されているあらゆる個人的な能力を，自覚された高度の個性にまで発展させようとするのである。このような「一般陶冶」をめざす人文主義的教育理念は，同時代に高まったドイツ観念論哲学と融合することで，はじめて「学問による教養」（Bildung durch Wissenschaft）[9]，「研究を通じての教育」（潮木守一）の理念になることができた。そしてこの「学問による教養」あ

Bänden, herausgegeben von Andreas Flintner und Klaus Giel (Darmstadt: Wissenschaftliche Buchgesellschaft, 1980-81), Bd. IV, 256. 邦訳はW・v・フンボルト，C・メンツェ編，K・ルーメル・小笠原道雄・江島正子訳『人間形成と言語』以文社，1989年，177頁。

8) フンボルト『人間形成と言語』，177頁。

9) Helmut Schelsky, *Einsamkeit und Freiheit. Idee und Gestalt der deutschen Universität und ihrer Reformen* (Reinbek bei Hamburg: Rowohlt, 1963), 79. ヘルムート・シェルスキー，田中昭徳・阿部謹也・中川勇治訳『大学の孤独と自由——ドイツの大学ならびにその改革の理念と形態』未来社，1970年，87頁。

75

06 「フンボルト理念」と近代的大学の理想

ヴィルヘルム・フォン・フンボルト
（1767-1835）

るいは「研究を通じての教育」の理念が，新設のベルリン
大学において実現を見たのである。この新しい大学におい
て指導理念となったものが，「孤独と自由」（Einsamkeit und
Freiheit）にほかならない。フンボルトは，1809 年の『リト
アニア学校計画』において，次のように述べる。「大学の本
来の使命は，人間が自己の力で，自分自身のうちにのみ発見
することのできる純粋な学問を理解させることである。本来
の意味におけるこのような自己活動には，自由が必要で，孤
独が役立つ，そして大学の外的機構はこのような両者に由来
する」[10]，と。
　先に引用した『ベルリン高等学術施設の内的ならびに外

10）　前掲書，163 頁。

76

的組織について』（1809）では，同様に次のように言われる。
「これらの施設は，できるかぎりの学問の純粋な理念と向か
い合うときにのみその目的に到達できるので，孤独と自由は
この領域で支配的な原理である」[11]。フンボルトは，近視眼的
に実用主義的効用を重視する専門学校を軽視し，専門的な職
業準備教育よりも一般陶冶をめざす教育を優先した。なぜか
といえば，職業はどうしても人間を特定の領域に固定するの
で，人間を自由にしないからである。したがって，一般的な
人間形成が職業人形成に先行しなければならない。

　フンボルトにおいては，人間を道徳化することが教育と教
養の最高目標であった。当然，大学も道徳的モティーフに
よって満たされていなければならない。人間の全生涯を支
え，そのあらゆる行為を導く道徳的理念の確立は，フンボル
トの年来の主導的テーマである。『人間形成の理論』におい
ては，次のように言われている。

　　……自己以外のものによって生じるものは，実は，人間
　　にとって問題ではない。問題はもっぱら自己の内的改善
　　と純化，あるいは少なくとも自分をすりへらす精神的不
　　安にやすらぎを与えることである。まったくその窮極目
　　的のみを考察すれば，人間の思考とは，自分に対して自
　　分自身を明らかにしようとする精神の一つの試みにすぎ
　　ないし，人間の行為とは，自分のうちで自由独立になろ
　　うとする意志の一つの試みなのである。……
　　われわれの存在に関する究極の課題とは，次のような
　　ものである。われわれの人格のなかに，われわれの生前

---

11)　前掲書，177頁。

06 「フンボルト理念」と近代的大学の理想

と死後を問わず，われわれが後にのこす生き生きとした
活動の痕跡によって，人間性（メンシュリヒカイト）の概念に対して出来るだ
け多くの内容を与えることである。このような課題を解
決するには，われわれの自我を世界と結びつけて，最も
普遍的で，最も活発な，最も自由な相互作用を保つほか
になす術がない。[12]

このような道徳的な自己育成への道を最も完全に教えるこ
とができるのが，大学という研究教育機関なのである。「自
己を個性にまで高め形成すること，これがフンボルトの謂う
自己生成の概念なのである」[13]が，大学において自己完成の
意味における純粋な陶冶が完了するのである。フンボルト
が，実生活に役立つ職業的知識のみを得ることでおこる人間
の偏狭化に反対したのも，人間の自己育成を最優先させよう
としたからにほかならない。

少し別の観点から考察すると，フンボルトの大学理念は二
つの根本観念に帰着する。第一は，「学ぶ」ということにつ
いての新しい把握である。学問はたんなる知識の集合体や百
科全書的博識ではない。所有ではなくて，探究という行為，
活動である。それゆえ，学問は蓄えられた財産のように，世
代から世代へ与えられ，受けとられるものではない。それは
つねに新たに産出されるものでなくてはならない。しかもそ
れは，教授と学生の双方によって作り出されねばならない。
それ以前の学校とは違って大学では，「教師は学生のために
存在しているのではなく，双方ともに学問のために存在して

12）　フンボルト『人間形成と言語』，48-49 頁。
13）　シェルスキー『大学の孤独と自由』，89 頁。

いるのである」[14]。学ぶということは，教えることと同様，一つの活動的・創造的な出来事である。そのような仕方でのみ，知識は実際にわれわれ自身の部分，確信，力，性格となるのである。詰まるところ，「内面から生まれて，そして内面に植えつけられうる学問だけが人格をつくりかえることができる」[15]。したがって，高等学校までの学校とは異なる大学において，「なによりも大切なことは，学問をまだ完全には発見されていないもの，またいつまでも完全に見いだすことのできないものとして考え，そして絶えまなく学問をそのようなものとして追求しつづけるという原理を堅持することにかかっている」[16]。

　こうした把握は大学の本質と機能における深甚な変化を意味している。大学においては，それはもはや知の継承ではなく，学問の生産が肝心なことである。研究と教育との統一という原則は，そこに由来する。大学において教授と学生は，教える者と学ぶ者，与える者と受けとる者ではなく，ともに探究する者，創造する者なのである。同じ使命（ミッション）を担う共同研究者なのである。そこから最後の帰結も生じる。すなわち，学問研究の自由（教える自由と学ぶ自由）ということである。フンボルトは『ケーニヒスベルク学校計画』（1809）において，次のように喝破している。「……だからまた大学教師はもはや教師ではない。学生はもはや学ぶ者ではなく，むしろ自分でも研究し，教授（プロフェッサー）は学生の研究を指導し援助する。なぜなら大学教授（ウンタリヒト）は学問の統一を理解し，学問の統一を産み出すことができるようにし，それで創造的力を利用するから

---

14)　フンボルト『人間形成と言語』，177 頁。
15)　前掲書，179 頁。
16)　同上。

である」[17]。

　第二の根本観念は，学問の統一性ということであり，これは第一の根本観念と密接に結びついている。学問は一つの有機体であらねばならない。人間が雑多な断片や特質から構成されてはいないように，学問もあらゆる領域において生き生きとしている一つの力として捉えられる。古い百科全書的な，空虚で外面化した知識の統一は，このような生き生きとした学問観によって止揚される。大学とは，各々の専門がすべての学問との関連において認識される場所である。例えば，ひとが言語を学ぶ場合，一つの特殊な言語のなかに言語一般の構造を認識するのであり，われわれ自身のなかで溌剌としている人間精神を認識するのである。このようにして，学問の理想と人間性の理想とが，ビルドゥング（教養・教育）において一つに溶け合うのである。

学問による教養／研究を通じての教育

　以上，原典資料に即してフンボルトの大学理念について学んだが，フンボルト理念を端的に表現すれば，「学問による教養」あるいは「研究を通じての教育」ということである。そこには，大学とは教師と学生がともに研究する場であり，「学ぶ学生」ではなく「研究する学生」という斬新な考え方が，基礎になっている。また，知識とは不動のものではなく，進歩するものだという新しい知識観もある。「教えるべき知識が進歩する以上，すでにできあがった，既成の知識を教えるのでは，やがて通用しなくなる。そうであれば，大学

17）　前掲書，148 頁。

学問による教養／研究を通じての教育

が伝えるべきことは，いかにして新たな知識を発見するか，いかにして知識を進歩させるか，そのための技法である」[18]。

しかし，「学ぶ学生」という言葉すら空疎に響く今日，「研究する学生」という理念は，あまりにも現実離れした理想ではなかろうか。フンボルト型大学は「理想的なモデル」ではなく，さまざまな害毒を流してきた元凶として，むしろ「改革されるべき対象」そのものではないのか。「フンボルト理念の終焉？」という疑問が提起される所以である。しかし筆者自身は，潮木守一氏同様，さまざまな批判に一定の正当性を認めつつも，フンボルト理念を高く評価するものである。それどころか，その理念への立ち返りを真剣に企てるべきであるとすら考えている。もちろん，すでにユニバーサル段階[19]に達したわが国において，少数のエリート教育を目ざしたフンボルトのモデルは，そのまま当てはまらないことは言うまでもない。あくまでも一定の修正を施しての話である。しかし大学の理念としては，産業社会の功利主義的・打算的利害に浸潤された現代のプラグマティックな教育理念よりも，はるかに崇高な精神を湛えている。いずれにせよ，全面否定をする前に，もう一度それを再検討し，維持すべきものはしっかり維持すべきであろう。そこで最後に，フンボルト大学の理念と密接な関係にあるゼミナールについて，読者の関心を喚起しておきたい。

---

18)　潮木守一『フンボルト理念の終焉？──現代大学の新次元』東信堂，2008 年，20 頁。

19)　アメリカの社会学者マーチン・トロウによれば，大学教育にはエリート・マス・ユニバーサル教育の三段階がある。エリート段階は，社会の一部の選ばれた者のみが大学進学する段階であり，マス段階は，高校卒業生の 15％以上が，ユニバーサル段階は高校卒業生の 50％以上が大学進学する段階を指す。

06 「フンボルト理念」と近代的大学の理想

自立的思考の練成場としてのゼミナール

「学問による教養」あるいは「研究を通じての教育」と密接に関連している制度に，人文・社会科学系の学問であれば，「ゼミナール」（Seminar）がある（理科系の多くの学問では，実験室における実験・実習が同様の意義をもっている）。わが国における「演習」と呼ばれているものは，もちろん近代ドイツの大学制度に由来しているが，その実質はまったく似て非なるものである。ドイツの大学におけるゼミナール制度そのものは，16世紀半ば過ぎにまで遡るものである。ここではとくに文献学のゼミナールについて見てみよう。

そのようなものとしては，1738年にゲッティンゲン大学に設置された「文献学ゼミナール」（Seminarium philologicum）が最初のものである。M・ゲスナー（Johann Matthias Gesner, 1691-1761）が死去するまで主宰し，その後1年間だけミヒャエーリス（Johann David Michaelis, 1717-91）が担当したが，1763年にC・G・ハイネ（Christian Gottlob Heyne, 1729-1812）に引き継がれて評判となった。その結果，1770年代以降，このゲッティンゲン・モデルがヴィッテンベルク，エアランゲン，キール，ヘルムステッドなど，ドイツ各地の大学に一気に広まった。ゲッティンゲン大学に並ぶ近代的大学として名高かったハレ大学には，F・A・ヴォルフ（Friedrich August Wolf, 1759-1824）によって1787年に「文献学ゼミナール」が設置されている。その後もヴュルツブルク，ハイデルベルク，ライプツィヒ，フランクフルト・アン・デア・オーデル，マールブルク，ミュンヘンに設置されている。1810年に創立されたベルリン大学

82

では，アウグスト・ベーク（August Boeckh, 1785-1867）によって文献学ゼミナール設立の申請がなされ，1812年5月28日付けでプロイセン州政府によって認可された。これら一連のゼミナールは，州政府の認可による公式の学術機関として，州政府からの予算措置を伴い，通常学外にも開かれた組織体となっていた。ゼミナールの主催者はディレクターと呼ばれていたが，その人事は大学や学部からは切り離され，行政府の直轄下に置かれていた[20]。

　ベルリン大学はじめ当時のドイツの大学に設置された文献学ゼミナールは，ギリシア語ならびにラテン語の各種古典文献が常備された図書室・資料室とセットになった教室でなされる，「学生を研究させながら教育する」演習的な授業を意味していた。学生たちは基本史料と基本文献が揃っている図書室兼教室で，研究発表し合い，史料解釈をめぐって相互に討論し，疑問点が生ずれば即その場で史料や文献に当たって知識を確定する。そういう実践的な学びの空間がゼミナールであった。そこにおいては教授も学生も一人の研究者として，いわば対等な立場で学問的な議論を展開することが可能であった。つまり，フンボルト理念の中核をなす「研究と教育の統一」を具現化していたのが，まさにゼミナールであった。

　ところで，ゼミナールの語源はラテン語の seminarium であり，それは「種子」ならびに「苗」を意味する semen か

　20）　1812年ベルリン大学に設けられた「文献学ゼミナール」の規定には，そこでの教育スタイルが詳細に記されている。Paul Daude, *Die Königl. Friedrich-Wilhelms-Universität zu Berlin. Systematische Zusammenstellung der für dieselbe bestehenden gesetzlichen, statutarischen und reglementarischen Bestimmungen* (Berlin: Verlag von H. W. Müller, 1887), 436-439.

ら派生している。つまり seminarium の原義は,「苗床」つまり苗を育てるところという意味である。したがって,ゼミナールとは,平たく言えば,「育成場」あるいは「錬成場」のことである。それは教師の講義を受け身的に受講する通常の授業と違って,学生が主体的に参与するかたちの実践的な学びの場であって,そこでは自立的思考と討論技法とが徹底的に訓練されたのである[21]。もちろん,日本の大学におけるゼミナール,つまり演習にもそういう側面がないわけではないが,ドイツの大学におけるゼミナールは,より本格的な研究の実践の場という性格をもっている。いずれにせよ,ゼミナールは「学校」には存在しない制度であり,まさに「大学」においてはじめて可能となったものである。

日本の大学における演習(ゼミ)は,ドイツの大学におけるゼミナールほど本格的なものではないが,大学が大学である以上,つまり高校までの学校と本質的に異なったものである以上,大学教育の中枢に位置づけられなければならない。とりわけ人文学部の教育が「実学」でないとすれば,とくに学生の論理的思考力,語学能力,コミュニケーション能力などのトレーニングに,より大きな比重が置かれるべきであり,演習(ゼミ)はそのような能力を練成するのに格好の場である。

ところで,近年,アクティブ・ラーニングの重要性が指摘され,小・中・高校においてだけでなく,大学の学びにも積極的にこれを導入すべきだ,との意見が支配的になっている。アクティブ・ラーニングとは,一般的には,「課題の発見と解決に向けて主体的・協働的に学ぶ学習」のことであ

---

21)　水垣渉「精神史としての大学」,『第 3 回志学会セミナー・ガイダンス(2005 年 7 月 31 日〜 8 月 2 日)報告書』志学会実行委員会,2006 年,14-15 頁。

り，具体的には，発見学習，問題解決学習，体験学習，調査学習，グループ・ディスカッション，ディベート，グループ・ワークなどを指している。しかし大学におけるアクティブ・ラーニングは，中央教育審議会の厳密な定義によれば，「学修者が能動的に学修することによって，認知的，倫理的，社会的能力，教養，知識，経験を含めた汎用的能力の育成を図る」学修のことである[22]。ここで「学習」ではなく「学修」という漢字が充てられているのは，大学の場合には1時間の授業に対して倍以上の時間の予習・復習をすることが単位取得の原則になっているからだという。目下，学生の自主的勉強時間の増加を促す「単位制度」の実質化が，わが国の大学教育の大きな課題となっているが，アクティブ・ラーニングを導入すれば，ディスカッションをするための予備学習が不可欠となり，また調査実習などをするための文献調べやフィールドワークなどが必要になり，必然的に自分で勉強しなければならなくなる。いずれにせよ，演習以外の通常の授業においても，こうした能動的・主体的な学び（能動的学修）がより積極的に奨励されるべきであり，教師の講義をただ受け身的に拝聴する旧来の形式の授業は，根本的に改められるべきであろう。

---

22) 2012（平成24）年8月の中教審答申（いわゆる大学教育の「質的転換」答申）。

人文学の諸相

07

人間と文化

　われわれはこれまで，西洋における人文学の成立と発展を，とくにパイデイアと大学との連関において，大まかに辿ってきた。それは人文学の来歴を明らかにするとともに，その現在的境位を打開する道筋を探索するための，いわば歴史的な洗い直し作業であった。ここからはモードを一変して，人文学の諸分野の実際の営みについて，体系的な視点から論述してみたい。

　人文学は，平たく言うと，「人間とその文化を対象とする学問」であるが，文化はまた幾つものアスペクトを有しているので，「人間と文化」の一般的省察からはじめて，人文学の個別のトピックについて，紙幅が許す範囲で順次考察してみよう。

文化とは何か

　日本語の「文化」という言葉は，西洋語の翻訳として使われる以前から，中国渡来の古い歴史を有している。『大漢和辞典』（諸橋轍次，大修館，1959-61 年）によれば，「文化」とは「刑罰威力を用ひないで人民を教化すること。文治教化。」を意味する。つまり，「文」は「武」の対立概念であっ

89

07 人間と文化

て，武力を用いないということが肝心な点である。しかし
この語は，大正の初期から英語の culture およびドイツ語の
Kultur の翻訳語としても用いられるようになり，今日では
もっぱら西洋語からの翻訳語の意味で使われている[1]。

しかし西洋語からの翻訳語と言っても，英語のカルチャー
とドイツ語のクルトゥールでは，そこに大きな意味の相違が
あるので注意を要する。この点を理解するために，まず「文
化」の類義語である「文明」（civilization）との異同につい
て一瞥しておきたい。

「文明」も「文化」と同じように，中国渡来の古い言葉で
あるが，シヴィリゼーションの訳語として「文明」という言
葉を流行らせたのは，言うまでもなく近代日本の確立に大き
な貢献をした福沢諭吉（1834-1901）である（ちなみに，福沢
はシヴィリゼーションを，「文明」とも「文明開化」とも訳し
ている）。福沢は『文明論之概略』のなかで，文明について
次のように述べている。

　　文明とは人の身を安樂にして心を高尚にするを云ふな
　り，衣食を饒にして人品を貴くするを云ふなり。或は身
　の安樂のみを以て文明と云はんか。人生の目的は衣食の
　みに非ず。若し衣食のみを以て目的とせば，人間は唯蟻
　の如きのみ，又蜜蜂の如きのみ。これを天の約束と云ふ
　可らず。或は心を高尚にするのみを以て文明と云はん
　か。天下の人，皆陋巷に居て水を飲む顔回の如くなら
　ん。これを天命と云ふ可らず。故に人の身心両ながら其

　1）「文化」という言葉についての包括的分析としては，柳父章『一語
の辞典　文化』三省堂，1995 年が詳しい。本章における叙述の前半部分は，
この書物に情報を負うている。

文化とは何か

所を得るに非ざれば，文明の名を下だす可らざるなり。
然り而して，人の安樂には限ある可らず。人心の品位に
も亦極度ある可らず。其安樂と云ひ高尚と云ふものは，
正に其進歩する時の有様を指して名けたるものなれば，
文明とは人の安樂と品位との進歩を云ふなり。又この人
の安樂と品位とを得せしむるものは，人の智德なるが故
に，文明とは結局，人の智德の進歩と云て可なり。[2]

　ここからわかるように，福沢のいう「文明」は，「身の安
樂」と「心の高尚」，あるいは「人の安樂と品位」という両
面を含んでいるが，この二つの面のうちの前者に関わるもの
をシヴィリゼーション，後者をカルチャーと呼ぶ用法もあ
る。例えば，『広辞苑』は「文化」（culture）について，「人
間が自然に手を加えて形成してきた物心両面の成果。衣食
住をはじめ技術・学問・芸術・道徳・宗教・政治など生活
形成の様式と内容とを含む。文明とほぼ同義に用いられる
ことが多いが西洋では人間の精神的生活に関わるものを文
化と呼び，技術的発展のニュアンスが強い文明と区別する。
⇔自然。⇒文明」と述べている。これをみると，「文化」と
「文明」をほぼ同義に捉える場合と，両者をあえて区別して，
「宗教・道徳・学芸などの精神的所産」を「文化」と名づけ，
「人間の技術的・物質的所産」を「文明」と呼ぶ場合とがあ
ることがわかる[3]。例えば，村岡典嗣（1884-1946）は『日本
文化史概説』の序説において，次のように述べている。

　2）　福沢諭吉『文明論之概略』巻之一第三章「文明の本旨を論ず」の
なかの一節。
　3）　『広辞苑』の「文化」と「文明」の項を参照のこと。

07 人間と文化

けだし文化は獨逸語 Kultur の譯語で，文明の原語なる Civilization に對して，やゝ内的の性質を有する。後者の物質的文明に對して，いはゞ精神的文明といふほどの差がある。随つてまた，その基調として文明の功利主義的傾向に對して，文化は理想主義的傾向を有する。かくて同じ文明現象としても，外部生活の發達たる法律，制度，産業等の方面を，文明の領域とするに對して，宗教，學問，藝術等のたぐひが，自然文化の主要の題目となり來る傾きがある。[4]

このように，「文化」と「文明」には一応の違いがあるが，第一次世界大戦前後のヨーロッパの政治状況は，その違いをより一層強めることになった。

「文化」と「文明」の対立

「文化」を「文明」の対立概念とする捉え方は，第一次世界大戦中のドイツにおいて，一種のプロパガンダとして頂点に達した。例えば，ドイツの作家トーマス・マン（Thomas Mann, 1875-1955）は，『非政治的人間の考察』のなかで，先進国フランスに対して激烈な対抗心を燃やしながら，次のように言明する。

　　精神と政治との相違は，文化（クルトゥール）と文明（ツィヴィリザツィオーン）との，たましいと社会との，自由と選挙権との，芸術（クンスト）と文学（リテラトゥール）との相違を包含している。ドイツ人であること，それは文

---
4) 村岡典嗣『日本文化史概説』岩波書店，1938 年，2 頁。

「文化」と「文明」の対立

化，たましい，自由，芸術であり，文明，社会，選挙
権，文学ではない。精神と政治との相違は，さらに例を
あげるならば，コスモポリタンとインターナショナルと
の相違である。前者の概念は，文化の領域に由来するも
ので，ドイツ的である。後者の概念は，文明とデモクラ
シーの領域に由来し，まったく別のものである。[5]

　これはあまりにも極端な事例ではあるが，一般にドイツ語
のクルトゥールは英仏米が代表する技術的進歩や物質的繁栄
という意味でのシヴィリゼーションとは一線を画する，きわ
めて精神性の高い文化を意味するものと受けとられている。
なぜそのような捉え方が定着したのであろうか。哲学者の三
木清（1897-1945）がこの問いに対して的確な答えを与えて
くれる。少し長いがそのまま引用してみよう。

　　文化といふ言葉はさきに申しましたやうに，大正時代
　になつてはじめて出て來た言葉で，ちやうど私達が高等
　學校時代にはじめて日本に現れてきた言葉である。さう
　いふ言葉の代表してゐるのは何かといふと，教養といふ
　考へ方で，従つてこの文化といふ言葉と共に教養といふ
　考へ方が一般的に重要視されて，従つてこの教養といふ
　ものが非常に重要な意味を與へられてゐる。ところがそ
　の教養といふのは何かといふと，前の文明といふものが
　一種の政治的な色彩をもつてゐたのに對して，反政治的
　といふか，或は非政治的といふか，政治に對して無關係

　5）　トーマス・マン，前田敬作・山口知三訳『非政治的人間の考察』
上巻，筑摩叢書，1968年，41-42頁。

07 人間と文化

な一つの教養をいつも意味した。……文明は物質文明，文化は精神文化であるといふ意味に於て，いつも文化は何か文明より高いものであるといふ考へがあつたわけである。これは特にドイツに於けるクルトゥールといふ言葉の歴史的な意味を調べてみるとやはりさういふ關係にあることがわかる。

一體ドイツに於て文明と文化との區別が強調されたのはどうしてであるかといふと，ヨーロッパの歴史に於きまして，近代的に先驅的な意味をもつたものは，イギリス或はフランスといふ國である。ドイツはその近代文化の發展に於ておくれたわけである。さういふ點から又政治的な勢力としてもイギリスの世界經濟に於ける支配的な位置の確立があつて，そのイギリス或はフランスなどの勢力に對してドイツが如何にして自分の固有性を主張するか，つまりさういふ先進國に對して後進國が如何にして自分の位置を主張するかといふ場合に，自分の文化を特にクルトゥールと稱して他のつまり英佛的な文明といふやうな概念を輕蔑し一層下に見るといふやうな考へ方を作つてきたわけである。従つてこの文化といふ概念に於て強調されるのは近代的な科學或は技術ではなくして，つまり知的なものではなくして感情的なもの非合理的なものであつた。[6]

このようなドイツのクルトゥール（文化）と英米のシヴィリゼーション／フランスのシヴィリザシオン（文明）の区別

───────────────

6) 三木清「科學と文化」，『三木清全集』第 17 巻，岩波書店，1968 年，592-594 頁。

が，また同じ文化を意味する英語のカルチャーとドイツ語の
クルトゥールの微妙なニュアンスの相違ともなってくるので
ある。

クルトゥール・カルチャー・文化

　その違いを一言でいえば，ドイツ語のクルトゥールがもっ
ぱら内的・精神的な，高尚な文化を表わすのに対して，英
語のカルチャーはシヴィリゼーションとほぼ同義となって，
外的・物質的な文明を含むと同時に，必ずしも高尚ではな
い，庶民的な生活文化的側面をも表わし得ることである。一
番わかりやすい例が，「文化人類学」が扱う「文化」である。
実際，英国の人類学者のタイラー（Edward Burnett Tylor,
1832-1917）は，culture を次のように定義している。「文化
とは社会の一員として人間により獲得されたものの複合的全
体であり，その中に知識・信仰・芸術・道徳・法律・習俗そ
の他の諸機能と習慣とが含まれる」[7]。ルース・ベネディクト
（Ruth Fulton Benedict, 1887-1948）の『文化の型』*Patterns
of Culture*[8]のような作品や，今日「文化相対主義」と言われ
る立場の議論は，およそこのような文化概念を前提としては
じめて可能となる。それどころか，文化人類学者でも文化相
対主義者でもなく，むしろカトリック的な普遍主義に立脚
するクリストファー・ドウソン（Christopher Dawson, 1889-
1970）ですら，英語圏の歴史家・思想家だけに，文化をこう
定義する。

---

　7)　Edward Burnett Tylor, *Primitive Culture* (London: John Murray, 1871),
1.

　8)　R・ベネディクト，米山俊直訳『文化の型』社会思想社，1973 年。

07　人間と文化

わたしがここでいう文化とは個人の教化というこれまで使われてきた一般的な意味ではなく，一つの社会が共有する生活様式，つまり文化の背後にある伝統をもった生活様式のことであり，それは体制の中に現れ，道徳的規範や原則までもふくむものである。あらゆる歴史的社会は，最も下等な未開の種族から最も複雑な文明生活を送っている者に至るまで，そうした文化をもっている。[9]

このように定義された文化は，少し異なる視角からまた次のように言い換えられることもできる。

文化とは，字義通り人為的産物である。それは連続する世代の労多い活動によって，営々として築かれた都市のごときものであり，自然の諸力の盲目的な圧力により，自然に成長したジャングルではない。それ故，伝達され獲得されることが文化の本質であり，それは次々に世代間を相続されるが，その相続は社会的であって生物学的なものではない。つまり学問の伝統や蓄積された知識材，及び個人が組み入れられるべき「習俗」を持つ社会が，そこで継承されるのである。[10]

今日われわれが用いる日本語の「文化」には，このような興味深い背景と歴史があり，複数の意味と次元がいわば渾然一体となっている。金子晴勇氏は，こうした現状を次のよう

---

9)　クリストファ・ドウソン，朝倉文市・横山竹己訳『現代社会とキリスト教文化』青踏社，2003 年，15 頁。

10)　クリストファー・ドウソン，細井次郎・吉岡剛・梅村敏郎訳『欧米教育の危機』エンデルレ書店，1964 年，3 頁。

クルトゥール・カルチャー・文化

にうまく整理している。

　「文化」（culture）とは，最も広い意味では，「野蛮」
と「未開」の状態に対比して，人間の生活水準が上が
り，文字の使用によって開かれた状態を指している。し
かしそれは，一般的にいって，二つの側面から理解され
ている。

　まず第一に，個人的側面から理解されており，「文化
人」といえば国や社会の教養階級を指しているように，
「文化」とは，個人的に形成される人格の「教養」，さら
に趣味の育成と洗練，生活の改善を意味し，人間的な調
和のとれた円満なる人格と教養を指している。

　次に，文化は客観的側面から捉えられており，個人の
教養と生活から生まれ，遺産として受け継がれている
特定社会の生活様式の全体とその伝統とを意味してい
る。[11]

　要するに，日本語の「文化」という言葉は，世の中が開
けて生活水準が高まった状態という，「文明開化」の略字的
側面を一方でもちながら，そこにとりわけドイツ語のクル
トゥールを媒介にして，西洋の古典語における「文化」の
概念，つまりギリシア語の「パイデイア」（παιδεία）とラテ
ン語の「フマニタス」（humanitas）を通じて，教育・薫陶・
育成・人間性という意味がつけ加わっている。英語のカル
チャーの語源であるラテン語の「クルトゥーラ」（cultura）

──────────
　11）　金子晴勇編『人間学』創文社，1995 年，135-136 頁。同じく，
『知恵の探求とは何か──哲学的思索への手引き』知泉書館，2013 年，130-
131 頁。

97

07 人間と文化

と「クルトゥス」(cultus) との結びつきから,「心田を耕す」という意味合いも出てきて,そこにうまく連結する。このような仕方で複合的意味を湛える「文化」概念が出来上ったわけであるが,たしかに「人間は特定の社会に生を享け,そこでの生活習慣と伝統とを受容しながら自己実現するのであるから,文化の中で自己形成し,文化を離れては人間らしい生活は実現しない」[12]ということは真実である。キケロが人間を「文化的動物」と見なす所以である[13]。

人間と文化

現代の哲学的人間学の泰斗ゲーレン (Arnold Gehlen, 1904-76) は,人間を文化的行動により自らを「訓育」する動物として捉える。曰く,「人間が訓育の生物であり,また文化を創造するということが人間をすべての動物から区別するゆえんであり,それが同時に人間の定義にもなる」[14]。なぜそうかといえば,人間はかつてヘルダーが言ったように「欠

---

12) 金子晴勇『知恵の探求とは何か』, 131-132 頁。

13) キケロが,具体的にどの書物のなかで,「人間は文化的動物である」と言っているのか,筆者は寡聞にして知らないが,彼は『トゥスクルム荘対談集』 Tusculanarum Disputationum の第 2 巻 13 節において,たしかに「魂の耕作(陶冶)」(cultura animi) について語っている。すなわち,「必ずしもすべての教養ある魂が実を結ぶわけではない。さらに,……いかに土地が良くても,畑は耕作されなければ実りを生じることができないのと同じように,魂は教育なしには実りを生じることができない。……しかも魂を耕作(陶冶)するのは哲学である。」Cicero, Tusculan Disputations, The Loeb Classical Library, no. 141 (Cambridge, Mass.: Harvard University Press, 1966), 158. キケロのこの用法(cultura animi)が今日の「カルチャー」概念の基礎になっていることは,言うまでもない。

14) A・ゲーレン,亀井裕・滝浦静雄他訳『人間学の探究』紀伊國屋書店, 1970 年, 23 頁。

陥生物」であり，生まれながらの生活上の「負担免除」[15]を
すべく行動するように造られているからである。

　　人間は，器官的には「欠陥生物」（ヘルダー）である。
　人間は，どんな自然的環境のなかでもそのままでは生存
　不能なものであろう。だからこそ，人間は，第二の自
　然，すなわち技術的に加工され適合的にされた代償世界
　——人間のそれほど役に立たない器官的装備をも受け入
　れるような世界——をまず作り出さなければならないの
　であり，しかも人間は，彼のいるあらゆる場所で，現に
　このことをおこなっているのである。人間は，いわば技
　術的に解毒され，手ごろにされ，人間によって生存に役
　立つように変えられた自然のなかで生きているのであ
　り，その自然こそまさに文化領域にほかならないのであ
　る。[16]

　人間が文化を創造し訓育する生物であるということは，ア
ドルフ・ポルトマン（Adolf Portmann, 1892-1982）が唱えた
「生理的早産」や「子宮外早世の一年」という学説によって
も裏づけられる。ポルトマンによれば，人間は動物学的観点
から見た場合，他の哺乳動物の発育状態に比べて，すべて約
一年早く産まれる。したがって，人間の誕生時の状態は生理
的早産であり，また乳児期は子宮外胎児の状態にほかならな

　15）　「負担免除」というのは，人間を動物と比較した場合，人間は生
きていくための器質的手段が欠けているため，非常な負担が強いられてお
り，それゆえに言語をはじめ文化的な諸手段を講じて負担を軽減し，免除
するようになっていることをいう。
　16）　ゲーレン『人間学の探究』，142-143 頁。

07 人間と文化

い。しかし人間は他の動物に比べて圧倒的に不完全な状態で生まれ落ちながらも，子宮外（extra-uterin）の胎生一年の間に，生まれ落ちた社会の言語を習得すると同時に，直立歩行を身に付けることを通して，人間としての自己を形成し始める[17]。「学習する生物」としての人間は，このように生物学的にも学習・訓育へと規定されており，ヒトから人間への成長のプロセスはこうして始まる。人間が真に人間的になるためには，さらにそこに単に技術的な訓練や教育を超えた，パイデイアと呼ばれる教養・教育が必要となるのである。

このように，人間は本質的に文化的な生物であり，人間の文化的な成熟と発展のためには，家庭での躾や学校教育，読書や勉学，さらに教養や趣味の繊細というものが必要となるのである。

異文化との出会いと知的覚醒

ところで，文化は現実には単一性においてではなく，人種，民族，地理的環境，社会的条件，歴史的背景，時代的状況などの相違に応じて，多元性ないし多様性において存在している。そこからヨーロッパ文化，インド文化，中国文化，アジア文化などといった一般化が成立するし，また同じ地域や文化圏の文化でも，時代区分に応じて古代・中世・近代などの諸相に分割されたり，時代精神に応じて世紀末文化などと特徴づけられたりもする。またギリシア文化とローマ文化，天平文化と平安文化などという，同一文化圏内における

---

17) アドルフ・ポルトマン，高木正孝訳『人間はどこまで動物か——新しい人間像のために』岩波新書，1961 年参照。

異文化との出会いと知的覚醒

異同が議論されることもあれば，日本文化と中国文化，東洋文化と西洋文化といった大くくりの比較対照，つまり比較文化（comparative culture）が問題となる場合もある。

　文化間の接触はしばしば文化摩擦を惹き起こすが，知的・文化的にきわめて創造的な作用を及ぼす場合もある。江戸末期における黒船来航は，鎖国を続けてきた幕藩体制に未曽有の〈カルチャー・ショック〉をもたらしたが，幕末ならびに明治初期の邦人は，大きな危機をチャンスに変えて，国制の西洋化・近代化に見事に成功した。わが国の明治維新は，トインビーの説く「挑戦」と「応戦」の理論の正しさを実証した一例といえよう。井筒俊彦氏が言うように，異なる伝統と価値体系をもった二つの文化は，接触あるいは激突するなかで，はじめて自文化を他文化の枠組みの目で批判的に見ることを学ぶのである。そして「そこに思いもかけなかったような視座が生まれ，新しい知的地平の展望が開け，それによって自己を超え，さらには自己と相手との対立をも超えて，より高い次元に跳出することも可能になってくる」[18]。

　いずれにせよ，自国文化と外国文化の相違を深く実体験することは，知的覚醒にとってきわめて有効な手段である。ゲーテは「外国語を知らない人は，母国語を知らない」（Wer fremde Sprache nicht kennt, weiss nichts von seiner eigenen）[19]と言ったが，トレルチも「異郷にあったことのある人が，はじめて故郷を理解する」（Die Heimat versteht nur, wer in der

---

　18）　井筒俊彦『イスラーム文化』岩波文庫，1991 年，16 頁。井筒氏はこれを H・G・ガダマーの語る「地平融合」（Horizontverschmelzung）の現成と見なしているが，そのような見方もあながち不適切ではない。
　19）　ゲーテ，大山定一訳『ゲーテ格言集』，小牧健夫編『ゲーテ全集』第 11 巻，人文書院，1961 年，164 頁。

101

07 人間と文化

Fremde gewesen ist)[20] と述べている。まことに至言である。なぜなら，真の自己認識は，〈自〉とは異なる〈他〉の存在を媒介にして，つまり他者の介在によってはじめて可能になるからである。実際，戦前のわが国の代表的知識人たちの多くは，海外留学を通じて自己の立場を確立した。このことは，森鷗外や夏目漱石は言うに及ばず，原勝郎，村岡典嗣，九鬼周造などにもあてはまる。彼らは鮮烈な異文化体験を通して，欧米の先進の学問や文化を吸収しただけでなく，近代日本の知識人としての自己の使命にも目覚めたのである[21]。8年間にわたるヨーロッパ留学を体験した九鬼周造の代表作が，日本的な美意識の闡明を試みた『「いき」の構造』であることは，なかなか意味深長である（巻末の年表参照）。

　ちなみに，「現在的文化総合」の課題に取り組んだトレルチは，「世界中を巡る旅行は，自己自身に至るための最も短い道程かもしれない。その途上でしかしいずれにせよ，われわれは常にひたすら比較しつつ，また学びつつ，まさにわれわれ自身へとやってくる」と言い，「人は自分自身の歴史的な全体的運命に対する信仰を告白する勇気を持たなければな

20）　Ernst Troeltsch, *Der Historismus und seine Probleme* (Tübingen: J. C. B. Mohr [Paul Siebeck], 1922), 170. 邦訳はトレルチ，近藤勝彦訳『歴史主義とその諸問題』上巻（『トレルチ著作集4』），ヨルダン社，1980年，255頁。

21）　ここに言及した数名を含む戦前の知識人たちの欧米留学体験については，拙著『欧米留学の原風景——福沢諭吉から鶴見俊輔へ』知泉書館，2016年を参照のこと。なお，この書物のなかでは取り上げなかったが，東京専門学校（早稲田大学の前身）を卒業後，米国留学を果たしてダートマス大学とイェール大学で学び，やがてイェール大学の歴史学教授に就任した朝河貫一（1873-1948）のことも，われわれは忘れてはならない。阿部善雄『最後の「日本人」——朝河貫一の生涯』岩波現代文庫，2004年，および海老澤衷・近藤成一・甚野尚志編『朝河貫一と日欧中世史研究』吉川弘文館，2017年参照。

らない。なぜなら，われわれはなんとしてもわれわれ自身の歴史的な皮膚から抜け出すことはできないからである」[22]，と述べている。これはいわゆる「文化圏」（Kulturkreis）の思想を吐露したものであるが，ひとはそれをしばしば「文化相対主義」として断罪してきた。しかし管見によれば，もとより文化は多元的であり相対的である。文化の高低や優劣を測る客観的な物差しは存在しない。実際，内藤湖南も言うように，「民族の文化の程度を見わけるということはなかなか困難で，むしろこれは個人の教養の程度より以上に見わけにくい」[23]。にもかかわらず，あらゆる文化が横並びだというわけではない。人間が文化的な生物であるとすれば，その文化圏に生きる人の品格や民度，学問・芸術・工芸などの洗練さや高尚さにおいて，おのずから序列化が生じざるを得ない。文化は水のごとく高いところから低いところへ流れる。それゆえ，自国の文化を継承しつつ，他文化から積極的に学んで，これを洗練・深化・発展させることは，各世代に課せられた文化的責務なのである。

---

22) Troeltsch, *Der Historismns und seine Probleme*, 709-710. 邦訳は『歴史主義とその諸問題』下巻（『トレルチ著作集6』），ヨルダン社，1988年，356頁。

23) 内藤湖南，礪波護責任編集『東洋文化史』中公クラシックス2004年，234頁。

08

言語と芸術

「シンボルを操るもの」(animal symbolicum)

　古来より，言語は人間の本質規定として考えられてきた。「理性的動物」(animal rationale) という人間の古い定義がこのことをよく示している。この定義はギリシア語では，「言葉をもっている生き物」(ζῷον λόγον ἔχον; ゾーオン・ロゴン・エコン) と表現されており，これは「ロゴス」——ギリシア語の「ロゴス」は「理性」ならびに「言葉」を意味する——をもっている生き物を意味している。エルンスト・カッシーラー (Ernst Cassirer, 1874-1945) が主張するように，言語は人間における最高の象徴機能であって，動物の場合には，外界からの感受とそれに反応する機能的連関が本能によって直結し，一般的な定型的な反射として与えられているのに対して，人間においては，感受系と反応系との間に「シンボリック・システム（象徴系）として記載されうる第三の連結」[1]がつくられ，反応は思考過程の介入によって遅延し，とくに言語によって織りなされる文化の世界を形成してい

---

　1) カッシーラー，宮城音弥訳『人間——シンボルを操るもの』岩波文庫，1997 年，64 頁。

104

る。人間の言語は音声と文字という「記号」体系を通して
「意味」を伝達するが，この場合に記号は物理的であるのに
対して，意味は精神的である。そして意味を伝達する記号が
「象徴」（シンボル）である。そこからカッシーラーは，人間
を「シンボルを操るもの」（animal symbolicum）[2]と名づけた
のであった。

　カッシーラーによれば，「人間は，ただ物理的宇宙ではな
く，シンボルの宇宙に住んでいる。言語，神話，芸術および
宗教は，この宇宙の部分をなすものである。それらはシンボ
ルの網を織る，さまざまな糸であり，人間経験の，もつれ
た糸である。あらゆる人間の思想および経験の進歩は，この
網を洗練し強化する」[3]。人間はもはや現実に直接向かい合う
ことができない。人間は「言語的形式，芸術的形象（イメー
ジ），神話的象徴（シンボル）または宗教的儀式中に，完全
に自己を包含してしまったゆえに，人為的な媒介物を介入せ
しめずには，何物をも見たり聴いたりすることはできない」[4]
のである。

ミメーシス

　人間を「言葉をもっている生き物」として規定したアリ
ストテレスは，人間をまた「模倣して再現する」動物であ
るとも言っている。この模倣再現のことを，ギリシア語では
ミメーシス（μίμησις）という。彼は『詩学』のなかで，ミ
メーシスについて次のように語っている。

---

2)　前掲書，66頁。
3)　前掲書，64頁。
4)　前掲書，65頁。

08 言語と芸術

　さて，一般に詩の技法が生まれるに至った原因として二つ程大きなものがあると思われるが，その二つとも自然的本能であると思われる。すなわち，先ず模倣して再現すること（μιμεῖσθαι）であるが，これは人間には子供の頃から自然に備わった本能であって，人間が他の動物と異る所以も，模倣再現に最も長じていて，最初にものを学ぶのもまねびとしての模倣再現（μίμησις）によって行なうという点にある。次にまた，模倣して再現した成果をすべての人が喜ぶということ，これが第二の原因であるが，これも自然に備わった本能である（『詩学』1448b5）[5]。

　ところで，自然的本性によって我々に備わっている模倣的再現（μιμεῖσθαι）には，色彩や形状によるもののほかに，音階とリズム——韻律がリズムに属することは明らかである——によるものであるから，昔は，生まれつきこれらの業に最も適した人々が，先ず即興的作品から始めて，漸進的に度を高め，詩作というものを生むに至った（『詩学』1448b20）。

　さて，言語と芸術は，宗教や学問と並んで，人間の文化的営みのなかでも最も根本的かつ重要なものである。カッシーラーは，「言語と芸術は共通の題目，すなわち模倣のカテゴリーに包摂される。そして，その主要機能は模倣的である。言語は音響の模倣に発し，芸術は外物の模倣である」[6]，と述べている。たしかに言語と芸術には基本的に模倣的な側面が

　5）　アリストテレス，今道友信訳『詩学』，『アリストテレス全集』第17巻，岩波文庫，1972年，23-24頁。

　6）　カッシーラー『人間——シンボルを操るもの』，294頁。

あることは事実であるが，しかしはたしてミメーシスだけで
説明できるかどうかは，あらためて検証されなければならな
い。

言　語

　われわれ人間は，日々言語を用いて家庭生活ならびに社会
生活を営んでいるが，はたして言語とは何かと正面から問わ
れると，その問いに簡潔明快に答えられる人はあまりいない
であろう。しかしそのような問いを発するときにも，あるい
はその問いに答えようとして思考するときにも，われわれは
すでに言語を媒介としている。言語学者による言語の定義は
さまざまあるが，われわれはここで偉大な言語学者でもあっ
た──「でもあった」というのは，彼は単に言語学者として
のみならず，哲学者・外交官・政治家としても偉大だったか
らである──ヴィルヘルム・フォン・フンボルトの定義を参
照してみよう。

　フンボルトによると，「言語そのものは，出来上った作品
（エルゴン）ではなくて，活動性（エネルゲイア）である。そ
れ故，言語の本当の定義は，生成に即した定義しかあり得な
いことになる。すなわち，言語とは，文節音声を思考の表現
たり得るものとするための，永劫に反復される精神の働きな
のである」[7]。ここに含意されていることは，言語は人間の内

───────
　7)　ヴィルヘルム・フォン・フンボルト，亀山健吉訳『言語と精神
　──カヴィ語研究序説』法政大学出版局，1984 年，73 頁。なお，ここに引
　用した箇所は，岡田隆平訳では次のようになっている。「言語そのものは決
　して所産物（Ergon）でなく，むしろ活動性（Energeia）である。言語の眞
　の定義に従つて發生的なものでしかあり得ない。言語はすなわち，分節さ
　れた音聲を思想の表現に高める精神の永遠に繰り返される勞作である。」フ

107

08 言語と芸術

的精神活動のなかにのみ真に存在している、ということである。言語とはひとがその都度語ることをいわば全体性としてまとめたものであるので、言語の構造は具体的な発語という生きた言語活動のなかに探求されなければならない。

フェルディナン・ド・ソシュール（Ferdinand de Saussure, 1857-1913）は、ある意味でこの点を受け継いで、言語体系としての「言語」（langue）と発語としての「語」（parole）とを厳密に区別している。彼によれば、人間言語の研究は「共時性」（synchronie）と「通時性」（diachronie）という二つの観点[8]から行われるべきであり、文法などの言語体系は普遍的で前者に属し、発語の過程は時間的かつ個人的であり、後者に属する。個人は銘々固有の語り方をもっているが、言語の科学的分析においては個人的差異は問題ではなく、むしろ研究すべき対象は一般法則に従う社会的事実である。それゆえ、「共時的言語学」は「共存し・かつ体系を形づくる諸辞項をむすぶところの論理的および心理的関係」を、つまり恒常的な構造関係を扱い、「通時的言語学」は「同一の集団意識によって知覚されず・かつたがいのあいだに体系を形づくることなくつぎつぎと置きかわる継起的辞項を結ぶところの関係」[9]を、要するに、時間の流れにおいて変化し発展する現象の解明を、その任務とする。

ソシュールは『一般言語学講義』において、言語の具体的実在体として、とくに音韻に注意を促す。彼が教えるところによれば、「音韻はとりわけ対立的・相対的・消極的な実在

ンボルト、岡田隆平訳『言語と人間』ゆまに書房、1998 年、84 頁。

   8）フェルディナン・ド・ソシュール、小林英夫訳『一般言語学講義』岩波書店、1972 年、115 頁。

   9）前掲書、139 頁。

言　語

体である」[10]のであるが，「語において重要なのは，音そのものではなくて，その語を他のすべての語から区別せしめる音的差異である，なぜなら意義をになうものはそれであるからだ」[11]という。

ロマーン・ヤーコブソン（Roman Jakobson, 1896-1982）が，1942年にニューヨークの「高等学術自由学院」で行った「音と意味に関する六つの講義」は，こうしたソシュールの考えを受け継ぎつつ，さらにそれを乗り越える創見を含んでいる。ヤーコブソンがそこで述べているように，従来から言語学者たちは「語はあらゆる言語記号と同じく二面をもった単位である」とし，「その物質的側面として，一方に音があり，精神的側面として，他方に意味がある」と考えてきた。そして「あらゆる語，そして一般にあらゆる言語記号は，音と意味の結合，言いかえれば，能記と所記の結合を示す」[12]と見なされた。能記（signifiant）とは記号表現のことであり，所記（signifié）は記号内容のことであるが，あらゆる言語記号はこの両面を具えている。例えばフランス語のpain の場合を考えてみれば，誰かがわれわれに〔pɛ̃〕（子音〔p〕＋鼻母音）と言えば，われわれのうちに「パン」の観念，つまり《こねて，発酵させて，かまどで焼いた，小麦粉の食べ物》のイメージが喚起される。音と意味のこの緊密な結合は，次頁のような図式で表わされてきた。

音声学は久しく音の分節に専念してきたが，ヤーコブソンは言語音の音響現象に注意を向けつつ，次のように言う。

---

10)　前掲書，166頁。
11)　前掲書，165頁。
12)　R・ヤーコブソン，花輪光訳『音と意味についての六章』みすず書房，1977年，25-26頁。

08 言語と芸術

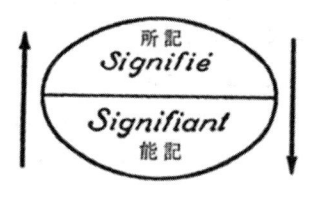

音響現象としての音の直接的目的は何か，という問を発したい。この問を発することによって，われわれはすでに能記の平面，音それ自体の分野を越え，所記の平面，意味の分野に到達する。……話すのは，聞いてもらうためである。それにさらにつけ加えて，聞いてもらうのは理解してもらいたいためである，と言わなければならない。これが，発声行為から固有の意味での音へ，音から意味への道である！　われわれはここで，単に音の運動的，音響的側面を研究する学問，音声学の領域を離れ，新しい領域，言語音の言語的側面を研究する音韻論の領域に近づくことになる。[13]

このように，ヤーコブソンは音それ自体の分野から意味の分野へと到達しようと努め，それによって音韻論に新境地を切り開くのである。彼が繰り返し主張しているように，「人が話すのは，聞いてもらうためだからである。そして多様な言語音を解釈し，分類し，境界画定しうるためには，音が負わされている意味を考慮しなければならない。というのも，人が聞いてもらおうとつとめるのは，理解してもらうためであるからである」[14]。したがって，人間の発話行為は理解という意味解釈に連動している（理解の問題については，第12章

---

13)　R・ヤーコブソン『音と意味についての六章』，44-45 頁。
14)　前掲書，49-50 頁。

言　語

で考えることにする）。

　われわれは本章の冒頭で，人間を animal symbolicum（シンボルを操るもの）と見なすカッシーラーの規定から出発したが，人間の言語こそまさにシンボル的意味の世界を湛えたものである。人間が用いる言語は，動物の「叫び声」のような単なる情動言語（emotional language）ではなくて，一定のシンタックスと論理構造をもつ命題言語（propositional language）である[15]。人間の音声は物理的音声ではなく，「意味をもつ音声」[16]である。その証拠に，われわれは音を発したり聞いたりすることなしに，自分自身に話しかけることができる。このような外化されないわれわれの内話は，物理的な音で成り立っているのではなく，音の音響的イメージで成り立っている。人間の言語はすぐれて内的・精神的な特質を有しており，われわれはこのような内的・精神的な言語を用いて思考し，さまざまな文化活動に従事している。

　メルロ゠ポンティ（Maurice Merleau-Ponty, 1908-61）は，言語活動と思想の関係を，意識と身体の生活との関係のアナロジーで捉え，「思考は言語に住みついているのであり，言語は思考の身体なのです」[17]，と語っている。言語活動が思考をつくるとは言えないし，ましてや言語が思考によってつくられるとも言えないが，しかし意識が身体と関係しているように，両者は関係し合って人間の精神生活を形づくっているのである。

───────────

　　15）　カッシーラー『人間──シンボルを操るもの』，第 3 章参照。
　　16）　前掲書，265 頁。
　　17）　M・メルロ゠ポンティ，木田元・鯨岡峻訳『意識と言語の獲得──ソルボンヌ講義 1』みすず書房，1993 年，126 頁。

111

08 言語と芸術

芸術の原理としての表象性

　次に芸術についてであるが，美や芸術は，「視覚や聴覚や言葉をもって捉えることのできる外界，いわゆる表象的な対象を予想しなければならぬ」のであり，したがってそれは「表象性を原理とする」[18]。たとえば絵画の場合に，画家が花鳥風月などの対象物の「色と形を見る」ことにおいて，その「美」が画家の視覚性のうちに生み出され，画家の目のある種の創造的な働きによって，具体的に一つの作品が作り出される。このように，美は創造的な表象性の所産であって，絵画や彫刻などは視覚性，音楽は聴覚性，詩歌は言語性といったように，それぞれの芸術は固有の表象性によって生み出される。すべての人間に本来的に具わっているこの表象性は，単に機械的な模写性，すなわちミメーシスにとどまるものではなく，ある創造性の契機を潜めている[19]。「絵を描くということは，単なる視覚的対象の模写ではない。それを見ることの中に最も純粋に自己の自由なる生を自覚し得る如き色と形を作ることである。その色と形が，自然を見ることを場所として見出されている具象的絵画になろうと，あるいは抽象的な構成を場所として見出されて抽象的絵画となろうと，事情は同じである」[20]。

　いうまでもなく，このことは視覚性に限定してのみ言えることではない。同様のことは，音楽にも文芸にも舞踊についても言えることである。美学者の井島勉氏は次のように述べ

18）　井島勉『美学』創文社，1958 年，100-101 頁。
19）　前掲書，88-89 頁参照。
20）　前掲書，108 頁。

112

芸術の原理としての表象性

ている。

> 耳を傾けて音を聞くことも，言葉をもって事象を語るこ
> とも，空間を截って身体を動かすことも，それぞれなり
> に，対象との自由なるかかわりあいであり，種類の異
> なった表象性の態度であることができる。もしその直接
> 的な関連の中に，自己の生の自覚に到達することができ
> れば，それらの対象は，それぞれなりに美であることが
> でき，更にそれらの表象性に徹することによって，音楽
> や文芸や舞踊を作り出すこともできる。文字を書くこと
> を通して成立する書や，適当な環境と動作によって茶を
> のむことを場所として成立する茶道，あるいは，近代文
> 明の産物である撮影機独特の表象性に基づく映画など，
> その成立の構造はすべて同じである。[21]

　描写の方式や対象の種別に基づいて，「空間芸術」と「時
間芸術」を区別することは，レッシング（Gotthold Ephraim
Lessing, 1729-81）以来の伝統となっているが[22]，絵画が空間
的芸術に属するのに対して，音楽はすぐれて時間芸術に属す
る。音楽は，古くから音の芸術と呼ばれてきた。しかしなが
ら，単なる物理的な音響の系列が直ちに芸術的性格を決定す
るわけではない。音響の系列が音楽という芸術の一つのジャ
ンルになるためには，「聴くこと」あるいは「聴覚性」と呼

---

　21)　前掲書，108-109 頁。
　22)　レッシングはラオコオン像を取り上げて，「絵画と文学の限界に
ついて」論じ，絵画に代表される造形美術一般が「並存的」ないし「同時
的」であるのに対し，文学は「継起的」であることを指摘した。そこから
「空間芸術」と「時間芸術」の区別が一般的となった。レッシング，斎藤栄
治訳『ラオコオン』岩波文庫，1970 年，とくに 196-199 頁参照。

113

ばれるべき，独特の表象性が予想されなければならない。見ることが見えることではないのと同様に，聴くことは聞こえることではない。聴くことは，一つの創造的な表象作用であって，音楽における鳴り響く音は，表象性としての聴覚性の実現にほかならないのである。

　映画には，視覚的要素も，聴覚的要素も，言語的要素も含まれている。もともと映画は一種の視覚芸術として発足したが，しかし固定した表象を空間的に動かしてみたところで，映画とはならない。時間的に変転する表象が同じ位置に展開し，そこに言語的要素が付け加わってはじめて映画となる。そしてこの場合の言語性は，あくまでも視覚的な映像を媒介として実現するのであるから，文芸における言語性とは本質的に異なっている。映画は視覚性と聴覚性と言語性，空間性と時間性の複合的な重なり合いとして成立しており，総合的・全体的な性格を有している。

言語芸術としての文学

　詩・戯曲・小説などの文芸作品の総称としての「文学」（literature）は，美術や音楽とは別の芸術部門に属する。文学においては圧倒的に言語性が重きを占めるが，同じ文学でも詩と小説では大きく異なる。自由詩は別にして，西洋の詩では詩句のシラブル（音節）の数が八とか十とか十二とか，それぞれ決まっており，またそこに音節の長短があり，加えて頭韻（アリタレーション）と脚韻（ライム）の定めがある。中国の詩にも平仄と押韻の厳しい取り決めがあり，日本の和歌や俳句の場合にも，五七五七七とか五七五といった音節数の定めがある。いずれにせよ，「韻文」（verse）と「散文」（prose）では，同じ文学

114

ではあっても韻律の規則など異なった特質がある。韻律とは
リズム（rhythm）のことであるから，韻文では音の要素がき
わめて大きな役割を果たしていることがわかる。その意味で
も，文学のなかでも詩はひときわ芸術性が高く，詩人になる
ためには修練はもちろんのこと，とりわけ天分（この場合は
詩才）が決め手になる（これは芸術全般について言えること
である）。

　文学の芸術性は，いうまでもなく，意味や記号としての言
語のなかにではなく，表象性としての言語のなかに求められ
なければならない。文学に固有の創造力（creativity）と想像
力（imagination）はかかる表象性に由来する。意味や記号と
しての言語も，表象性としての言語のなかに場所を得て，は
じめてその芸術的意義を獲得する。それゆえ，日常言語と文
学言語は，たとえ事実上はさまざまに錯綜し結合していると
しても，原理的には区別されるべきものである。ある人物の
行動について，小説家が語る言葉と，新聞記者や裁判官が語
る言葉では，よし同一の言葉であるとしても，その内面的な
意味合いは異なっており，当然読者の受け取り方も異なって
くるはずである。

　文学は「創造的」もしくは「想像的」な著述であるとい
われ，日常言語を文学的技法によって圧迫し変容させ濃密
にし，つまり日常言語を異化することによって，われわれ
は日常経験をより完全に把握できるようにする。文学とは
「日常言語に加えられた組織的暴力」を表すとか，文学言語
は「異様なものにされた」言語のことであるという，ロシ
ア・フォーマリストたち――さきに引証したヤコーブソン
はその代表者の一人である――が提唱した「文学」の定義

は，それなりの真理契機を有している[23]。いずれにせよ，文学が「創造的（クリエイティヴ）」もしくは「想像的（イマジナティヴ）」な著述であるとするならば，文学作品は単に思想伝達の媒体でもなければ，社会的現実の単純な反映でもない。そこには作家による虚構，技巧，加工，統制，脚色，異化など，文学に固有の表象性と文芸的要素が深く関与している。

　ところで，芸術は文化を構成する重要な要素であるので，文学も当然文化の不可欠の構成要素である。それでは，文化の一部門としての文学は，なぜ人生に必要なのであろうか。それは文学が人間についての重要な知識を提供してくれるからである。われわれの人間についての知識は，現実世界における人間との交流あるいは交渉を基礎とするが，言うまでもなく現実的体験には限りがある。それを補うために，歴史，哲学，心理学，社会学などによる理論的知識がある。しかし理論的知識はややもすれば抽象的・概念的で，素人にとっては難解で空疎に響く。それにひきかえ文学は，ある個別具体的な状況に置かれた人間の心理と行動を，百般の実例をもって具象的に示し，それを共感的あるいは追体験的に経験させてくれるので，万人が読んで楽しむことができる。もちろん，一概に文学といっても，すぐれた作品とそうでない作品がある。大衆文学と純文学を同列に論ずることには異論があろう。そういう違いは撥無できないとしても，名作と呼ばれる文学作品はおしなべて，他の芸術分野のすぐれた作品と同様，われわれを深く感動させ，内面的に変革する力をもっている。つまり，われわれは作家が描き出す作中人物の経験

　23）　もちろん，このような捉え方によって「文学」が完全に定義されるわけではない。テリー・イーグルトン，大橋洋一訳『文学とは何か――現代批評理論への招待』岩波文庫，2014年，27-39頁参照。

言語芸術としての文学

を，あたかもおのが経験であるかのように再経験すること
で，豊かで深い人生を新たに経験したことになる。すぐれた
文学は，かかる仕方で個々人の人生に大きな影響を及ぼすの
みならず，しばしば現実の社会や歴史を鋭く批判し，それを
大きく変革する力をもち合わせている。すぐれた文学の必要
性はここに存する[24]。

　しかし何をもってすぐれた文学というかは，なかなか難し
い問題を含んでいる[25]。現代においては，文学の商品化とい
う問題もある。作られたベストセラーもあれば，日の目を見
ない名作もあろう。それとは別に，活字文化離れというゆゆ
しき現象が急速に進行している。こうした現状を変えるに
は，まずもって文学者自身の矜持と奮起が必要である。「文
は武よりも強し」（The pen is mightier than the sword）という
諺は，狭義の文学ではなく文筆活動全般について述べたもの
であろうが，狭義の文学にもたしかに人間と社会を革新する
力がある。文学の力が実証されるためには，文学者自身がす
ぐれた作品を生み出し続けることと，作品の良否を見分ける
ことのできるすぐれた読者層の育成とが不可欠である。

24）　桑原武夫『文学入門』岩波新書，1950 年参照。
25）　桑原武夫氏によれば，「すぐれた文学とは，われわれを感動さ
せ，その感動を経験したあとでは，われわれが自分を何か変革されたもの
として感ぜずにはおられないような文学作品だ，といってよい」（前掲書，
59-60 頁）。氏はそれぞれの分野の専門家の協力も得て，巻末に「世界近代
小説五十選」をリストアップしておられるが，そこに挙がっているような
文学作品は，個々人の好みによって多少の入れ替わりはあるとしても，人
生必読のすぐれた文学作品といえるであろう。

117

09
神話・宗教・祝祭

　「人間文化のあらゆる現象の中で，神話と宗教は，論理だけで分析することが最も困難なものである」[1]。それゆえ，合理的思考一辺倒になっている現代人にとって，この二つの人間文化のアスペクトを正しく理解することは，決して容易なことではない。

神　　話

　神話は古代人のエレメンタリーな思考を反映している。それは原始精神の無意識な虚構の産物である。神話の世界は近・現代の科学的・実証的・批判的合理性が支配する世界ではなく，相闘う勢力が激突する力の世界であり，特別な雰囲気に満たされた劇的な行為の世界である。神話が描き出すのは，自然のもつ「相貌的特性」（physiognomic characters）[2]であるが，そこにはまた原始社会の人間模様が投影されてもいる。神話という独特なファンタジーを紡ぎ出した原始精神は，植物界，動物界，人間界という種々の生物の領域間に一

---

　1)　カッシーラー，宮城音弥訳『人間──シンボルを操るもの』岩波文庫，1997 年，159 頁。

　2)　前掲書，168 頁。

神　話

切の質的差異を認めない。それらは画然と区別されてはおら
ず，むしろあらゆるものは，突然変態して，他の何ものにで
も転化する。相互のあいだには生命の連帯感のようなものが
ある。「あらゆる生命が同じ血縁で結ばれているということ
は，神話的思想の一般的前提であろう。トーテム信仰は，原
始的文化の最も特徴的な性質に属する」[3]。

　神話的世界と原始的な未開文化を単純に同一視してはなら
ないが，そこに陸続きの一面があることも否定できないであ
ろう。スコットランドの人類学者フレイザー（James George
Frazer, 1854-1941）が，名著『金枝篇』[4]のなかで描く未開社
会の習俗・崇拝・禁忌などは，神話的世界を解釈するための
有力なアリアドネの糸を提供するものである。トーテム的観
念が支配する社会においては，自然は一つの大きな生命の社
会であり，生命の統一に関する確固たる信念が全体を貫いて
いる。人間も動物も植物もすべて同列にあり，生命はその最
も低級な形態においても，高級な形態においても，同じ宗
教的品格をもっている。人間の世代は連綿と続く連鎖をな
し，前の時代の生命は生まれ変わりによって持続される。生
命が，死によって断絶されずに続いているという感情は，揺
るぎないものであって，死者が生きているという感覚はき
わめて現実的なものである。精霊崇拝とか生者と死者との
精霊間の交信といった現象は，未開の社会のみならず古代社
会にも広く見られる事象である。宗教学でいう「祖先崇拝」
（Ahnenkult）は，未開の社会や古代社会の大きな特徴である

　3）　前掲書，179-180 頁。
　4）　Ｊ・Ｇ・フレイザー，吉川信訳『初版　金枝篇』上・下巻，ちく
ま学芸文庫，2003 年。原著は，J. G. Frazer, *The Golden Bough: A Study in
Comparative Religion* (London: Macmillan, 1890)。

119

09 神話・宗教・祝祭

と同時に，神話と宗教との密接な結びつきを示唆している。

　それにもかかわらず，原始精神の所産としての神話と，人間精神に固有な働きとしての宗教との間には，実際には埋めがたい溝がある。したがって，神話や呪術と勝義の宗教を安易に架橋してならないことは，すぐれた宗教学者たちが一様に主張するところである。たとえば，フレイザーの師にあたるロバートソン＝スミス（William Robertson Smith, 1846-94）は，次のように述べている。

　　未開人のトーテミズム以来，あらゆる古代の未開宗教の，最も顕著で恒常的な特性中には，同じ宗教的および社会的集団に属する人間的および超人間的メンバーを結合する肉体的血縁ということで，十分に説明しうるものがある。……人間を神と結合する，絶つことのできない絆は，血統をひいた仲間の連結であるが，これは初期の社会における人間と人間との間を結びつけている唯一の連鎖および道徳的義務の唯一神聖な原理である連結と同じである。このように，我々は最も幼稚な形態においてさえも，宗教が道徳的な力であったことを知る。……初期の時代から，宗教は，呪術や妖術と異なって，血縁的で親しい存在に話しかける。それらのものは，たしかに彼らの人々に対して怒る時もあるかも知れないが，その礼拝者の敵とか，コミュニティーの不忠実なメンバー以外に対してはつねに親切である。……この意味において，宗教は恐怖から由来したものではなく，未開人の見えない敵に対する恐怖と宗教との間には，最も初期の発展段階においても，最後の発展段階におけると同様，絶

神　話

対的で根本的な差異がある。[5]

　とはいえ，神話的・呪術的思想と宗教的思想との間の線引きは，文化人類学者にとっても宗教学者にとっても，実際には簡単になしえない困難さを含んでいる。なんと言っても両者の間には，その心性において陸続きというか，ときに補完し合うような関係性が存在するからである。カッシーラーの見るところでは，

　　　人間文化の発展において，我々は，どこで神話が終りどこで宗教が始まるかという一点をきめることはできない。歴史の全体の流れにおいて，宗教は，つねに神話的要素と固く結合しており，その滲透をうけている。他方，神話は，その最も未発達で最も幼稚な形態においてさえも，ある意味において，より高度の，後の時代の宗教的理解を予想するような動機をいくぶん含んでいる。神話は，そのそもそもの発端から，潜在的宗教である。[6]

　しかし両者の間に連関があるとはいえ，呪術と宗教はあくまでも別物である。神話と宗教，呪術と信仰を完全に連続的に捉えるのは，近代人に特有な偏向した見方であり，大きな間違いであると言わざるを得ない。カッシーラーが力説するように，宗教は「シンボル的理想の象徴的表現」であり，呪術は「未発達な，迷信の集合」[7]であるとすれば，宗教はひ

　5）　W. Robertson-Smith, *Lectures on the Religion of the Semites* (Edinburgh: A. & C. Black, 1889), Lecture II, 53ff.

　6）　カッシーラー『人間——シンボルを操るもの』，189 頁。

　7）　前掲書，199 頁。

とまず神話や呪術と切り離して，それ自体として考察されなければならない。それと同時に，他方では，神話を単なる「未開社会の思惟」[8]として片づけるのではなく，そこに含まれている真実の要素を探究する努力も大事である。フレイザーは，火の起源に関する神話を尋ねて，世界各地を渉猟した結果，最終的に次のような結論に導かれている。

　今までみてきたこれらの神話は，そのほとんどが，むだな空想じみた言葉で美しく飾りたてられ，その姿は損じているにもかかわらず，そこには，真実の，本質的な要素が残っている。だから，これをもう一度とり上げて，歴史的事実にもとづいてより詳しく調べるだけの価値がある。[9]

　こういう姿勢こそ，あらゆる偏見や先入見から自由になった，真摯な学問的精神と言うべきであろう。

宗教とは何か

　それでは宗教とは何であろうか。宗教と呼ばれる現象には，アニミズムやトーテミズムから高等宗教に至るまでのさまざまな段階があり，これを一括りに論ずることは無謀ではあるが，われわれはひとまずグスタフ・メンシングにした

---

　8)　レヴィ・ブリュールは，原始人あるいは未開人の思惟を「前論理的思考」として特徴づけた。レヴィ・ブリュール，山田吉彦訳『未開社会の思惟』上・下巻，岩波文庫，1953 年。
　9)　J・G・フレイザー，青江舜二郎訳『火の起源の神話』ちくま学芸文庫，2009 年，318 頁。

がって，「宗教とは聖なるものとの体験的な出会いと聖なるものから規定された人間の応答する行為である」[10]と理解しよう。そうすると，聖なるものとの出会いと，聖なるものに対する人間の応答する行為とが，宗教の基本的要素ということになる。そこで圧倒的重要性を占めるのが，「聖なるもの」（das Heilige）という概念であるが，これについて見る前にもう少し予備的考察をしておこう。

そもそも日本語の「宗教」であるが，「宗」は宀（家屋）のなかに示（神・神事）をまつるさまにより，《みたま》あるいは《おたまや》の意を表わし，ひいては，おおもとの祖先，また，祖先神のまつりを主宰する族長の意を表わす。「宗教」は religion の訳語として作り出されたものであるが，英語の religion はレリギオ（religio）というラテン語に由来している。religio の語義は，一方では relegere（再び取りまとめる，再び目を通す）に，他方では religare（結び上げる，固く結ぶ）に結びつけて，「よく読む」とも，「再度結びつく」とも解されている。そこから，religio とは，「聖なるものに出会って注意深く観察する」という意味と，「聖なるものに再度関係をもつ」という意味とが含まれている，と言われる[11]。いずれにせよ，今日では「宗教」という日本語は，「神仏など人間を超えた絶対的な存在を崇拝・信仰し，それによって人間の最高の幸福と安心が得られることを説く教え」[12]の意味に理解されている。

---

10) グスタフ・メンシング，下宮守之・田中元訳『宗教とは何か——現象形式・構造類型・生の法則』法政大学出版局，1983 年，9 頁。

11) *The Oxford Dictionary of English Etymology*, ed. C. T. Onions (Oxford: Clarendon Press, 1994), 754. 金子晴勇『聖なるものの現象学——宗教現象学入門』世界思想社，1994 年，32-33 頁参照。

12) 鎌田正・米山寅太郎『大漢語林』大修館書店，1992 年，382 頁。

09　神話・宗教・祝祭

絶対依存感情とヌミノーゼ

　西洋における近代的宗教論の先陣を切ったのは，1799 年に出版されたシュライアマハー（Friedrich Schleiermacher, 1768-1834）の『宗教論──宗教蔑視者のうちで教養ある者への講話』[13]である。これは 18 世紀の啓蒙主義的宗教観に完全に訣別し，自然理性にも道徳性にも還元できない宗教の独自性を弁証したパイオニア的作品であり，ロマン主義的な宗教観の精華と見なされている。シュライアマハーによると，「宗教の本質は，思惟でも行為でもなく，直観（Anschauung）と感情（Gefühl）である」。「宗教は宇宙に対する感能と味覚である」。宗教は宇宙を直観しようとし，宇宙自身の表現と行為とのなかにあって，敬虔の念をもって宇宙に耳を傾けようとするものである。宗教は，人間ならびにあらゆる他の有限的個物において，「無限者の印刻と表現」を見ようとする。宗教は形而上学や道徳よりもいっそう深い人間の実存領域にその座を占めている。それゆえ，「宗教なくして思索と実践とを所有しようとするのは，大胆なる傲慢である」。宗教は絶え間なく活動しており，あらゆる瞬間に自己を啓示している。宗教において生命あるあらゆるものが誕生する瞬間は，直観と感情がいまだ相分離せず，感能とその対象とが一つに融合している神秘の瞬間である。「その瞬間は，朝露が目覚めたる花に吹きかける最初の香気のように疾く，かつ透明に，処女の接吻のように恥ずかしげにかつ柔らかに，花嫁の

　13）　*Über die Religion: Reden an die Gebildeten unter ihren Verächtern* (Berlin: Johann Friedrich Unger, 1799). 邦訳はシュライエルマッヘル，佐野勝也・石井次郎訳『宗教論』岩波文庫，1949 年。

抱擁のように聖にしてかつ豊かに，否かくの如くにではなくして，すべてがそれ自身である。一つの現象，一つの事件が迅速に魔術のように発展して，宇宙のすがたとなる」[14]。

「近代神学の父」と称されるシュライアマハーは，『宗教論』で打ち出した新しい普遍的宗教理解に基づいて，伝統的なキリスト教神学を再解釈し斬新な仕方でそれを再構築しようとした。その偉大な記念碑的大作が，『信仰論』[15]である。この書においてシュライアマハーは，いまや宗教を「敬虔」（Frömmigkeit）ないし「直接的自己意識」として規定し直す。「敬虔——それはすべての教会的共同体の基礎をなすものであるが——とは，純粋にそれだけを考察すれば，知識でも行為でもなくて，感情の，すなわち直接的自己意識の一様態である」（§3）。そして敬虔の多様な表現にもかかわらず，それらすべてに共通な要素は，「絶対依存の感情」（ein schlechthinniges Abhängigkeitsgefühl）であるとした。曰く，「敬虔のつねに変わらない本質は，われわれがわれわれ自身を絶対的に依存するものとして，言いかえれば神と関係するものとして意識することである」（§4），と。

次に，ルドルフ・オットー（Rudolf Otto, 1869-1937）が，シュライアマハーの「絶対依存感情」を「被造物感情」（Kreaturgefühl）と捉え直しつつ，そこで体験される「聖なるもの」の本質を見事に剔抉して見せた。彼は名著『聖なるもの』Das Heilige（1917）において，その聖という宗教の

14）シュライエルマッヘル，前掲書，49-51, 68頁。
15）正式名称は，『福音主義教会の原則に基づいて組織的に叙述されたキリスト教信仰』Der christliche Glaube nach den Grundsätzen der evangelischen Kirche im Zusammenhange dargestellt (1821; 2. Aufl., 1830/31) であるが，一般的に『信仰論』で通用している。

価値範疇に付着してきた道徳的要素を取り除いて，宗教を宗教たらしめている「聖なるもの」を言い表わすために，神の意志ないし神性を意味するラテン語のヌーメン（numen）から，新たにヌミノーゼ（das Numinöse）なる概念を作り出した。オットーによると，「聖なるもの」の本質としての「ヌミノーゼ」の主要な特質は，「戦慄すべき神秘」（mysterium tremendum）と「魅する神秘」（mysterium fascinans）である。絶対的他者としての「聖なるもの」は，近寄りがたく戦慄すべきもの，尊厳なもの，威力のあるものであるが，同時に，われわれに至福な気持ちを与え，うっとりさせるものでもある。つまり，ヌミノーゼは，畏怖させるとともに惹きつける神秘という二重の性格をもっている。ヌミノーゼあるいは「聖なるもの」の価値は，それゆえ，神聖（das Sanctum）ということであるが，これに出会いそれと直面することによって，人間は自分がまったく俗的なものであるという感情を抱かざるを得ない。すなわち，人間は汚れや罪という反価値の感情を伴って，「聖なるもの」を体験するのである。

「究極的関心」と実在の自己実現

　このような無価値と罪責の感情を惹き起こす「聖なるもの」は，それと出会いそれを体験する人間に，また相応しい仕方で応答することを要求する。人間の側での応答する行為は，最も一般的には祭儀や礼拝という形をとるが，また修行による生の自覚，道徳的行為の実践，学問的探究の営み，文化的・社会的活動などとしても表現される。祭司，僧侶，寺院，礼拝行為，教義，祭典などを伴う通常の宗教が，こうして成立するのであるが，神学者のパウル・ティリッヒ（Paul

「究極的関心」と実在の自己実現

Tillich, 1886-1965）は，そのような通常の宗教（狭義の宗教）と区別して，「究極的関心」(the ultimate concern) という広義の宗教概念を導入する。究極的に崇高なもの，聖なるものが現前してきたことによって，人間は好むと好まざるとにかかわらず，それに究極的に関わらざるを得なくなる。そこからティリッヒは，われわれが「究極的であると解されるものに究極的に関わっている状態」，あるいは「何かあるものが無条件的に真剣な事柄としてわれわれに迫って来るものがある心の状態」を「究極的関心」として表現し，この「究極的な関わりをもっている状態」を広義の宗教として理解した。狭義の宗教は文化の一部であり，しばしば文化と対立するが，広義において捉えられると，宗教はあらゆる実在においてみられる一つの次元であり，道徳においてはもちろん，あらゆる文化の内部における崇高なもの，聖なるものの次元となる[16]。「宗教は文化の実体であり，文化は宗教の形式である」(Religion is the substance of culture and culture the form of religion)[17]という彼の有名な定式は，そこから可能となる。

西田幾多郎（1870-1945）の衣鉢を継いだ宗教哲学者の西谷啓治（1900-90）は，『宗教とは何か』という名著を遺したが，彼は人間存在の根底を掘り返し，同時に「実在」（リアリティ）の源泉を探り直すような仕方で，宗教の本質を解明

---

16) ティリッヒはこの種の説明を随所で行っているが，彼の思想の精髄を最もコンパクトに示しているのは，彼が 1960 年に来日した際の講義・講演を収録した講演集，高木八尺編訳『文化と宗教』岩波書店，1962 年であろう。ここではとくにこの講演集の 28-29 頁を参照されたい。

17) Paul Tillich, *MainWorks / Hauptwerke 2: Writings in the Philosophy of Culture / Kulturphilosophische Schriften*, ed. Michael Palmer (Berlin & New York: De Gruyter, 1990), 199.『現代キリスト教思想叢書 8　ティリッヒ／ニーバー』白水社，1974 年，65 頁参照。

09 神話・宗教・祝祭

しようとしている。西谷によると，われわれ人間の自覚にお
いて実在自身の自己実現が成り立つのであり，宗教はわれわ
れがそれを実在的に覚知し体認する営みである[18]。いずれに
せよ，宗教は人間の自己実現に最も深く関わるものであるこ
とが，その書において鋭く論証されている。

祝　　祭

　われわれは日常生活において，各種の祝いや祭りを執り行
うが，その多くは神話的ないし宗教的起源を有している。結
婚式や葬式は言うまでもなく，わが国では初詣，節分，彼岸
会，宮参り，七五三など，実にさまざまな祝祭の儀礼があ
る。欧米のキリスト教社会では，クリスマスと復活祭（イー
スター）が最も重要な祝祭であるが，それ以外にも謝肉祭，
ハロウィン，感謝祭（Thanksgiving Day）など，大小さま
ざまなものがある。またユダヤ教では，過越祭，七週の祭，
仮庵の祭，新年祭，贖罪日，プリム祭，ハヌカ祭などが
ある[19]。

　ユダヤ教・キリスト教・イスラーム教では，「安息日」
（Sabbath）という観念があるが，これは旧約聖書の「創世
記」第2章2-3節「神は第七日にその作業を終えられた。す
なわち，そのすべての作業を終わって第七日に休まれた。
神はその第七日を祝福して，これを聖別された」に由来す

　18）　西谷啓治『宗教とは何か――宗教論集 I』創文社，1961 年参照。
　19）　植田重雄『ヨーロッパ歳時記』岩波新書，1983 年，『ヨーロッパ
の心――ゲルマンの民俗とキリスト教』丸善ライブラリー，1994 年，『ヨー
ロッパの祭りと伝承』講談社学術文庫，1999 年。石黒マリーローズ『キリ
スト教文化の常識』講談社現代新書，1994 年。沼野充義編『ユダヤ学のす
べて』新書館，1999 年，72-74 頁参照。

る[20]。安息日の遵守は十戒の一つなので，「アブラハム宗教」
（Abrahamic religions）といわれるユダヤ教・キリスト教・イ
スラーム教では，原則的に遵守されるが——ユダヤ教では土
曜日，キリスト教では日曜日，イスラーム教では金曜日が安
息日である——，最も厳格なのはユダヤ教である。ユダヤ教
徒にとって，金曜の日没から土曜の日没にいたる安息日の間
は，一切の日常の仕事に手をつけることはできない。農耕，
土木建築，商売はいうに及ばず，荷物の運搬，旅行，家庭内
での料理，書き物など，また点火や消火も禁止されている。
したがって，食事はあらかじめ金曜日に準備し，安息日の間
ずっと点火されたままの火に掛けておく。

　キリスト教でも，厳格なカルヴィニストや 17 世紀のピュー
リタンなどは，日曜日を主日あるいは聖日としてきわめて厳
格に守った。映画『炎のランナー』Chariots of Fire（1981）
に登場するエディンバラ大学の学生エリック・リデルは，厳
格なカルヴィニズムの信仰をもっていたため，日曜日に開催
されることになったオリンピックの 100 メートル競走決勝
への出場を辞退したが，このような行為は多くの日本人には
理解しがたいであろう。ドイツなどヨーロッパの多くの国々
で，日曜日にレストラン・カフェ・ホテルなどを除く，デ
パートや商店がすべて閉店になるのも，旧約聖書における安
息日の規定に由来している。

　さて，クリスマスはキリストの誕生を祝う祝日なので，も
ちろんユダヤ教では祝わないが，クリスマスが 12 月 25 日
と定められたのは，西暦 354 年のことである。これは，そ

　20）「申命記」第 5 章 15 節では，安息日の根拠として，神による六日
間での天地創造ではなく，出エジプトの出来事（神によるエジプトの地で
のイスラエルの奴隷状態からの解放）が挙げられている。

の日がペルシア起源の太陽神ミトラの冬至の祭りであり，そのお祭り騒ぎに対抗して，定められたと言われている。わが国では，キリスト教信仰の有無にかかわらず，クリスマスは国民によって大々的に祝われるが，それにひきかえ，復活祭（イースター）の方は，信者以外にはほとんど祝われることがない。しかし，イエス・キリストの復活を祝うこの祝祭は，キリスト教最古かつ最大の祝祭で，春分のあとの満月に続く日曜日がこの祝日となり，毎年3月21日から4月25日の間を移動する。復活祭に先立つ40日を四旬節，その最後の1週間を聖週間あるいは受難週という。

　このように，われわれの日々の生活は多くの祝祭に彩られているが，その多くが何らかの宗教的起源をもっている。心身を清浄にして神聖の顕現を待つということは，もはや多くの現代人には無縁となっているが，各種の祭りの本来的意義はそこにあったと思われる。宗教学者の薗田稔氏によれば，日本語の「祭」という語には次のような原義があるという。

　　マツリはマツル，マツラフの名詞形である。複合してタテマツル（奉ル），ツカエマツル（仕奉ル）ともなるように，謹んで上位の者に奉仕する意味なのだが，語根の「マツ」は，神言，すなわちミコトの現われるまでの祭る者の心をいう。ミコトは神の御言葉をいうが，古くは言がすなわち事であった。だから神の御言葉は，まさしく神の真実，つまり神の顕現であったのだ。神事において神言の現われるのをマツのが「マツリ」だと言い，その顕現がマチ（兆）と言えるのも，こうした祭の原義が

祝　　祭

あるからである。[21]

　祭りは一種の晴れやかなアソビである。祭りは人の心を
晴れやかにする。ひとが祭りに晴れ着を着るのも理由のな
いことではない。「ハレのありようは，聖なる遊びの世界で
もある」[22]からだ。ここで柳田國男の「ハレとケ」を持ち出
しても不当には当たるまい。また精神医学者の木村敏氏が分
裂病の時間論に創造的に応用するところの，「アンテ・フェ
ストゥム」（ante festum）および「ポスト・フェストゥム」
（post festum）の概念に言及するのも，決して無益ではなか
ろう。フェストゥム（festum）というラテン語は，まさに
「祭」を意味するので，アンテ・フェストゥムは「祭のまえ
のウキウキした気分」，あるいは「前夜祭的」意識を表わし，
ポスト・フェストゥムは「祭のあと」すなわち「あとのまつ
り」，「手遅れ」という意識を表わす[23]。いずれにせよ，人間
の精神の底深い層のメカニズムに，祭りということが関与し
ており，しかも祭りが本来神話と宗教と密接に関わるとすれ
ば，神話・宗教・祝祭というトリアーデは，人間存在の謎を
解明するために，より深く探究されなければならないであろ
う。

---

　21)　薗田稔「祭の宗教——神道」，上田閑照・柳川啓一編『宗教学の
すすめ』筑摩書房，1985 年，440 頁。
　22)　前掲書，442 頁。
　23)　『木村敏著作集 2　時間と他者／アンテ・フェストゥム論』弘文
堂，2001 年，『木村敏著作集 3　躁鬱病と文化／ポスト・フェストゥム論』
弘文堂，2001 年参照。

131

10

時間・記憶・歴史

時　　間

　時間は空間とともに，われわれ人間にとって最も重要な，認識上ならびに生活上のアスペクトである。しかし時間とは何であるかという問いは，われわれにしばしば大きな困惑を惹き起こす。アウグスティヌス（Aurelius Augustinus, 354-430）はそのような困惑を，次のような言葉で言い表わしている。「ではいったい時間とは何でしょうか。だれも私にたずねないとき，私は知っています。たずねられて説明しようと思うと，知らないのです」[1]。

　哲学者のカント（Immanuel Kant, 1724-1804）によれば，空間と時間は人間精神に本来的に具わっているアプリオリな直観形式であって，われわれ人間の知覚と認識は，通常，空間と時間という形式を通してなされる。アウグスティヌスが初めて指摘したように，人間精神には記憶の作用とともに過去が現象し，期待とともに未来が現象する。また現在は直覚作用によって捉えられる。この記憶・直覚・期待は意識に時

---

　1)　アウグスティヌス，山田晶訳『告白』第11巻，第14章，世界の名著16，中央公論社，1978年，414頁。

時　　　間

間を現象させる機能であって，これこそ人間に固有の能力である。過去─現在─未来という時間意識は，正常な人間には当たり前に具わっている。しかし精神分裂病，とくに離人症に罹ると，この時間感覚に大きな障害が生ずるという[2]。

　20世紀のはじめから現代人は時間に追い立てられ，あくせくと働くことを余儀なくされている。少しでも速くとスピードを競い，ちょっとでも時間を節約しようとするのも，すべて「時間」に関係している。フランクリン・バウマー（Franklin Le Van Baumer, 1913-90）は近現代のヨーロッパ思想を《存在》から《生成》への漸進的変化として捉えたが，20世紀になって，動的な「時間思考」（time-mind）が静止的な「空間思考」（space-mind）に完全に勝利を収めた。「時間思考」とは，「万事を《時間の相のもとに》*sub specie temporis*，つまり，つねに休むことなく動きながら変化をつづけるものとして見る」思考のことであるが，この思考は「実在の動的な側面に焦点をあわせ，ひとびとを『行動的な昏睡状態』のなかに追いやり，速力をつねに速めるだけで，確かな目標をあたえずに，ひとびとを駆りたててゆく」[3]。このことが現代人の精神状態を不安定にし，ひとびとの「神経過敏」（nervousness）と「不安」（anxiety）を助長する。20世紀が「不安の時代」（Age of Anxiety）と呼ばれ，現代世界の先頭を走るアメリカ合衆国が「セラピー文化」，「セラピー社会」，「セラピー国家」と言われる所以である[4]。

---

　2)　木村敏『関係としての自己』みすず書房，2005年，とくに「第II章　時間の人称性」，および『木村敏著作集2　時間と他者／アンテ・フェストゥム論』弘文堂，2001年参照。

　3)　フランクリン・L・バウマー，鳥越輝昭訳『近現代ヨーロッパの思想』大修館，1992年，565頁。

　4)　「不安の時代」に関しては，バウマーの上掲書の「第五部　二十

10 時間・記憶・歴史

ところで，時間には時計で計測できない次元があること
は，誰もが経験するところである。シンデレラの物語を引き
合いに出すまでもなく，楽しい時間はすぐに過ぎ，その反対
に辛く苦しい時間はとても長く感じられる。それだけでな
く，すべての事柄にはそれをなすに相応しい時がある。「伝
道の書」にはこういわれている。

　　天が下のすべての事に季節があり，
　　すべてのわざには時がある。
　　生まれるに時があり，死ぬるに時があり，
　　植えるに時があり，植えたものを抜くに時があり，
　　殺すに時があり，いやすに時があり，
　　こわすに時があり，建てるに時があり，
　　……
　　愛するに時があり，憎むに時があり，
　　戦うに時があり，和らぐに時がある。
　　（「伝道の書」第 3 章 1-9 節）

　もちろん，勉学するにも時があるわけで，学生時代にしっ
かり学んでおかないと，あとで後悔する羽目になる。「時
は逃げ去り而して決して帰らず」（tempus fugit et nunquam
revertitur）である。ラテン語の格言に，「好機というものは

世紀」，ならびに Franklin LeVan Baumer, *Main Currents of Western Thought:
Readings in Western European Intellectual History from the Middle Ages to the
Present*, 4th edition (New Haven and London, 1978) を参照のこと。「セラピー
文化」，「セラピー社会」に関しては，ロバート・N・ベラー他，島薗進・中
村圭志訳『心の習慣』みすず書房，1991 年を参照されたい。ベラーはこの
書で，いまや中産階級のアメリカ人の多くが「セラピー」（心理療法）に頼
り，そこに私的世界の意味を見出していることを報告している。

134

一度消え去ってしまえば，ユッピテルすらも取り戻すことができない」(Elapsam semel occasionem non ipse possit Juppiter reprehendere)[5]というものがある。これは時間の不可逆性とともに，「好機」という時間の特殊なアスペクトをもよく示している。

中国に由来する四字熟語に，「啐啄同時」という言葉がある。「啐」は鶏の卵がかえる時，殻の内側から雛が声を発して殻から抜け出る意を告げることを意味し，「啄」は母鶏が殻をつついて雛の出るのを助けることを意味するが，この二つが合致してはじめて雛は無事に孵ることができる。そこから「啐啄」は「逃したらまたと得がたいよい時期」を表わすが，これがまさにギリシア語の時間概念の一つである「カイロス」に通ずる。ギリシア語の時間概念には，「クロノス」($\chi\rho\acute{o}\nu o\varsigma$) と「カイロス」($\kappa\alpha\iota\rho\acute{o}\varsigma$) とがある。「カイロス」とは「状況にかなった限定された時」，つまり「時宜にかなった時」を意味している。われわれはしばしば「タイミングが悪い」などと言うが，英語でも time に対して timing という語が存在し，後者は時間のもつカイロス的側面の一端を言い表わしていよう。

存在と時間

ところで，啐啄同時とかカイロスといったことが問題となるのは，時間が到来すると同時に，過ぎ去るという性格を有しており，しかもそこに不可逆性が内包されているからである。「われわれは二度同じ川に入ることができない」という

---

5) Titus Phaedrus, V, 8, 4.

10 時間・記憶・歴史

ヘラクレイトス（Herakleitos, c.535-c.475B.C.）の有名な言葉のなかに，この時間の不可逆性がよく示されているが，これによって哲学における存在問題と生成問題とが生ずる。わかりやすく言えば，これは「ある」と「なる」の問題である。「ある」と「なる」の対比の問題は，以前にはなかったものが現実にあるようになるとか，あるものが別の何ものかになるということだけではなく，これまで現実にあったものが消失する，つまり「なくなる」という事態をも含んでいる。したがって，生成問題は存在問題を疑問に付すだけでなく，そこには時間的継続の関係，あるいは継起する諸状態間の連関の問題を惹起する。このように，ハイデガー（Martin Heidegger, 1889-1976）の主著『存在と時間』を引き合いに出すまでもなく，人間にとって存在と時間は，最も重要かつ難解な哲学的問題を投げかけるのである。

　さて，われわれの経験的知覚によれば，時間はわれわれのうちにあると同時に，われわれ人間は時間のうちにある。われわれは時間性において事物を知覚し，さまざまな事象を時間の前後に位置づけて認識すると同時に，時間的経過のなかで自己の目的を達成する存在である。人間にとって「歴史性」が問題となる所以である。「歴史性」ということは，人間が歴史において自己を実現する存在だということを意味している。歴史は人間の外に，あたかもわれわれと離れて，存在するのではなく，時間性とともに人間存在に，深くかつ本質的に，組み込まれている。

　このように，人間存在の時間性ということのうちには，実に意義深い次元が潜んでおり，古来より哲学者によってさまざまな分析がなされている。時間性の対極に考えられる「永遠性」や，またこれと密接に関わる「瞬間」の問題は，と

記　　憶

くに重要な宗教・哲学的主題として論じられてきている[6]。
しかしこうした問題は難しすぎるし，ここでの関心事でもな
い。

記　　憶

　時間は過ぎ去るが，「過ぎ去る」（pass away）ということ
は，「死ぬ」こと，「逝去する」をまた意味している。また
過去とは文字通り「過ぎ去った」時間のことであり，過去
はもはや消失して現在にその実在性をもっていない。にも
かかわらず，現在を生きるわれわれ人間は，記憶と希望と
意欲をもって，過去と未来を理念的に自己のうちに結合しつ
つ，みずからの現在のまわりを照らす能力を有している。か
くして人間精神は歴史的世界を所有するに至るのである。す
なわち，われわれは過ぎ去った過去を，「記憶」（memory;
Erinnerung）という機能を媒介にして，現在に所有している
のである。過去の事物は過ぎ去ってもはや存在しないにもか
かわらず，われわれはかつてありかつ起こったものの遺物あ
るいは記念物を通し，それらに触発されて過去を想起するこ
とで，「諸々の過去のうちでいまここになお過ぎ去らぬもの」
を保持している。そして歴史家の探究する眼が，これらのも
のを呼び醒まし，再び生き返らせるのである[7]。

---

6)　波多野精一『時と永遠　他八篇』岩波文庫，2012 年参照。

7)　Johann Gustav Droysen, *Historik. Rekonstruktion der ersten
vollständigen Fassung der Vorlesungen (1857) Grundriß der Historik in der
ersten handschriftlichen (1857/1858) und in der letzten gedruckten Fassung
(1882)*, herausgegeben von Peter Leyh (Stuttgart-Bad Cannstatt: Friedrich
Frommann Verlag, 1977), esp. 397, 422. ドロイゼンの歴史理解については，
拙著『歴史と解釈学――《ベルリン精神》の系譜学』知泉書館，2012 年，

10 時間・記憶・歴史

そこで俄然クローズアップされるのが，われわれ人間の「記憶」ということである。周知のように，アウグスティヌスは，記憶についての古代の弁論術をキリスト教的に深化させ，のちのヨーロッパ思想に深甚な影響を及ぼした。彼は『告白』において，「記憶の宏大な部屋」について，以下のように語っている。

　……すると私は，記憶という野原，宏大な広間にはいるのです。

　そこには，感覚によってはこびこまれたさまざまな事物についての数かぎりない心象の宝庫があります。そこにはまた，感覚にふれたものを思惟によって増減し，あるいは何らかのしかたで変えることによって得られたものが，ことごとく収められています。そのほかにも，まだ忘却のうちにのみこまれ埋没しきっていないものがあるならば，それらのものもやはりそこにあずけられ，たくわえられているのです。

　私がその宝庫の中にはいって，何でも自分の欲するものを出すように命ずると，あるものはそくざに見つかりますが，あるものはさがすのになかなか手間がとれ，何かかくれた倉庫からでもひきだす場合のようにひきだされてきます。ところが，あるものは群れをなして現われ，ほかのものをさがしもとめている真中にとびだしてきて，「わっしらどもではございませんか」といわんばかりです。

　このようなものを心の手で想起の面前から追いはらっ

───────────────

第4章を参照されたい。

記　憶

てゆくうちに，やっとのことでもとめているものが靄_{もや}の
うちからぼんやりあらわれてきて，かくれた場所から眼
前にひきだされます。ところがあるものは，要求どおり
きちんと列をなし，たやすくあらわれてきて，先なるも
のは後なるものに席をゆずりながらしりぞき，しりぞき
ながら私の欲するときふたたびあらわれる用意をしてか
くれます。私が何か想い出しながら物語るときには，以
上に述べたすべてのことがおこっているのです。[8]

　人間の時間意識の重要な本質的部分をなすこの「記憶」の
機能によって，そもそも歴史の営みも，あるいは学問とし
ての歴史学も，はじめて成り立つのであるが，それだけに記
憶，とくに集団的記憶の管理・操作・独占ということは，古
来為政者にとってきわめて重大な課題の一つであった。とい
うのは，「集団的記憶は権力をめぐる社会的勢力の闘争にお
ける重要な武器」であり，また「記憶や忘却を支配すること
は，歴史的社会を支配する階級，集団，個人にとっての大い
なる関心事」[9]だったからである。だからこそ，われわれが
第 13 章でみるように，国王や権力者たちは，公文書館や図
書館や美術館のような，巨大な記憶の諸制度を作り出してき
たのである。
　ともあれ，「記憶とは，何らかの情報の貯蔵庫であり，ま
ず第一に，人間が過去の印象や情報を過去のものとして表
象し，それを利用する，心理的な機能の総体と関係してい

　8）　アウグスティヌス，山田晶訳『告白』第 10 巻，第 8 章，世界の名
著 16，中央公論社，1978 年，338 頁。
　9）　ジャック・ル・ゴフ，立川孝一訳『歴史と記憶』新装版第一刷，
法政大学出版局，2011 年，94 頁。

10 時間・記憶・歴史

る」[10]。高度情報化社会といわれる昨今，心ある歴史家や哲学者たちが，人間の「記憶」に特別の注意を向けていることは，十分に理解できるところである。なぜなら，IT技術の飛躍的な進歩や，生物学的な記憶としてのDNAの働きを解明しつつある分子生物学の発展によって，人間の記憶に大変動がおこるとともに，その働きに大きな関心が寄せられているからである。かつて記憶は主として哲学や歴史学や文学で扱われる主題であったが，いまでは記憶の問題は，遺伝子を扱う分子生物学や痴呆症の対処に取り組む医学だけでなく，知識社会全般の根幹に関わる問題となっている。コンピュータの発明と普及によって，記憶の電子化が進むことによって，学問研究のあり方や，知識と情報の保存庫としての図書館のあり方などにも，深刻な変化を及ぼしつつある。

記憶と忘却

古今東西の諸民族のなかでも，ユダヤ人は「記憶の民」として特別な地位を占めているが，ユダヤ教から生い立ってきたキリスト教も，すぐれた意味において「記憶の宗教」である。キリスト教における最も重要なサクラメントの一つである聖餐式は，「これはあなたがたのための，わたしのからだである。わたしを記念するため，このように行いなさい」，「この杯は，わたしの血による新しい契約である。飲むたびに，わたしの記念として，このように行いなさい」（「コリント人への第一の手紙」第11章24-25節。「ルカによる福音書」第22章19節参照）という，最後の晩餐のときのイエスの言

---

10)　前掲書，91頁。

140

葉によって制定されている[11]。ここに出てくる「わたしを記念するため」,「わたしの記念として」という言葉は,「記憶」のアスペクトを表現している。それゆえ,「キリスト教の教育は記憶であり,キリスト教の礼拝は記念祝典なのである」[12]と言ったとしても間違いではない。

　このように,ユダヤ教においてもキリスト教においても,「記憶」はきわめて重要な意義を有しているが,それだけにまた20世紀におけるユダヤ人の大量殺戮を忘れないために,アウシュヴィッツやダッハウをはじめとするキリスト教ヨーロッパの各地に,犠牲者を悼む記念館や記念碑が多く建てられていることは,皮肉を通り越して何とも痛ましい現象である。例えば,ベルリンのブランデンブルク門から南へ100メートルほど行ったところに,「ユダヤ人犠牲者記念館」(Denkmal für die ermordeten Juden Europas) があるが,そこを訪問する人は,展示されている写真や手紙や遺留物に接し,あるいはガイドブックを読んだりビデオの映像を見たりして,ナチズムが行った未曽有の蛮行を想起する。このような記念館や記念碑が存在しないとすれば,われわれの記憶はいつか風化して,昔通った道を再び歩む愚を犯すことにもなる。広島平和記念資料館も,原爆の悲惨さを世界に,そして後世の人々に伝えるために建てられているが,そこには忘却

---

　11) ラインホールド・ニーバーは,キリスト者の実存を,大いなる《記憶》と大いなる《希望》との間の終末論的緊張を生きる存在として捉えているが,それは聖餐式の制定語には記憶のアスペクトだけでなく,「あなたがたは,このパンを食し,この杯を飲むごとに,それによって主が来られるときに至るまで,主の死を告げ知らせるのである」という,希望のアスペクトも含まれているからである。Reinhold Niebuhr, *Faith and History* (New York: Charles Scribner's Sons, 1949), 240-241.

　12) ル・ゴフ『歴史と記憶』,118頁。

に対する記憶文化の貴い戦いがある。記憶は忘却と戦う一番の武器なのであり，記念館や記念碑を建てる意義もそこにある。

記憶の媒体と記憶の大変動

ところで，記憶の媒体という点に目を向けると，文字の発明と使用がなされないところでは，口承の記憶のままにとどまらざるを得ないが，通常は口承の記憶から文字の記憶への移行が起こる。しかしプラトンによれば，文字の発明は記憶を発達させるよりは，むしろそれを弱める。文字は「人間たちに記憶を行使することを免除させ，文字を知った者たちの心のなかに忘却を作り出す」というのである。一考に値する卓見であるが，このような移行とともに記憶の神格化も起こってくる。古典期以前のギリシアにおいては，文芸を司る9人の女神（ムーサイ）の母である《ムネモシュネー》という女神に，記憶の役割が割り当てられる。アリストテレスになると，過去を単に保存する能力としての本来の《ムネーメ》と，過去を意図的に想い起こそうとする《アナムネーシス》（想起）とが区別される。

やがてキリスト教の普及によって，記憶と記憶術もキリスト教化され，記憶文化にも大きな変化が生ずる。イエスを記念する行事として，待降節（クリスマス前の四週間），クリスマス，四旬節，復活祭，キリスト昇天祭などに加えて，諸聖人や死者に対する儀礼も始まる。とくに殉教者たちはキリスト教の証人であり，死後その思い出のまわりにキリスト教徒の記憶が結晶化する。ヨーロッパ各地に建てられた大聖堂，彫刻，絵画，ステンドグラスなどが，キリスト教ヨー

ロッパの「記憶文化」（Memorialkultur）を促進するとともに，それを美しく彩った。

　グーテンベルクによる印刷術の発明は，西欧の記憶を革命的に変化させることになったが[13]，しかし集合的記憶の発展において決定的な役割を演じたのは，何といっても18世紀である。啓蒙主義の副産物である「百科事典はアルファベット順に細分化された記憶であり，その一つ一つの部分が，全体的な記憶の生きた部分をなしている」[14]。さらに拍車をかけたのは，19世紀から20世紀にかけて進歩を遂げた写真術である。「これによって記憶は根底から変貌する。写真は記憶を多様化し，民主化する。写真は，これまで得られなかったような視覚的記憶による正確さと真実性を記憶に付与する。そして，時間と年代の経過から記憶を保存することを可能にさせる」[15]のである。そして1960年になって，コンピュータの登場によって，「記憶の電子化」が急速に進み[16]，ついには「《データ・バンク》という新しいタイプの記憶の登場」[17]に至るのである。それだけでなく，生物学的な記憶のメカニズムたるDNAの解明によって，新たな可能性の探究も始まっている。いまや「記憶は，個人的なものであれ，集合的なものであれ，かつて《アイデンティティ》と呼ばれたものの本質的な要素であるが，その追求は現代の個人や社会にとって苦悩に満ちた基本的な活動の一つとなっている」[18]。

---

13)　前掲書，133頁。
14)　前掲書，140頁。
15)　前掲書，146頁。
16)　前掲書，148頁。
17)　前掲書，150頁。
18)　前掲書，158頁。

10　時間・記憶・歴史

歴　　史

　ところで，歴史と記憶の深い連関について考えさせる小説に，ベルンハルト・シュリンクの『朗読者』[19]という作品がある。20以上の言語に翻訳され，アメリカでは200万部を超えるミリオンセラーになった作品であるが，そこでは過去に犯した罪とその記憶に苦しむハンナという名の元収容所看守と，彼女と深い関わりをもつことになった主人公の青年の回想が，見事な筆致で描き出されている。西ドイツで実際に開かれた「アウシュヴィッツ裁判」（1963年10月〜65年8月）を背景としているが，みずからの過去に真摯に立ち向かう態度と，ひたすら過去の事実の客観的認定に専心する裁判官的中立性との対立は，記憶と歴史という問題が人間性に深く関わっていることを示している。

　周知のとおり，歴史には「記述」と「出来事」という二つの面がある。すなわち，「行われたこと」（res gestae）という側面と，「行われたことの探究」（historia rerum gestarum）という側面がある。何かある出来事が生起したということと，その出来事が記録され，あるいは記憶されて，伝承されたり物語られたりすることがなければ，そもそも歴史は存在しない。それゆえ，「歴史は記憶から養分を吸い取る一方で，それを養っていく」[20]ということは，たしかに真である。

　ところで，英語のヒストリーの語源であるギリシア語のヒストリエー（ἱστορίη）の原義は，「調査すること」であると

---

19)　ベルンハルト・シュリンク，松永美穂訳『朗読者』新潮文庫，2003年。

20)　ル・ゴフ『歴史と記憶』，160頁。

144

歴　史

言われる。実際，「歴史の父」と呼ばれるヘロドトスは，その書『歴史』第一巻の序で，次のように語っている。

　　本書はハリカルナッソス出身のヘロドトスが，人間界の出来事が時の移ろうとともに忘れ去られ，ギリシア人や異邦人（バルバロイ）の果たした偉大な驚嘆すべき事蹟の数々——とりわけ両者がいかなる原因から戦いを交えるに至ったかの事情——も，やがて世の人に知られなくなるのを恐れて，自ら研究調査したところを書き述べたものである。[21]

　ここに「研究調査」と訳されている語がヒストリエーである。「調査・探究」[22]という訳語ももちろん可能であるが，この語の動詞形の「ヒストレオー」——「誰かに尋ねる」，「調査する」——は，この書のなかで計17回用いられているという。いずれにせよ，ヘロドトスに即して言えば，歴史とは「探究」であり，「調査」である。ヘロドトスはまたこの書物のなかで，「私の義務とするところは，伝えられているままを伝えることにあるが，それを全面的に信ずる義務が私にあるわけではない。私のこの主張は本書の全巻にわたって適用さるべきものである」[23]と述べているが，この「伝えられているままを伝える」（λέγειν τὰ λεγόμενα）という表現は，歴史家の責務としての伝承への忠実性を示す言葉

───────────

　21)　ヘロドトス，松平千秋訳『歴史』上巻，岩波文庫，2007年，9頁。
　22)　桜井万里子『ヘロドトスとトゥキュディデス——歴史学の始まり』山川出版社，2006年，20頁。
　23)　ヘロドトス『歴史』第七巻一五二（松平千秋訳『歴史』下巻，113頁）。

（ヘロドトス的原理）として，記憶にとどめられている[24]。過去の事象の研究調査ということと並んで，語り伝えられた伝承に変更を加えたり，恣意的に改竄したりせずに後世に伝えることは，歴史学者に課された重要な仕事だからである。

われわれはいま歴史学者について言及したが，実はアリストテレスは歴史を学問から排除していた。古代における学問の完成者として，アリストテレスはおよそ考え得るすべての学問分野に鍬を入れたが，唯一歴史にだけは手を触れなかった。その理由は，歴史がただ一度しか起こらない特殊的なものを対象としているからであった。ドイツ語の Einmaligkeit という言葉は，ただ一度しか起こらないことを意味し，ギリシア語ではエファパクス（ἐφάπαξ）という語が意味的にこれに対応する（但し，この語自体は副詞である）。英語で言えば once for all（一度限り）であるが，ともあれこの一回性ということは歴史の醇乎たる特質である。「歴史的事実は，常に『聖なる一回性』としての厳粛性を帯びている」[25]，と言われる所以である。そしてこの once-for-all-ness がまた uniqueness ともなるのである。ともあれ，歴史はこのような一度限りの事象を対象としている。そこから，よし歴史が学問として成り立つとしても，歴史学は個別的あるいは特殊的なものに立脚している以上，他の学問と同等の普遍性を主張し得ないのではないか。しばしばこのような疑問が，歴史学に対して投げかけられてきたのである。

24）　ヘロドトスのこの言葉は，また relata refero（私は述べられたことを述べる）というラテン語の表現で巷間に広まっている。*Veni vidi vici. Geflügelte Worte aus dem Griechischen und Lateinischen*, ausgewählt und erläutert von Klaus Bartels (Deutscher Taschenbuch Verlag, 2003), 20, 155.

25）　中井正一『美学入門』中公文庫，2010 年，81 頁。

歴　　史

　さて，近代的な学問としての歴史学は，レオポルド・フォ
ン・ランケ（Leopold von Ranke, 1795-1886）をもって嚆矢
とする，と考えられている。ランケは厳格な史料批判の手続
きを通して，上記のような批判者たちに対して，歴史学の学
問性を断固主張した。彼は「ありのままの真実」を獲得しよ
うと努め，「事実は本来どうであったのか」（wie es eigentlich
gewesen）[26]を示すことが歴史学の本務であると考えた。歴史
研究の客観性を尊ぶランケの立場は，「自我をいわば滅却し，
事実だけを語らしめる」[27]という言葉にもよく示されている。
しかしこのような客観性や不偏不党性は，過去の歴史が歴史
家によって構成され，絶えず再解釈されなければならないも
のである以上，所詮は不可能な理想であるとの見方が今日で
は優勢となっている。

　実際，ランケよりは少し若い同時代人のドロイゼン
（Johann Gustav Droysen, 1808-84）が，すでにそのようなラ
ンケ的な客観主義的な歴史学のスタンスに明確に距離を置
いている。「プロイセン・小ドイツ学派の真の創設者にして
創造者」[28]のドロイゼンにとって，「客観的な不偏不党（die
objektive Unparteilichkeit）は，……非人間的なことである。
人間的とはむしろ党派的であることである」[29]。彼は「わたし

　　26）　Leopold von Ranke, *Sämtliche Werke,* Bd.33/34, *Geschichten der
romanischen und germanischen Völker von 1494 bis 1514* (Leipzig: Duncker &
Humblot, 1867), VII.

　　27）　Leopold von Ranke, *Sämtliche Werke*, Bd. 15, *Englische Geschichte
vornehmlich um 17. und 18. Jahrhundert* (Leipzig: Duncker & Humblot, 1867),
103.

　　28）　Heinrich Ritter von Srbik, *Geist und Geschichte vom deutschen
Humanismus bis zur Gegenwart,* Bd. 1 (München uns Salzburg: Bruckmann und
Otto Müller, 1950), 367.

　　29）　Droysen, *Historik* , 236.

10　時間・記憶・歴史

の祖国，わたしの政治的確信，わたしの宗教的確信，わたしの真摯な研究がわたしに達成することを許してくれたような，わたしの立場が有する相対的な真理」の方が，いかなる立場にもコミットせず，不毛な一般性しか達成しない，「去勢された客観性」（eunuchische Objektivität）よりも，はるかに好ましいと考えている[30]。ドロイゼンは，たとえ自分の立場がどんなに一面的で限られたものであろうとも，「ひとはこの限定されたあり方を告白する勇気をもたねばならない。そして限定された特殊的なものの方が，普遍的なものや最高度に普遍的なものよりも豊かでまさっていると考えて，みずからを慰めなければならない」[31]，と述べている。

　しかし，そうなると「知と権力」あるいは「客観性と過去の操作」[32]という問題が，逆に生じないであろうか。なぜなら，ル・ゴフがいみじくも述べているように，「記憶は権力の武器であり，意識的あるいは無意識的な捜査に権威を与え，個人的あるいは集合的な関心に従うものである」[33]からである。やはり，歴史家は党派人や政治家であってはならず，いわんや政治権力の僕となることは慎まれなければならない。歴史学は他の諸学問と同様，事実のみを規範とし，客観性および不偏不党性を要求しなければならない。そのような客観性および不偏不党性が厳密な意味で可能であるかどうかは，それ自体大きな問題ではあるが，少なくともそれに努

　30）　Droysen, *Historik*, 236; cf. Johann Gustav Droysen, *Historik. Vorlesungen über Enzyklopädie und Methodologie der Geschichte*, herausgegeben von Rudolf Hübner (München: R. Oldenbourg, 1937; Nachdruck, 5. Aufl., 1967), 287.

　31）　Droysen, *Vorlesungen*, 287.

　32）　ル・ゴフ『歴史と記憶』，175 頁。

　33）　前掲書，179 頁。

148

歴　　史

めることは，歴史学者の誠実性として必要であろう。

　次に，過去の事象の考察や叙述において，歴史家あるいは
歴史研究者の現在の状況・関心・視点が，どの程度その考
察や叙述に関与しているかという問いがある。一般的には，
「歴史は過去についての科学である」と考えられているが，
これに対してクローチェ（Benedetto Croce, 1866-1952）は，
「歴史はすべて現代史である」という反対命題を提起してい
る。

　　　現代の歴史が直接に生から發生したものであるとするな
　　らば，過去の歴史と通稱せられている種類の歴史もまた
　　同様に生から直接に成立するものである。何故ならば，
　　現在の生の關心のみこそが人を動かして過去の事實を知
　　ろうとさせることができるということは明かである。し
　　たがってこの過去の事實は，それが現在の生の關心と一
　　致結合されている限りにおいて，過去の關心ではなく現
　　在の關心に答えるのである。……「すべての眞の歴史は
　　現代の歴史である」という命題……この命題の正しさは
　　歴史叙述の實際の中に容易に確證され，豊富にまた精確
　　に實證されている。[34]

　その意味するところは，「もともと，歴史というのは現在
の眼を通して，現在の問題に照らして過去を見るところに成
り立つものであり，歴史家の主たる仕事は記録することでは
なく，評価することである，歴史家が評価しないとしたら，

───────────
　34）　クロォチェ，羽仁五郎訳『歴史の理論と歴史』岩波文庫，1952
年，17頁。

149

10　時間・記憶・歴史

どうして彼は何が記録に値いするかを知り得るのか」[35]，ということである。もちろん，ここには若干の誇張があるが，歴史家が彼の現在から出発して，過去に対して問いを発する以上，歴史家自身の現在の状況や関心が，過去の事象についての考察・解釈・叙述に一定の影響を及ぼしていることは否めない。しかし自分が身を置く現在の立場の特殊性を深く自覚している歴史家は，みずからが帰属する文化や伝統から極力自由になって，あるいはひとまずそれを括弧にくくって，過去の事象を予断なく把捉しようと努める。過去の歴史はたしかに歴史家の現在に依存しているとしても，だからこそ一流の歴史家は，過去と現在を安易に重ね合わせず，むしろ過去に対して一定の距離を保とうとするものである[36]。

───────────

35)　E・H・カー，清水幾太郎訳『歴史とは何か』岩波新書，1962年，25頁。

36)　但し，このことは，最晩年のトレルチがその達成に生命を賭したような，「現在的文化総合」（die gegenwärtige Kultursynthese）の課題を，歴史学の領域から完全に閉め出すことを意味するものではない。通常の歴史学が扱う個別的な歴史事象を超えた，歴史の総体としての「世界史」の概念は，必然的に，全体の連関と意義を問うことを不可避ならしめる。「歴史哲学」が要請される所以であるが，ヘーゲルが壮大なスケールで展開したようなこの種の「世界史の哲学」においては，「現代の意識が歴史の意識であり，また歴史の意識が現代の意識であるような一つの立場」が開かれている（鈴木成高『世界史における現代』創文社，1990年，37頁）。そのような立場においては，「純粋たる記述的，調査的な歴史ないし歴史学（Historie）は止んで，実行的歴史（die handelnde Geschichte）ないしつねに自己自身の形成である歴史的生が始まる」のであり，そこにおいて「現在的文化総合」に大胆に取り組むことは，いまや避けがたい重要な課題となるのである。エルンスト・トレルチ，近藤勝彦訳『歴史主義とその諸問題（上)』（『トレルチ著作集』第4巻）ヨルダン社，1980年，123頁。

11

原典と翻訳

　人文学という学問は，自然科学のように，より先進の知識へと発展の一途を辿るのではなく，つねに原点へと立ち返る性格があるので（「源泉へ」ad fontes ということ），どんなに良質な翻訳が普及したとしても，原典研究の必要性がなくなることはない。それと同時に，人文学はたえず新しい翻訳を生み出しつつ発展しているのも事実である。それゆえ，この章では原典と翻訳ということについて，考察してみようと思う。

人文学にとっての原典の意義

　原典を読むということは，「顔と顔とを合わせて，見る」ようなものであるが，これに対して翻訳で読むということは，あたかも「鏡に映して見るようにおぼろげに見ている」ようなところがある[1]。つまり，隔靴掻痒というか，痒いところに手が届かないもどかしさがあるのである。もちろん，原典を読む能力が十分にない場合には，逆のことが言えなく

　1）「コリント人への第一の手紙」第 13 章 12 節参照。なお，現代の鏡は非常に映りが良いが，パウロの時代の鏡は今日ほど映りが良くなかったことに要注意。

151

11 原典と翻訳

もない。しかし専門の研究者ならば，翻訳を読んでいても一向に腑に落ちないとき，原典を参照して一気に疑問が解消したことは，おそらく一再ならずあったはずである。このことは自国語の古典的テクストを読む場合にもあてはまる。古い時代のテクストをそのまま読むのと，現代語訳で読むのとでは，同じような違いがある。たしかに，現代語訳で読む方がわかりやすいし，また速度も出る。《速読》（rapid reading）はおのずから《多読》（extensive reading）に通ずる。しかし人文学というものは，どうもそれだけでは駄目で，原典による《精読》（intensive reading）が不可欠である。アメリカの大学では，人文学の分野でもほとんどすべてを英語で読むので，原典主義のヨーロッパやわが国にくらべて，深みのある研究が少ないとの印象は拭いがたい。発想の自由さや斬新さはあるものの，研究対象そのものから生い育ってきたような，精密な内在的研究に欠けるきらいがある。なるほど，自然科学や社会科学は原典に依拠する必要はそれほどなく，翻訳で十分用が足りることが多いので，アメリカの学問はこれらの分野では世界を圧倒的にリードしている。しかし，はたして人文学の分野はどうであろうか。こう言うと，ではドナルド・キーン氏の場合はどうなのだと，反論されるかもしれない。アメリカ人でもドナルド・キーン氏のようなケースは，決して存在しないわけではない（でも多くはない！）。だが，ドナルド・キーン氏は日本文学を対象とし，日本人研究者と同じように日本語の原典で研究をしたからこそ，日本文学の研究者として通用するのである。源氏物語や松尾芭蕉を，あるいは谷崎潤一郎や三島由紀夫を，母国語に翻訳された訳本でしか読まない，あるいは読めない研究者は，はたして日本文学者として評価され得るであろうか。答えは火を見

るより明らかであろう。では，なぜそうなのだろうか。なぜ
文学を含む人文学一般は，原典で読まれないとならないのだ
ろうか。なぜ翻訳は原典の代わりをなし得ないのであろう
か。それにもかかわらず，なぜひとはあくせくと翻訳作業に
精を出すのだろうか。それとも，このような考え方は偏見に
すぎず，優れた翻訳さえあれば，原典を読まずとも立派な研
究ができる日が来るのだろうか。

翻訳とは何か

　一般に，「翻訳とはある言語で表現された文章の内容を
他の言語になおすことである」（広辞苑）と考えられてい
る。英語では translate が「翻訳する」という意味を表わす
が，この語はラテン語の過去分詞 translatus を語源とする。
現在・直説法・能動相・一人称・単数の形は transfero（不
定法は transferre）であるが，fero が「運ぶ」という意味な
ので，transfero は「向こうへ運ぶ」「運送する」「（ある物
をある所へ）移動する」という意味を表わす。つまり現代
英語の transfer の語源である。ちなみに，クリストファー
（Christopher）という男子名は，キリストを背負って川を
渡ったという 3 世紀シリアの伝説的な聖人クリストフォ
ロス（Christophoros）に由来するが[2]，この場合の -pher も
-phoros も fero から来ている。この故事からもわかるよう
に，transfero を語源とする translate とは，一つの言語を別の
言語へと運ぶこと，移動することを意味するが，それは二つ

　2）　聖クリストフォロス〔クリストポルス〕については，カコブス・
デ・ウォラギネ，前田敬作・西井武訳『黄金伝説 3』平凡社ライブラリー，
2006 年，17-28 頁参照。

11　原典と翻訳

聖クリストポルスと幼児キリスト
（1475年頃）

の言語・文化を隔てている深い川を越えて，こちら側から向こう岸へと言語的商品を運搬するような行為である。ドイツ語の übersetzen も同様に，原義は「向こう岸へと渡す」「（ある領域から他の領域へ）移動する」ことである。翻訳とはそれゆえ，言語的・文化的な運送・移転の試みにほかならない。

しかし問題は，一つの言語・文化から他の言語・文化へと移転する際に，完全な一致あるいは対応が存在しないために，意味の変容が生じざるを得ないということである。つまり，本来の意味が減ぜられたり，歪められたり，あるいはまた，新しい意味がつけ加わったりするということである。わが国の翻訳学の草分け的存在の柳父章氏によれば，「一般にA言語・文化を，他のB言語・文化に翻訳すると，その結果として，AでもBでもないCができていく，ということである。そして，そのできあがっていくCは，その意味内容が正確に確定されない，ということである」[3]。そして「受け取ら

―――――――――
3）　柳父章『近代日本語の思想——翻訳文体成立事情』法政大学出版

154

れた異文化は，やがて，受け取った側の土着の文化と融合して，元の原型とも，土着の文化そのままとも違った，いわば第三の文化をつくりあげていく」[4]のである。

　そうであるとすれば，翻訳は単に原典あるいは原作の意味を正しく理解し，それを他の言語に置き換えて伝達するだけの行為や作業ではあり得ない。フランスの翻訳研究の第一人者であるアントワーヌ・ベルマンが言うように，「言語と言語の間にはいかなる等価物も現実には存在しない」以上，「翻訳は等価物の探求ではなく，両言語の類縁性に向かう運動であるということだ。翻訳はこの類縁性を想定するのではなく生み出す。その意味で翻訳は，書かれたものの領域において一つの言語が経験しうる最大の激変である」[5]。一般的常識的な翻訳観によると，Ａという言語で書き表わされた作品の「意味」は，特殊的言語の「文字」を超えて普遍＝不変的であり，翻訳はその普遍＝不変的な「意味」を，Ｂという別の特殊言語の「文字」に変換する作業であると考えられているが，ベルマンはこのような考え方を「翻訳におけるプラトン主義」[6]と称して，厳しく批判している。彼によれば，「翻訳は意味 sens の〔文字からの〕解放である限り，翻訳語の内にシニフィアンとシニフィエとのある異なった関係を，意味の観念性が今や最も重要となるような関係を生み出すのである」[7]。したがって，それは原作を「異化する」作業であり，また「作品の 変 態 」でもあることになる。翻訳においては

局，2004 年，166 頁。
　　4)　前掲書，177 頁。
　　5)　アントワーヌ・ベルマン，岸正樹訳『翻訳の時代──ベンヤミン「翻訳者の使命」註解』法政大学出版局，2013 年，60 頁。
　　6)　前掲書，174 頁。
　　7)　同上。

11 原典と翻訳

原文との距離感が大切だと言われる所以である。原文に近すぎると言語上の違和感を惹き起こすし、自国語での通りを重視して意訳しすぎると原文の趣きが損なわれる。このように、翻訳は二つの言語の間の微妙なバランスの上に成り立っている。

翻訳の実際

ジェイムズ・ジョイスの『フィネガンズ・ウェイク』や『ユリシーズ』の翻訳で有名な柳瀬尚紀氏は、『翻訳はいかにすべきか』において、括目すべき実践的翻訳論を展開している。彼は最初に明治の文豪たちの翻訳観を紹介しているが、とりわけ二葉亭四迷の「余が飜譯の標準」に特別な注意が向けられている。「飜譯は如何様にすべきものか」といえば、ツルゲーネフの「あひゞき」の名訳者でもあった二葉亭四迷は、「苟くも外國文を飜譯しようとするからには、必ずやその文調をも移さねばならぬと、これが自分が飜譯をするについて、先ず形の上の標準とした一つであつた」と喝破する。彼によれば、「外國文を飜譯する場合に、意味ばかりを考へて、これに重きを置くと原文をこはす虞がある。須らく原文の音調を呑み込んで、それを移すようにせねばならぬ」。翻訳者は原文に対する尊敬の念を抱き、「一字一句と雖も、大切にせなければならぬ」[8]という。

柳瀬氏のその書には、翻訳についての森鷗外の見解も紹介されている。江戸後期の儒学者・医者である伊澤蘭軒を論

---

8) 二葉亭四迷「余が飜譯の標準」, 柳瀬尚紀『翻訳はいかにすべきか』岩波新書、2000年、206-210頁に収録されている。ここでは、206-208頁から引用。

翻訳の実際

じた同名の史伝において，明治の文壇におけるこの大巨匠
は，「西洋の學者 及 日本往時の洋學者は精細で，日本近時
の洋學者は粗漏である。彼は眞に西洋の書を讀み，此は僅
に翻譯書を讀むが故である」[9]，と述べている。柳瀬氏は鷗外
訳『ファウスト』や『マクベス』よりも，この史伝を翻訳の
範として読むそうであるが，鷗外の批判を持ち出すまでもな
く，往時の学者が洋の東西を問わずおしなべて精細であった
のに対して，近時の学者は洋学であろうとなかろうと，総じ
て粗漏であることは間違いない。もちろん，柳瀬氏や須山静
夫氏のようなケースもあり[10]，十把一絡げに断じることは慎
まれなければならない。

　翻訳者がいかに誤読や誤訳に陥りやすいかは，須山氏の著
書『クレバスに心せよ！』の書名が暗示している。シュール
レアリスム詩の紹介で昭和の文壇に大きな影響を与えた堀口
大學も，翻訳面で大きな業績を挙げた人であるが，彼もま
た，「原書は飜譯者にとっては，ただ一面の陷穽以外の何も
のでもない。彼はその中を抜き足，さし足，然も隅から隅ま

　9）　柳瀬尚紀『翻訳はいかにすべきか』，64 頁の引用。なお，『鷗外全
集』第 17 巻『伊澤蘭軒』（岩波書店，1973 年），626 頁を見ると，引用した
箇所に続けて，「眞の蘭學者は和漢の學力を以て蘭書に臨まなくてはならぬ
と云つた。榛軒は蘭方の快速と新奇とに惑されむことを惧れ，又飜譯書を
讀んで自ら足れりとする粗漏なる學者に誤られむことを憂へた。」とある。
うべなうかなである。
　10）　須山静夫氏はアメリカ文学者で，みずから小説も書いたが，とく
に翻訳作業に並々ならぬ心血を注いだ人である。その成果は 15 冊の単独訳
書に結晶しているが，最晩年の論説・随筆集『クレバスに心せよ！──ア
メリカ文学，翻訳と誤読』（吉夏社，2012 年）は，氏独自の翻訳論をその
実践の現場から報告したものとして一考に値する。なお，須山氏について
は，尾崎俊介『S 先生のこと』（新宿書房，2013 年）が貴重な証言を提供
してくれる。

157

で歩き廻らなければならないのだ」[11]，と述べている。

　誤読・誤訳の一番の原因は，語学力不足と専門知識の不足であるが，もう一つの大敵は，先入観からくる思い込みである。先述の須山静夫氏は，みずからの翻訳実践の経験に照らして，先入観を打ち破ることの難しさを，痛恨の思いで告白している。曰く，

　　　そもそも翻訳をしていて，どうもちょっとおかしいが，これでいいだろう，とか，こういう訳文になるよりほかないだろう，とか，そんなふうに感じたときには，そこは誤訳しているのだ，と思わなければならない。「だろう」という言葉は自己弁護に過ぎない。自己弁護はなんの役にも立たない。ということがわかっていても，それでもなお先入観を打ち破ることは非常にむずかしい。[12]

　誤字・脱字・遺漏などケアレスミスは，翻訳にはつきものであるが，それとは少し違うレベルにあるのは，前後の文脈から正確に読み取る思考力・分析力の不足による誤訳である。一例をあげると，"Wie die ganze Kirchengeschichte mit jenem Jahrhundert unter neue Bedingungen tritt ..."というドイツ語の文章を，英訳者は "With the nineteenth century Church History entered upon a new phase of existence"と訳している[13]。これは原文で直前に置かれている "bis zum 18.

　11）　柳瀬尚紀『翻訳はいかにすべきか』，114頁からの孫引き。
　12）　須山静夫『クレバスに心せよ！』，49頁。
　13）　ドイツ語原文は，Ernst Troeltsch, *Die Soziallehren der christlichen Kirchen und Gruppen* (Tübingen: J. C. B. Mohr [Paul Siebeck], 1912), 965. 英訳書は *The Social Teaching of the Christian Churches*, tr. Olive Wyon (London: George Allen & Unwin and New York: Macmillan Co., 1931), 991.

Jahrhundert"（18世紀に至るまで）を "as far as [the end of] the eighteenth century"（18世紀［の終わり］まで）の意味に解したため，原文では18世紀を指している「かの世紀とともに」（mit jenem Jahrhundert）を，「19世紀とともに」と訳してしまったのである。しかし，ヨーロッパの教会史全体が新しい諸制約の下に突入した時期を，18世紀とするのと19世紀とするのでは，実に大きな内容的相違が生じる。だがこの種の誤訳は原典と翻訳を見比べて注意深く読む人でないと発見できない。われわれが翻訳のみに依拠せず，たえず原典あるいは原文を参照しなければならない所以である。

「文人の翻訳」と「学人の翻訳」

　「翻訳はいかになされるべきか」を考える上で，きわめて有意義な見解を含んでいるのは，ドイツ文学者の大山定一氏（1904-74）と中国文学者の吉川幸次郎氏（1904-80）という，当時の京都帝国大学文学部の二人の講師の間で交わされた，『洛中書問』と題されたやり取りである。大山氏がゲーテの「旅びとの夜の歌」（Wanderers Nachtlied）を日本語に翻訳したものに対して，吉川氏が鋭い疑問を呈したことから二人の間の論争が誌上で始まった。

　吉川氏は，文学の研究と語学の研究を区別し，「翻訳というものは，要するに方便であり，童蒙に示すためのものである」，「外国文学研究の正道は，あくまでも原語についてなされるものでなければ」ならず，したがって「原文のもつだけの観念を，より多からずまたより少からず伝える方が，童蒙

11 原典と翻訳

にはむしろ便利」[14]ではないか，と論じた。これを受けて大
山氏は，翻訳文学の文学性を主張する返書を書き送る。

　……翻訳が真実な外国文学研究と何の深い関係もないと
いう点では，僕も貴説に賛成ですが，翻訳が童蒙に示す
ための方便であり，結局原作の持つ観念をより多からず
より少からず伝えなければならぬとする所は，ついてい
くことが出来ません。一体，外国文学の翻訳はどういう
ものが最も立派な仕事であったでしょうか，僕はそれを
考えてみたいのです。まず鷗外や二葉亭の仕事の中心が
どこにあったかを考察してみたい。要するに僕は，翻訳
文学というものは今日当然書かれていなければならぬ文
学作品を，言わば翻訳という形で示したものと考えたい
のです。単なる文学の翻訳ではありませぬ。僕は僕の所
謂翻訳文学がなくなってしまって安易な文学の翻訳にか
わったことが，今日の外国文学翻訳書のつまらなさでは
ないかという気がいたします。外国文学研究家がただ外
国語が読め，外国の事情の一端を知っているという理由
から，文学作品の内容を多からず少からず正直につたえ
ただけのものになっては，翻訳という仕事は所謂通弁
の仕事であって，随分くだらぬものと言わねばなりませ
ん。ルターは聖書の翻訳にあたって，こう申しておりま
す。ただギリシア語が読めラテン語が出来るから，聖書
の翻訳が出来るというものではない。翻訳家に最も大切
なものはまず第一に路傍の名もない人間の口つきを見る
ことだ。即ち，ルターは真実の翻訳家にとっては専門の

---

14)　大山定一・吉川幸次郎『洛中書問』筑摩書房，1974 年，10 頁。

「文人の翻訳」と「学人の翻訳」

外国語の知識よりも却って自国の言葉の新鮮な生命が大切であると申したのです。[15]

　大山氏はいわゆる「文人の翻訳」を主張する立場であり，これによれば翻訳といえども文学である以上，文学性・芸術性を重んじなければならない。曰く，「僕が翻訳の問題を考えたい要の中心を一言で申せば，詩の翻訳は《詩》でなければならぬ，戯曲の翻訳は《戯曲》でなければならぬ，同様に小説の翻訳は《小説》でなければならぬ，ということに尽きるのであります」[16]ということになる。

　かたや吉川幸次郎氏は，いわゆる「学人の翻訳」を断固主張する。

　　……鷗外，二葉亭のような翻訳もあってよろしいわけであります。僕は決してそのような翻訳の存在を否認しません。それはそれで存在の理由があります。……しかしながら，それは学人の翻訳ではありませぬ。文人の翻訳であります。……

　　学人の翻訳は，それとは道を異にすべきであります。それは真実の掩蔽を悪む精神が，すみずみ迄もみなぎり渡ったものでなければなりません。原文の包含する限りのものを，縦にも横にも探索し尽した上，それを前の手紙でも申したように，「原文のもつだけの観念を，より多からずより少からず伝え」得べき国語に定着させたものでなければなりません。いや，観念といったのは狭隘

---

15)　前掲書，11-12 頁。
16)　前掲書，56 頁。

161

11 原典と翻訳

でありました。広く原語が帯びるだけのものを，つまり
もとの言語がその言語の世界の中で象徴せんとするだけ
のものを，同じ比率で国語の世界で象徴し得る国語，そ
れを探索することでなければなりません。[17]

そして，詩を含む文学作品の翻訳の文学性にどこまでも拘
る大山氏に対して，より逐語訳的な翻訳の意義を唱えて曰
く，

また原文よりも，より以上の明晰度を，またより以上の
文学性を，注入しようという意識は，文士の翻訳として
はともかく，学人の翻訳としては，殊に抑えられるべき
でありましょう。それは真実の掩蔽であり，学人として
は，莫大の罪だからであります。[18]

そこから，大山氏の考えに異を唱えて，翻訳家はむしろ通
弁に徹すべきだと言う。

来翰にはまたいわれます。「……通弁の仕事はただ機械
のように言葉をつたえるだけのものでしかない。……そ
とに現れた言葉をただ表面的に等量な他の言語にうつす
のが通弁であります。」……しかし言葉の背後にあるも
のを，意識的無意識的につかまずして，通弁がつとまり
ますか。言葉のかげなる愛情，うしろなる人格，それを
伝え得ないような機械は，粗悪な機械です。われわれは

---

17) 前掲書，39-40 頁。
18) 前掲書，41 頁。

162

精密機械の可能を信じ，その製作にこそ邁進すべきではないでしょうか。われわれは，翻訳家としてはむしろあくまで機械であるべく，通弁であるべきです。[19]

翻訳のあり方をめぐる二人の碩学の壮年時の論争は，どちらが正しいというものではなく，それぞれの主張に真理契機があるが，それは翻訳者が心掛けるべき要点を剔抉したものとして，いまでもその価値を失っていない。

文化の翻訳

最後に，翻訳という営みの文化的意義について少し考えてみたい。

翻訳のもつ文化的意義としてしばしば挙げられるのは，宗教改革者ルターによってなされた聖書の翻訳事業である。すなわち，ルターが新約聖書をギリシア語原典から（1522年），旧約聖書をヘブライ語原典から（1534年），ドイツ語に翻訳したことは，ドイツ文学史ならびに文化史において画期的な意味をもつ。なぜなら，ルターはこの翻訳事業によって，「さまざまの方言に分かれていて統一的な文章語をもたないドイツに，苦心して全ドイツ人に理解できるような新時代の文章語をつくった」[20]からである。のちにレッシングやゲーテが成し遂げるドイツ文学上の偉業は，ルターによる新高ドイツ語の整備・統一によってはじめて可能となったと言っても過言ではない。まことに「翻訳は文化を変え，それによっ

19）　前掲書，76頁。

20）　手塚富雄・神品芳夫『増補　ドイツ文学案内』岩波文庫，1994年，42頁。

11 原典と翻訳

て歴史を変える力をもつ」[21]のである。

日本の近代化にとっても，翻訳が果たした役割は計り知れない。幕末から明治の初めにかけて，日本人は翻訳を通して西洋の文物を自国に取り入れた。それは単なる言語的テクストの翻訳にとどまらず，「文化の翻訳」をも含むものであり，その意味で森鷗外を「文化の翻訳者」と呼ぶことは，きわめて正鵠を射ているといえるであろう[22]。

ところで，これまでわれわれはもっぱら輸入者の立場で翻訳を考えてきた。つまりインドや中国のものであれ，あるいはヨーロッパやアメリカのものであれ，外国の文学や哲学や思想をいかに日本語に翻訳するか，という視点からのみ考察してきた。実際，われわれがそこから多くを学んだ柳瀬尚紀氏の議論も，「翻訳は，日本語という一国語の圏内における営みである」と喝破し，「一国語の質の善し悪しがすべてだ」[23]と断じている。山岡洋一氏が「翻訳とは，原文の意味を読み取り，読み取った意味を母語で表現する作業である」[24]とか，「翻訳の秘訣，それは完成度の高い日本語で書くようにつとめることである」[25]と言うときにも，そこで意図されている翻訳は，外国語の文章を自国語に翻訳する作業のことである。あくまでもこの意味に限定してとらえれば，翻訳に必要な三つの技術は，「外国語を読む技術，内容を理解する

---

21) 山岡洋一『翻訳とは何か──職業としての翻訳』日外アソシエーツ，2001 年，104 頁。

22) 丸山真男・加藤周一『翻訳と日本の近代』岩波新書，1998 年，および長島要一『森鷗外──文化の翻訳者』岩波新書，2005 年参照。

23) 柳瀬尚紀『翻訳はいかにすべきか』，2-3 頁。

24) 山岡洋一『翻訳とは何か』，100 頁。

25) 前掲書，108 頁。

技術，日本語を書く技術」[26]であり，そのうちで最も大切なものは，日本語を書く技術である。なぜなら，外国語を読む技術と内容を理解する技術は，翻訳者に求められる必須要件（sine qua non）ではあるが，翻訳者が売っているのは，この二つの技術そのものではなく，それに基づいて作り出される訳文だからである。翻訳はまた，外国の優れた文物や有用な情報を日本に伝達することを目的にしているので，外国の文化や情報を「学び，伝えるという観点がなければ，翻訳は成立しない」[27]こともたしかである。

　しかしながら，翻訳を外国語から日本語への一方向に限定して議論する時代は，もはや過ぎ去りつつあるように思われる。21世紀のわが国の人文学が直面しているのは，むしろ逆方向における「翻訳」の問題である。つまり，日本語で考えられたり書かれたりしたものを，いかにして外国の言語に翻訳して伝えるかという問題である。換言すれば，受信のテクニックの一部としての翻訳ではなく，発信のテクニックの一部としての翻訳である。人文学にかぎらず，日本人の学者の受信機能がきわめて優れていることは，すでに世界がよく承知しているところである。しかしそれと驚くほどアンバランスな関係にあるのは，とりわけわが国の人文学者の発信機能の貧弱さである。自然科学の分野ではいまやほとんどすべての研究発表が英語でなされ，日本人の学者も諸外国の学者に伍して大いに健闘している。ところが，人文学の分野に目を転ずると，言語の高い壁が立ちはだかり，いまだに大きな困難が横たわっている。ここには人文学に占める言語の比重

---

26)　前掲書，141頁。
27)　前掲書，150頁。

11　原典と翻訳

の圧倒的大きさがある。そのため通常の日本人にとって，研究成果を外国人が理解できるような外国語で発表することは，なかなか容易ならざる課題なのである。

　われわれ日本人が母語で考えたことを外国語で表現しようとする場合，実際にはこの逆方向の翻訳のプロセスが進行している。しかし柳瀬氏や山岡氏など一流の翻訳者が口を揃えて主張するように，翻訳の一番のポイントは，原作の言語（翻訳元の言語）を読解する能力・技術ではなく，翻訳言語（翻訳先の言語）を書く能力・技術である。そうであるとすれば，この逆方向の翻訳は最初から大きな壁に突き当たらざるを得ない。翻訳者にとって翻訳先の言語はあくまでも外国語であるので，母語としての日本語のように自由自在に操れないからである。実際，究極的には，翻訳はその訳語を母語としている人によってしか――あるいは少なくとも彼らの手助けなしには――なされ得ない[28]。とはいえ，現代の日本が明治の頃とは違った意味で「翻訳」問題をかかえていることは事実である。それゆえ，日本語と外国語の間の「深い淵」[29]

---

　28)　但し，明治の先哲の偉業に接すると，必ずしもそうとは言い切れない。例えば，巻末の年表に示したように，新渡戸稲造の『武士道』（1899年），岡倉天心の『茶の本』（1906年），内村鑑三の『余は如何にして基督信徒となりし乎』（1895年）と『代表的日本人』（1908年）は，いずれももともと英語で書かれている。つまり，彼らは自分の頭のなかで翻訳作業を行って，日本の伝統や文化を英語で表現し，立派に発信機能を働かせているのである。もちろん，3人ともクラークやフェノロサのような渡来米国人から直に学び，長期の欧米視察や米国留学を経験している（新渡戸は米国人女性と国際結婚すらしている）。しかし彼らにかぎらず，年表に名前を記した明治・大正・昭和前期のわが国の代表的知識人たちは，それぞれ豊富な留学体験をもっており，かなりの発信機能も磨いていたことは注目に値する。わが国の代表的知識人たちの欧米留学に関しては，拙著『欧米留学の原風景――福沢諭吉から鶴見俊輔へ』知泉書館，2016年参照。

　29)　柳父章『近代日本語の思想』，223頁。

166

文化の翻訳

を越えて言語と文化の移転（トランスファー）と変態（メタモルフォーズ）に努めることは，われわれに課された重要な人文学的な課題と言えるであろう。

12

文献学と解釈学

　人文学なる学問は，われわれが見てきたように，古くは自由七学芸として営まれ，近時は《哲・史・文》から構成される文学部の諸分野をほぼカバーする。哲学と歴史学と文学では，その実質において随分違いがあるように思われるが，そのように見えるとすれば，それはわれわれが《専門主義》の陥穽に陥っているからかもしれない。しかし「専門の研究は，近視眼的になることをさけられないようなものではない。また専門の研究にとどまれば，無意味に現実が二重映しになるようなものでもない」[1]。われわれが人文学の現今の危機的状況（人文学の終焉）から出発し（第1章），古代ギリシアにおける学知の誕生（第2章），ヨーロッパ的教養の伝統（第3章），中世における大学の誕生（第4章），ルネサンスの「フマニタス研究」（第5章），フンボルト的大学の理念（第6章）という順に，ヨーロッパにおける知の歩みを大摑みに辿ってきたのは，そのような専門主義に特有な近視眼的な見方を克服すると同時に，人文学という学問がすべての学問の基礎にある，最も基本的な学問であることを示すため

---

　1)　エルンスト・トレルチ，森田雄三郎・高野晃兆訳『キリスト教の絶対性と宗教史』，『現代キリスト教思想叢書2　トレルチ／ケーラー／ヘルマン』白水社，1974年，56頁。

168

であった。実際，あらゆる学問の基礎には人文学がある。そしてすべての学問に通底するのは，人文学の共通の作法たる「文献学」と「解釈学」である。最初に広辞苑に従っておおまかに規定しておけば，前者は「文献の原典批判・解釈・成立史・出典研究を行う学問」であり，後者は「解釈の方法や理論を取り扱う学問」，より具体的には，人間精神の産物を了解するための「解釈の方法・規則・理論の学」である。

フィロロギーと文献学

文献学を「文献の原典批判・解釈・成立史・出典研究を行う学問」として捉えるのは間違いではないが，それだけでは文献学の精髄を理解したことにはならない。「文献学」という名称は，多くの学問のそれと同じように，明らかに翻訳語であり，これはフィロロギー（Philologie）を翻訳したものである。この分野における学問的大成者として名高いのは，この道の大家フリードリヒ・アウグスト・ヴォルフの衣鉢を継いだアウグスト・ベークであり，彼の『文献学的諸学問のエンツィクロペディーと方法論』*Encyklopädie und Methodologie der philologischen Wissenschaften*（初版 1877 年，第 2 版 1886 年）[2]は，この分野の規範的書物と見なされている。それゆえ，以下では，それに従ってフィロロギーについて説明しようと思う。但し，最初から「文献学」としてしまうと，議論が見えにくくなるので，ひとまず翻訳語を意図的に回避して，まずは原語の「フィロロギー」に押し戻して理

---

2) アウグスト・ベーク，安酸敏眞訳『解釈学と批判――古典文献学の精髄』（知泉書館，2014 年）は，この書の 260 頁までの部分（序論と第一主要部）を翻訳したものである。

12 文献学と解釈学

アウグスト・ベーク
（1785-1867）

解してみよう。

ドイツ語の「フィロロギー」（Philologie）は，ラテン語の「フィロロギア」（philologia），さらにギリシア語の「フィロロギア」（φιλολογία）に遡る。フィロロギアはφιλο-（～を愛する）とλόγος（言葉，言論，道理，理性）からできているので，文字通りには「言葉を愛する」という意味であるが，そこから「議論好き，学問好き」を表わし，日本語の「文献学」の語感から連想されるような，文献とかテクストへの関わりを示唆するものでは必ずしもない。むしろロゴスとソフィア（知恵）の類縁性を考えると，フィロロギアから淵源する文献学と，フィロソフィア（φιλοσοφία），つまり「愛知の学」としての哲学とは，語源的にはかなり近しい関係にあるとも言えるのである。このような親近関係は，翻訳語のみで作業している人には見えてこない。文献学と哲学の間には，日本語の語感としては，いかなる類縁性も感じられないからである。前章で述べたように，だからこそ人文学は原典を重んじなければならないし，つねに「源泉へ」（ad fontes）と立ち返る必要があるのである。

さて，ベークが述べるところでは，フィロロギーについて

170

は，従来大きく分けて6つの異なった捉え方が存在する。だが，そのいずれにも難点があるという。

（1）最も広く普及しているものに，フィロロギーは「古典古代学」（Alterthumsstudium）であるという考え方がある。しかし，それは語源上フィロロギーと異なり，習慣上もフィロロギーに事実上属するあらゆる研究分野を網羅しない。Alterthumsstudium は，ギリシア語の ἀρχαιολογία（古物学）にあたるが，これは φιλολογία とは別物である。フィロロギーの対象は必ずしも古代に限るべきではなく，中世も近世もこれに入りうる。それに，古物学は古物に関する知識の集積にすぎず，そこには学問的統一がない。さらに言えば，フィロロギーの対象をギリシア・ローマの古典古代に限るのは恣意的である。そのような考え方は，ヘブライ，インド，中国などの，東洋的なフィロロギー一般に照らして維持できない。

（2）フィロロギーを「言語研究」（Sprachstudium）と同一視する考え方も，巷間に広く行き渡っているが，Sprache（言語）は Glossa（γλῶσσα 舌）であって，Logos（λόγος）ではない。フィロロギーは，単に言語のみを取り扱うのではなく，内容たる思想も取り扱う。言語の研究は，フィロロギーの一部，それも必ずしも大部分ではなく，あくまで一部分にすぎない。

（3）取り扱う内容が広汎であるところから，フィロロギーを Polyhistorie（博覧）と同一視する考えがあるが，それはなんの統一性も有しておらず，決して学問的概念と見なすことができない。単なる多知多識が学問でないことは，すでにヘラクレイトスも「博学は精神を生み出さず」（πολυμαθίη νόον οὐ φύει）と述べている。

（４）このような漠然とした見方とは違って，Kritik（考証，批判）こそをフィロロギーの専一的な課題と見なす見方がある。理性的な判断によって，真偽を鑑別し，考証するのは，博覧に比してはるかに学問的である。しかしそれはフィロロギーの形式的一面にすぎず，決してその全体ではない。かつまた，それは単なる Fertigkeit（熟練），あるいは Kunst（技術）であって，学問ではない。

（５）ひとはしばしばフィロロギーを，部分的に「文学史」（Literaturgeschichte）と同一視する。しかし文学史は書物の形式の認識であり，フィロロギーの主要部をなすとはいえ，全体をカバーするものではない。カントはフィロロギーを「書物と言語についての批判的な知識」と定義しているが，この定義は経験的に正しくない。そのような知識は，学問的な連関を欠いた雑多な事物の集合についての情報にすぎないからである。

（６）多くの人はまた，フィロロギーを「人間性の研究」（Humanitätsstudium）として捉える。だがこの定義も非学問的であり，漠然としている。それはフィロロギーが純粋な人間性の形成に役立つという，その研究の実際的な有益性を引き合いに出すが，それだとフィロロギーは単なる手段と見なされていることになる。人文主義的教養は，フィロロギーの研究の結果であって，決してフィロロギーの内実ではない。

このように，ベークは従来さまざまに定義されてきたフィロロギーの概念を批判的に吟味した上で，いまやフィロロギーの本来の任務を「人間精神から産出されたもの，すなわち，認識されたものの認識」（das Erkennen des vom

フィロロギーと文献学

menschlichen Geist Producirten, d.h. des Erkannten)[3]として捉え直す。すなわち，フィロロギーには，その再認識すべきための与えられた知識が，前提されている。かくして，一切の学問の歴史は，フィロローギッシュである。しかも，フィロロギーと歴史の関係は，単にこれにとどまらず，フィロロギーは，広義の歴史と密接な関係を有するものと考えられる。フィロロギーは，認識された歴史を対象とする。それは「出来事に関する伝承の復原」を目的としており，単に「出来事の叙述」を任務としてはいない。歴史記述はフィロロギーの目的ではなく，歴史記述のなかに貯蔵されている「歴史的知識を再認識すること」こそ，その目的とすべきである。しかし，フィロロギーと歴史のこうした区別は，実際上はなかなか困難である。歴史が根本資料を取り扱うかぎり，それはフィロローギッシュだからである。一般的に考えると，フィロロギーは，認識されたものの認識（Erkenntniss des Erkannten）といえるが，この認識されたもののなかには，人間の文化生活の一切の所産の，一切の表象が含まれる。このようにして，所与の認識というものの存在を前提とするところから，フィロロギーは報告なくしては成立しない。すなわち，語られたり書き記されたりした言語を研究することが，フィロロギーの最初の職能となるのである。

　フィロロギーの職能の本質をこのように考えると，従来の学説が有する意義も明瞭となる。すなわち，認識の最も一般的な道具が言語であるので，フィロロギーは「言語の学」

　3）　August Boeckh, *Encyklopädie und Methodologie der philologischen Wissenschaften*, herausgegeben von Ernst Bratuscheck, und besorgt von Rudolf Klussmann (Leipzig: Druck und Verlag von B. G. Teubner, 1886), 10. 邦訳書，16 頁。

173

12 文献学と解釈学

（Sprachwissenschaft）であると考えられる。近世はなお生産
の過程にあるのに対して，古典古代は遠く隔たっており，理
解しがたく，また断片的であって，再構成されることを最も
必要とする。これが「古典古代学」と考えられた所以であ
る。何らその対象を限定しないところから，フィロロギーは
おのずから「博覧」となる。文学はフィロロギーの主要資
源であるところから，「文学史」がフィロロギーと同一視さ
れる。人文主義が目的とする人間的教養の内容は，フィロロ
ギーによって得られるので，両者は同一視される。このよう
に，これらの一面的なフィロロギー観は，いずれもフィロロ
ギーの概念のうちに，そのところを得るのである。

さて，以上でベークによるフィロロギーの説明はひとまず
終わりにするが，このような学問あるいは学問分野が，わが
国では「文献学」という用語に置き換わっているのである。
わが国でこの「文献学」を広めるのに最も貢献したのは，お
そらく芳賀矢一（1867-1927）である。そもそも Philologie
に「文献学」という訳語を充てて普及させたのも芳賀であ
る。彼は明治 32（1899）年から明治 34（1901）年まで本場
ドイツに留学して，フィロロギーなる学問をみっちり叩き込
まれ，帰国して東京帝国大学の教授に就任した。ちなみに，
夏目漱石とは同い年で，漱石が講師をしていた時にすでに教
授として教えている[4]。死後門人たちによって出版された『芳
賀矢一遺著』[5]は「日本文獻學」，「文法論」，「歴史物語」から

---

4)　芳賀矢一による我が国へのフィロロギー移入に関しては，小西甚
一『日本文藝史　別巻　日本文学原論』笠間書院，2009 年，3-7 頁参照。

5)　拙著『欧米留学の原風景——福沢諭吉から鶴見俊輔へ』知泉書館，
2016 年，167-197 頁参照，さらに芳賀矢一『日本文獻學／文法論／歴史物
語』冨山房，1928 年。

174

成っているが，第一の部分は，「日本」という限定つきであるものの，本邦初の本格的な文献学講義を活字にしたものである。

解釈学とは何か

次に，解釈学について話を移すが，これはもともと文献学の一部として発展してきたものである。てっとり早く広辞苑を引くと，次のような説明が施してある。

【解釈学】〔哲〕（Hermeneutik ドイツ）解釈の方法や理論を取り扱う学問。元来文献学の方法として古代ギリシア以来発展したが，教父時代以後，聖書の象徴表現の解釈として方法化された。近代に至って，シュライエルマッハーを介し，ディルタイは一切の人間精神の産物を体験の表現として捉え，それを了解するための解釈の方法・規則・理論の学としての解釈学を唱え，これを精神科学の基礎的方法とした。現代哲学では，文化一切をテキストと見なし，しかもそのテキストは人間の限りない解釈可能性を許容するものであるというテキスト解釈学が企てられている。

実に簡にして要を得ているが，若干敷衍してさらに説明すると，「解釈学」（Hermeneutik）という名称は，語源的には「解釈の技術」（ἑρμηνευτικὴ τέχνη）に遡る。ヘルメーネウティコス（ἑρμηνευτικός, ή, όν）の名詞形のヘルメーネイア（ἑρμηνεία）は，「解釈」（interpretation; explanation）という意味である。ベークが語っているところに従えば，この言

175

葉は，オリュンポスの 12 神の 1 柱ヘルメース（ヘルメアス）
（Ἑρμῆς [Ἑρμέας]）を連想させるが，同じ語源に発してい
ると考えられる以外には，明確な連関は見出せない。神ヘル
メースは冥府の神々に属しているが，この神々の使者はデー
モンと同様，神々と人間との間の仲保者として現われる。彼
は神的な思想を明示し，無限的なものを有限的なものへと翻
訳し，神的な精神を感覚的現象へともたらす。ここからヘル
メースは，区別，尺度，特殊化の原理を意味する。かくし
て，意志の疎通に属するすべての事柄，とりわけ言語と文字
の発明もまた彼に帰せられる。なぜなら，これらによって人
間のいろいろな思想が形成され，そうした思想のなかにある
神的なもの，無限的なものが，有限的な形式へともたらされ
るからである。つまり，内的なものが理解可能にされるので
ある。ヘルメーネイアの本質はこの点に存している。

　それはローマ人が elocutio〔言表，表現〕と名づけたとこ
ろのものである。すなわち思想の表現ということ，したがっ
て「理解すること」ではなく，「理解できるようにすること」
である。この言葉の非常に古い意味はこれに結びついてお
り，それによればこの言葉は，他者の会話を理解できるよう
にすること，通訳することである。通訳という語は，すで
にピンダロスの『オリュンピア祝勝歌集』オリュンピア第 2
歌に見出される。ヘルメーネイアは，通訳することとして
は，本質的にエクセーゲーシス（ἐξήγησις）〔説明，解釈〕
と重なり合う。そしてそこにおいては，ヘルメーネイアの再
構成として，理解そのものが問題である[6]。

　解釈学と言えば，今日ではハイデガーとガダマーによる転

───────────
　6）　アウグスト・ベーク『解釈学と批判』，125-126 頁参照。

176

回以後の，哲学的解釈学にもっぱら関心が集中しているが，それは人間存在を含む文化一般をテクストとして捉え，人間の無限の解釈可能性について論ずることを旨としている。しかし解釈学をこのような立場に限定してしまうと，シュライアマハーからベークやドロイゼンを通ってディルタイへと至る豊かな水流——フリトヨーフ・ローディはこれを「ベークとドロイゼンを経てディルタイへと至るシュライアマハーの道」[7]と名づけている——を，あらかじめ遮断してしまうことになる。拙著『歴史と解釈学——《ベルリン精神》の系譜学』（知泉書館，2012年）は，このような一面的な解釈学理解に警鐘を発し，シュライアマハーからディルタイへと至る「ロマン主義解釈学」（ガダマー）の真剣な見直しを迫るものであった。ここでその議論を蒸し返す紙幅の余裕はないので，西洋の解釈学にはハイデガーやガダマー以前に，二千数百年におよぶ長い豊かな歴史があること，また東洋にも独自の解釈学が成立する素地があることを，申し添えておきたい[8]。

解釈学の命題

ディルタイは『解釈学の成立』において，「解釈学的方法

---

7) Frithjof Rodi, *Erkenntnis des Erkannten. Zur Hermeneutik des 19. und 20. Jahrhunderts* (Frankfurt am Main: Suhrkamp Verlag, 1990), 7.

8) Hermeneutik/ hermeneutics には，通常，「解釈学」という訳語が充てられるが，しかしこの学術用語は誰によっていつ誕生したのであろうか。それにまた，東洋の伝統には西洋の Hermeneutik/ hermeneutics に相当するものがなかったであろうか。筆者は中国社会科学院の副院長の張江氏によって，中国の伝統のなかには固有の「公共的解釈学」の可能性が秘められており，それは「闡釈学」と称せられるべきものであることを教示された。

の究極の目標は，著者が自分自身を理解したよりもよく著者を理解すること（den Autor besser zu verstehen, als er sich selber verstanden hat）である」[9]という命題を掲げた。この命題は少なくともカントにまで遡るものであるが[10]，これを解釈学の文脈で一つの命題に仕立てたのは，シュライアマハーであった。彼は「一般解釈学」の草稿において，「著者を，著者自身よりも，よく理解するということについて」という命題を，解釈学の課題の一つとして立てている[11]。

　　その頂点において把握された完全な理解は，語り手〔著者〕が自分自身を理解するよりもよく語り手を理解することである。

　　なぜなら，完全な理解とは，一部は語り手自身には意識されていなかったものを，意識へともたらすような語り手の方法の分析であり，また一部には語り手自身そこにおいて区別していないような必然的二重性において，言語に対する語り手の関係を把握することだからである。……[12]

ベークもまた同様に，次のように述べている。

---

9)　Dilthey, *Gesammelte Schriften*, Bd. 5, 331; cf.335.

10)　カント，有福孝岳訳『純粋理性批判 中』（『カント全集 5』），岩波書店，2003 年，28 頁参照。

11)　Friedrich Schleiermacher, *Kritische Gesamtausgabe*, Zweite Abteilung: Vorlesungen, Band 4, *Vorlesungen zur Hermeneutik und Kritik*, herausgegeben von Wolfgang Virmond unter Mitwirkung von Hermann Patsch (Berlin & New York: De Gruyter, 2012), 34, 128.

12)　Ibid., 114.

178

解釈学の命題

著作家は文法と文体論の原則に従って文章を作るが，大抵はもっぱら無意識的に作る。これに対して解釈者は，その原則を意識することなしには，完全には解釈することができない。なぜなら，理解する人はなにしろ反省するからである。著者は生み出すのであり，彼自身がそれについてさながら解釈者として立っているときにのみ，自分の作品について反省するのである。ここから帰結してくることは，解釈者は著者自身がみずからを理解するのとまさに同じくらいだけでなく，さらにより良く理解することさえしなければならない，ということである。なぜなら，解釈者は著者が無意識的に作ったものを，明瞭な意識へともたらさなければならないからである。そしてそのときにまた，著者自身には無縁であった幾つもの事柄が，あるいは幾つもの見込みが，解釈者に開けてくる。解釈者はそのなかに客観的に潜んでいる，かかるものをも知らなければならないが，しかし主観的なものとしての著者自身の意図からは，それを区別しなければならない。[13]

このように，ディルタイが有名にした解釈学の命題は，実はシュライアマハーおよびベークから受け継いだものであることが判明するが，いずれにせよ，この命題の趣旨は，作品の解釈者の理解は原著者自身の理解を超えて進み得るし，また進まなければならないということである[14]。

---

13) ベーク『解釈学と批判』，134 頁。
14) なお，ディルタイが有名にしたこの「解釈学の命題」に関して，国文学者の小西甚一氏も，独自の解釈を展開している。小西甚一『日本文藝史　別巻　日本文学原論』，457-462 頁参照。

179

12 文献学と解釈学

われわれがここでベークの文献学の定義に立ち返ってみても，おそらく不当には当たらないであろう。上で見たように，ベークはフィロロギーつまり文献学を，「認識されたものの認識」(die Erkenntnis des Erkannten; das Erkennen des Erkannten) として捉えた。それはベーク自身が引き合いに出す，《なされたことをなす》(actum agere)，あるいは《判決されたものを判決する》(judicatum judicare)[15]を連想させる定式である。さらに敷衍すれば，それはわれわれが第10章で言及したような，ヘロドトスの《伝えられているままを伝える》(λέγειν τὰ λεγόμενα)，あるいはそのラテン語版の《私は述べられたことを述べる》(relata refero) にも繋がってくるが，こうした知的行為はいずれも単なる反復や再現にすぎないものではない。過去の原作者あるいは原著者が認識したり理解したりしたことを，時間や空間を隔てた現在の解釈者が認識したり理解したりしようと努めるところに，人文学という学問の営みの本質が存在している。そうであるとすれば，人文学は文献学的であると同時に，解釈学的な学問でもあることになる。

古典を学ぶ意義

われわれが古典を学ぶ意義もそこから理解できる。ここでは「古典」の字義に関する議論は一切割愛して，池田亀鑑『古典学入門』に従って，要点だけを述べようと思う。この碩学の国文学者によれば，「古典の概念の中には単に時間的，物質的なもののほかに，それ以上のものがある。すなわち

---

15) ベーク『解釈学と批判』，22頁。

そこには超時間的なもの，精神的なものを認めることができる。『古典』ということばは，単に古代の書物（ブック）を意味するだけでなく，典拠または規範とすべき書籍を意味している」[16]。「古典」というこの言葉は，元来中国の古い典籍に現われ，わが国でもほぼ原義のまま用いられ，明治のはじめに至って，西洋の classic, classique, klassisch などの訳語として定着するようになった。ところで，上記の「古典」を表わす西洋語は，ラテン語の classicus から派生しているが，それは「市民軍の重装歩兵としての装備を自弁できる富がある」ことを意味し，無産者であるプロレタリウス（プロレタリアートの語源）に対比される言葉であるという[17]。古来より古典学的教養を有する者が，社会の上流に属し，かつ「古典学」を修めていることがエリートのしるしであったことは，このことと無関係ではない。

「古典は，長いときを経てふるいにかけられた書物である」[18]。われわれはここで古典を，西洋であればギリシアやローマの時代の，日本であれば奈良時代や平安時代の，書籍に必ずしも限定する必要はない。シェークスピアやゲーテ，夏目漱石や川端康成は，われわれにとってもう立派な古典である。time-honored（昔からの，由緒ある）な，あるいは time-tested（長い使用に耐えた，経験的に有効性の証明された）な作品は，いずれも規範的な特質と意義を有しているからである。これに対して，fashionable（流行の，時代の先端を行

16）池田亀鑑『古典学入門』岩波文庫，1991 年，14-15 頁。

17）南川高志「序　人文学と人文主義のヨーロッパ史——いま問われるべきこと」，南川高志編『知と学びのヨーロッパ史』ミネルヴァ書房，2007 年，6 頁。池田亀鑑『古典学入門』，19 頁参照。

18）鎌田浩毅『座右の古典——賢者の言葉に人生が変わる』東洋経済新報社，2010 年，i 頁。

12　文献学と解釈学

く）な作品のうちの大半は，時代の推移とともに廃れていく
ものである（近年はとくに賞味期限が短い）。古来より古典的
作品を読むことによって，人格の陶冶あるいは精神の修養を
図ってきたことは，意味のないことではない。なぜなら，古
典的特質を具えた作品は，長い「時」の試練をへて生き続け
てきたものであり，人間の永遠性の次元に豊かに作用する力
を有しているからである。

　ひとは実人生の中ではじめて真の人間性を形成するので，
言うまでもなく，孤独な読書によるのみでは幅広い人格は育
たない。「書物はわたしを博学にするが，けっしてひとかど
の人間にはしない」（レッシング）[19]のである。しかし他方で，
書物を読むことなしに豊かな人間性が形成されたためしもな
い。やはり人間形成の王道は，原典によってであれ翻訳に
よってであれ，古今の書物，とりわけ古典的名著をしっかり
と読むことである。もちろんその際に，形式だけではなく，
むしろその心を学び取ることが大事である。「古人の跡をも
とめず，古人のもとめたる所をもとめよ」（空海）という言
葉は，古典を学ぶものにとっての箴言である[20]。ベークがフィ
ロロギーの本務を「認識されたものの認識」として規定する
ときも，おそらく空海のその言葉に通底する精神に立ってい

　19）　LM 17, 7 (An Justina Salome Lessing vom 20. Jan. 1749); B 11/1, 15
(Brief Nr. 11). 1746 年，マイセンの名門ギムナジウムを飛び級で卒業した若
きレッシングは，両親の期待を一身に背負ってライプツィヒ大学の神学部
に進学した。当初は「自分の全幸福は書物のなかにあると確信して」勉学
に打ち込んだレッシングではあったが，やがて「小パリ」といわれたライ
プツィヒの都会生活に目覚め，それまでの読書三昧な生活を捨てて，人生
勉強のために市井に繰り出した。引用した言葉は，母親に宛てた書簡のな
かで，その時の自分の行動をいわば正当化するために綴ったくだりの一部
である。

　20）　池田亀鑑『古典学入門』，230 頁。

182

古典を学ぶ意義

る。古典的教養は，それが単なる百般の過去の知識にとどまり，現代の人間の生に結びつかないかぎりは，単なるペダントリーであって，むしろ人間性を阻害するものともなり得る。古典は現代のわれわれに優雅と指針を与えてくれるが，テクストに息吹を吹き込んでそれが語りかけるのを助勢するのは，あくまでも現在を生きる人間なのである。

13

書籍と図書館

図書館とアーカイブズ

　図書館とは，書籍・新聞・雑誌などの文献資料と，フィルム・録音テープ・レコード・CD・DVD などの視聴覚資料を収集・整理・保管して利用者の閲覧に供する施設のことである。その呼び名は，明治中期に［英］library/［仏］bibliothèque/［独］Bibliothek などの訳語として定着したもので，それ以前には書籍館とも訳されていた[1]。

　図書館と類似した施設に公文書館がある。こちらは，「公記録（public records）またはその他の重要な歴史的文書が保存されている場所」および「そのように保存されている歴史的記録または公文書」を意味する欧米のアーカイブズに相当するものである。アーカイブズ（［英・仏］archives/［独］Archiv/［伊］archivio）は，ギリシア語の ἀρχεῖον [=*town-hall, residence,* or *office of magistrates*][2] を語源とするが，これに

---

　1)　書籍館とは，①図書館の旧称，②1872 年（明治 5 年）文部省が紅葉山文庫・昌平黌等の蔵本をもとに設立した日本で最初の公立図書館（国立国会図書館の前身）のこと。

　2)　*A Greek-English Lexicon*, compiled by Henry George Liddell and Robert Scott, revised and augmented throughout by Henry Stuart Jones (Oxford: Clarendon Press, 1990), 251.

184

ついては，「ある国家の政府の管理のもとに置かれた，国家の特権と組織に関連した文書の体系化された集成」（カール・ツィンカーナーゲル），「本質的に完全な形で行政活動の中で形成された，歴史的状況の証言として用いられる文書化された資料群」（ハインリヒ・アウグスト・エルハルト），あるいは「現存している，または存在していたより広い意味での行政的な目的を持った文書の体系化された集成，したがって行政官によっても，公的機関あるいは私的機関によっても作成されうるものである」（エツィオ・セバスティアーニ）といったような，さまざまな定義がある[3]。

　大濱徹也氏によると，「まさにアーカイブズは，この記憶を呼び戻し，生み育てる記録の倉庫であり，知の宝庫として，国家や民族の歴史を蘇生せしめる器として存在してきた」が，「現在（いま），そのアーカイブズが存在の根拠を問われ，大きな岐路に立たされている」という。「昔時，アーカイブズは王や教会・寺院の権威の象徴であり，その権力を保障する記録の保管庫」であり，「王や聖職者は，アーカイブズに蓄積された知の遺産を独占することで，権力を確保し続けた」のである。しかし時代の変化に伴い，おのずからアーカイブズの存在意義も変わってきている。いまや「アーカイブズが負わされた第一の使命は，国家・コミュニティ・企業・学校など，アーカイブズの存立母体となっている諸組織の記録を体系的に残し，組織の円滑かつ適切なる運営と継続性を保証すること」であるという[4]。

　3）　マリア・バルバラ・ベルティーニ，湯上良訳『アーカイブとは何か──石板からデジタル文書まで，イタリアの文書管理』法政大学出版局，2012 年，15-21 頁参照。

　4）　大濱徹也『アーカイブズへの眼──記録の管理と保存の哲学』刀

13　書籍と図書館

　ところで，図書館と公文書館の相違はどこにあるかといえ
ば，図書館が刊行物を扱うのに対して，公文書館は公的な
文書（特定の誰かを対象に自らの意思を伝達するために記され
たもの。たとえば外交文書や法律）や記録（特定の誰かを対象
とせず，自らのために記されたもの。たとえば日記やメモ）と
いった未刊行の文献資料や視聴覚資料を扱っている，という
点で大きく異なっている。喩えていうなら，法律の原本やそ
の制定の過程で作成された文書や記録を含めて保存・公開す
るのが公文書館，これを収録した『官報』や『六法全書』を
扱うのが図書館ということになる。但し，わが国では公文書
館の整備が比較的近年のことに属するため，とくに古文書や
古記録といった近代以前の文献資料が，図書館で保存・公開
されている例も少なからずみられる。

博物館・美術館

　また，文書的資料とは異なる学術的価値のある物品を収
集・保存する施設としては，各種の博物館がある。博物館に
は自然史・歴史・民族・科学・技術・交通・軍事などの各分
野の価値のある実物資料が収集・展示されている。そのうち
美術品や芸術品に特化した施設は，一般的に美術館と呼ばれ
ている。しかし博物館も美術館も，英語では同じミュージ
アム（museum）──フランス語ではミュゼ（musée），ドイ
ツ語ではムゼーウム（Museum）──である。例えば，大英
博物館は原語で British Museum といい，ルーヴル美術館は
原語で Musée du Louvre という。ちなみに，博物館ないし美

水書房，2007 年，3-5 頁。

博物館・美術館

絵画芸術
（ヤン・フェルメール・ファン・デルフト, 1632-75）

術館を表わすミュージアムは,「ムーセイオン」（μουσεîον：
ミューズ[5]の神殿）という語に由来する。なお, 参考までに

---

5) ミューズとは, 学芸を司る女神のことで, ギリシア語ではムーサ
イ（Μοûσαι）という。ムーサイはゼウスと記憶の女神ムネモシュネーとの
間に生まれた九人姉妹の女神たちで, カッリオペーは叙事詩, クレイオー
〔クリオ〕は歴史, エウテルペイは抒情詩, タレイアは喜劇と牧歌, メルポ
メネーは悲劇, テルプシコレーは合唱隊抒情詩と舞踊, エラトーは独吟抒
情詩と恋愛歌, ポリュヒュムニアーは讃歌または舞踊, ウーラニアーは天
文を司っている。但し, ムーサイの役割が明確に分かれたのは, ヘレニズ
ムないしローマの時代に入ってからである, と言われている。

187

13 書籍と図書館

つけ加えておくと，ドイツのミュンヘンにはアルテ・ピナコテーク，ノイエ・ピナコテーク，モデルネ・ピナコテークという三つの有名な美術館があるが，このピナコテーク（Pinakothek）という言葉は，絵画館（picture gallery）を意味するギリシア語のピナコテーケー（πινακοθήκη）に由来している。また，ベルリンの絵画館（Gemäldegalerie）やドレスデンのアルテ・マイスター絵画館（Gemäldegalerie Alte Meister）なども，ここでいう美術館の範疇に属するが，このギャラリー（ドイツ語では Galerie，フランス語でも galerie，しかし英語は gallery）という言葉は，（教会や城などの）回廊や歩廊を意味する中世ラテン語の galilaea を語源とし，そこから転じて画廊，美術館を意味するようになった。このように，一概に美術館といっても，ヨーロッパ言語に押し戻して考えると，さまざまな位相が浮かび上がってくる。

以上，公文書館，博物館，美術館について考察したが，図書館はこれらのものとは異なる機能と目的を持っている。にもかかわらず，資料の収集・整理・保管・閲覧という点では，図書館はそれらの諸施設とも一脈通ずる性質と機能をもっている。記憶資料や歴史的文化財の保存・管理・公開ということがそれである。

アレクサンドリア図書館

図書館の歴史はほとんど文字の発明と同じほど古く，その起源は記録を残す人間の習性にある。すでに紀元前 3000 年頃に，バビロニアの都市ニップール（今日のイラク南東部の町）の神殿には粘土板に書かれた記録が保存されていた。また，紀元前 7 世紀のアッシリア王アッシュールバニパル 2

世の統治時代，首都ニネヴェには立派な図書館があり，約2万5千枚の粘土板が収蔵されていた。アテナイでは紀元前6世紀，ペイシストラトスが初の公共図書館を作った。また紀元前4世紀のプラトンの学園（アカデメイア）の図書館とアリストテレスの学校（リュケイオン）の図書館は，学術図書館の最古の例であるという点で特別な意義を有していた。しかし古代において最も重要でかつ最も異彩を放っていたのは，プトレマイオス王朝エジプトのアレクサンドリア図書館である。ここには，ナイル川の岸辺に自生する葦で作ったパピルス製の巻子本が数千巻をあったと言われている。パピルスはもろくて保存しにくい反面，ふんだんにあって，手早く簡単に文字を書きつけられる便利な記録用材に加工できた。プトレマイオス王朝の二人の王（ソテルとフィラデルフォス）は，アレクサンドリアにムーセイオンと王立図書館を建造し，地中海世界のいたるところから学者たちを招聘した。王家は巨額の費用を負担して，学者たちが膨大な蔵書のなかで仕事ができるようにし，図書館を王家の管理下にある一種のシンクタンクにしたので，アレクサンドリアは古代世界随一の学術都市へと発展した。エウクレイデス〔ユークリッド〕（Eukleides, 300BC 頃活躍），アルキメデス（Archimedes, c.387-312BC），エラトステネス（Eratosthenes, c.275-c.194BC），ストラボン（Strabon, 64-c.21BC），ガレノス（Galenos, c.129-199）といった名だたる学者たちは，すべてこのアレクサンドリアを活動の舞台としていた。

セプトゥアギンタの翻訳

アレクサンドリア図書館にまつわる最も有名な逸話は，セ

プトゥアギンタ（Septuaginta）と呼ばれる旧約聖書のギリシア語版を翻訳する事業である。初期の図書館活動に関する数少ない資料とされている『アリステアスの手紙』によると，プトレマイオス2世フィラデルフォス（285-247B.C.）は，アレクサンドリア図書館に「トーラー」〔旧約聖書のモーセ五書〕をギリシア語に翻訳して収蔵するために，わざわざイスラエル12部族から各6名の学者を呼び集め，合計72名のユダヤ人学者によってヘブライ語の聖書をギリシア語に翻訳させた。72名全員が隔離されて作業を行ったにもかかわらず，翻訳はまったく同じテクストになったといわれ，これが翻訳の正確さと神の承認を示す証と見なされた。厳密には72名の学者によってなされた事業であるが，語呂の良さから「70人訳聖書」（LXX）と呼ばれるゆえんである（セプトゥアギンタとはラテン語で70を意味する）[6]。なお，この歴史的意義を有する翻訳事業については，ユダヤ人の歴史家フラウィウス・ヨセフス（Flavius Josephus, 37-c.100）も『ユダヤ古代誌』において，詳細に報告している[7]。歴史に「もし」はないと言われるが，しかしヘブライ語聖書からセプトゥアギンタへのこの翻訳事業がなかったとすれば，イエ

6）　セプトゥアギンタの成立史と文献的意義については，*Septuaginta*, ed. Alfred Rahlfs (Stuttgart: Deutsche Bibelgesellschaft, 1979), LVI-LXV 所収の "History of the Septuagint Text" を参照のこと。セプトゥアギンタ（七十人訳ギリシア語聖書）に関しては，国際的な聖書学者である秦剛平氏によって，「モーセ五書」（「創世記」「出エジプト記」「レビ記」「民数記」「申命記」）（河出書房新社，2002-03年：講談社学術文庫，2017）のみならず，「イザヤ書」「エレミヤ書」「エゼキエル書」「十二小預言書」（青土社，2016-17年）が，すでに深い学識に裏づけられた熟れた邦語に訳されている。

7）　フラウィウス・ヨセフス，秦剛平訳『ユダヤ古代誌4』ちくま学芸文庫，2000年，17-42頁。

ス・キリストの登場によって始まるキリスト教の成立もなかったか，あるいは少なくともまったく違った展開になったであろう，と言われるほど，セプトゥアギンタの翻訳は重要である。いずれにせよ，この逸話がアレクサンドリア図書館と密接に結びついていることが，ここでの大事なポイントである。

パピルスから羊皮紙へ

　アテナイ，アレクサンドリアと並んで，古代におけるギリシア文化の中心地であったペルガモン（現在のトルコのベルガマ）の図書館は，羊皮紙（カルタ・ペルガメヌム）の発明によって後世に名を残した。エジプトのプトレマイオス王朝は，アレクサンドリアの卓越性を脅かすロードス島やペルガモンの図書館の発展を阻止するために，パピルスの輸出を禁止したが，そのことが逆にペルガモン人に羊皮紙の発明を促すことになったのである。羊皮紙は丈夫で再利用も可能だったため，その後1000年以上もヨーロッパですぐれた記録用材として利用された。すでに古代において，パピルスと羊皮紙に書かれた文字は，その素材を新しい写本のために活用するために，頻繁に洗い落とされたり擦り取られたりした。もともと書かれていた文字を消して再使用した羊皮紙による写本のことを，パリンプセスト（Palimpsest）という。キリスト教の時代には，教会の書物を書きとめるために古写本が使用されたので，こうしたやり方で多くの古い著作が破壊されたが，逆に，教会の書物をそこから抹消した羊皮紙に，古代の著作家のテクストや他の世俗的書物が書かれてもいる。パリンプセスト上でもともとの文字の痕跡を完全に消すこと

はできなかったので，近代の学者は化学的試薬を用いてこの文字を再現することに成功した。こうして18世紀以降，幾つかの重要な断片がパリンプセスト上に発見された[8]。

中国における図書館

古代の中国でも個人の蔵書として保管したり，あるいは政府の図書館に記録を残したり，書物を収集したりする伝統があった。中国で紙が発明されるのは2世紀になってからなので，それ以前は記録用材としては絹布（けんぷ）が使われることもあったが，より一般的には竹簡（ちくかん）あるいは木牘（もくとく）と呼ばれる，竹（あるいは木）を細長い板状に切りそろえたものを絹糸で綴り合わせたものが用いられていた。紀元前1世紀の記録によると，漢王朝の宮殿内には広大な書庫があり，何千巻もの巻物があったそうである。ヘレニズム帝国の図書館と中国の図書館を比較した場合，前者は既存の知全体を信頼性のあるかたちで再生産して，持ち歩けるようにするために発展したのに対して，後者は知的な伝統が消えたり損なわれたりするのを食い止めるために作られたという違いがある。

7世紀初めに北京近郊で着手された中国房山石経碑刻題記集成は，巨大な図書館と見なし得る。約420万語からなるこの経典は，中国に現存する最も完全で，権威ある仏教経典コレクションのひとつである。但し，ここには一冊の本も巻物もない。その代わりに，ここでは最高の書家によって，2.5センチ四方の文字がびっしり石碑や洞窟の壁に彫り込ま

---

8)　パリンプセストに関しては，アウグスト・ベーク『解釈学と批判』，290-292頁参照。

れている。こうして石に刻まれた経典は，そのまま拓本になり，コピーをつくって信徒に配布された。こうした石の図書館（いわゆる「石碑の森」）は，中国のいたるところで見出される[9]。

中世西欧の修道院

ローマの皇帝たちも帝国内の至るところに図書館を作った。独立した神殿として作られることもあれば，公共の浴場の付属施設としても作られている。そのようにしてギリシア語やラテン語の作品が図書館で保管され，後世に伝えられることになった。キリスト教がヨーロッパを支配するようになると，修道院が数百年にわたって，学問を守り続けただけでなく，主に教会教父のギリシア語やラテン語の著作を保管・筆写・伝承する役目を果たした。つまり古代の文字文化は修道僧のあいだで維持され続けた。

聖書や古代教父の著作，さらに古代の有益な文献を読解したり，それに注解を施したりするためには，そのために用いるテクストが必要であったが，その目的のために修道院のな

---

9) マシュー・バトルズ，白須英子訳『図書館の興亡——古代アレクサンドリアから現代まで』草思社，2004年，54頁。なお，房山石経について若干補足をしておくと，これは北京の西南70キロメートルの北京市地区房山県に位置する中国最大級の石経で，標高450メートルの石経山（旧名白帯山）の山頂付近に掘られた雷音堂（華厳堂）をはじめとした9つの石窟中に収蔵された石経と，谷を挟んで向かい合う山の斜面に建てられた雲居寺に収蔵された石経の総称。経版数は1万5千余版にものぼるといわれている。中村元他編『岩波仏教辞典　第二版』岩波書店，2002年，908-909頁参照。

13 書籍と図書館

筆写する修道士。筆写は修道生活の重要な課題であった。
（Illustrated History of Europe, p.121）

かには，通常，写本室（scriptoria）が置かれていた。この語
は，その目的に設置された部屋だけでなく，書物を製作する
ために働いたすべての人々をも指していた。すなわち，工房
長，写字生，校正者，題字装飾者，画家，彩色装飾者，装丁
者である。数多くの修道士たちが，一冊の書物を作るための
役割を担っていた。書き写すことは，修徳修行の真の一形態
であった。しばしば保存の悪い写本を解読し，それを正確に
転写することは，過酷で賞賛に値する労苦であった。全身を
指の動きに集中させ，絶えず几帳面な細心の注意を払うこと
が余儀なくされた。これは手作業であると同時に，すぐれて
知的な作業でもあった。なぜなら，転写という作業は単に書

194

き写せば良いのではなく，再検討，訂正，照合，批判という
綿密な作業を含んでいたからである。それだけでなく，最良
の写本を探すためには，さまざまな修道院のあいだに，写本
を相互に貸借する関係も築かれなければならなかった。

　このように写本の制作は，修道士にとって，修徳修行のた
めの重要な活動の一環であっただけでなく，修道院にとって
も多くの代価を伴う事業であった。というのは，セネカやキ
ケロの古典のテクストを書き写させるのに必要な羊皮紙を用
意するためには，羊の群れが必要であった。これらの書物の
装丁に必要な大小の動物の皮革を手に入れるために，修道院
はしばしば，鹿や獐や猪などの野生動物に対する狩猟権や，
それが生息する森を所有していたという[10]。

　ともあれ，このような仕方で，ヨーロッパ各地にあるキリ
スト教の修道院を通じて，聖書や教会教父を含む古典古代の
知的遺産が保存・継承されてきたのである。

イスラーム世界における図書館

　図書館建設の意欲は古代の地中海世界で芽生えたが，それ
が豊かに開花したのはむしろ中世のイスラーム世界であっ
た。アッバース朝のバグダードはアラビアの学問・文化の
中心地で，そこには図書館，学校，研究センターを兼ねた
ような「知恵の館」が建設された。書物，図書館，芸術は
アッバース朝のもとで約500年間繁栄した。ムスリム世界

---

　10)　ジャン・ルクレール，神崎忠昭・矢内義顕訳『修道院文化入門
——学問への愛と神への希求』知泉書館，2004年，162-165頁，スチュアー
ト・A・P・マレー，日暮雅通訳『図解　図書館の歴史』原書房，2011年，
44-52頁参照。

13　書籍と図書館

では書物の目利きであることは，知的エリートにとってだけ
でなく商人にとっても必要条件だったため，イスラーム教
徒たちは図書の収集・保管や図書館建設に力を入れた。こ
うしてシリアやペルシア，さらにアラブ人が支配していた
スペインのコルドバやトレドなどにも，何十万冊もの蔵書
数をほこる立派な図書館が建てられた。イスラーム支配下の
スペインには，少なくとも 70 の図書館があったと言われて
いるが，大きな図書館には『アリストテレス全典』（Corpus
Aristotelicum）をはじめ，ギリシアの重要な学術書のほと
んどすべてが，原典であるいはアラビア語の翻訳で収蔵さ
れていた[11]。このようなアラビアの知的文化は，レコンキス
タ[12]や十字軍戦争などを通して，徐々に西欧世界にもたらさ
れ，やがて 12 世紀，13 世紀になると，西欧キリスト教世界
の大々的な知的覚醒を引き起こした。西欧における知識人の
誕生や大学の成立は，こうした知的・文化的運動の具体的発
現と見ることができる。だが，15 世紀の半ば，イベリア半
島からイスラーム勢力が排除されたために，イスラームの図
書館は大きな打撃をこうむった。カトリックのスペインはイ
スラームの書物をことごとく焼き払ったからである。残され
たのは，コルドバとトレドの宗教・研究センターに保管され
ていた，アラビア語の書物をラテン語に翻訳したものだけで

---

11)　リチャード・E・ルーベンスタイン，小沢千重子訳『中世の覚醒
——アリストテレス再発見から知の革命へ』紀伊國屋書店，2008 年，33-44
頁。

12)　キリスト教徒がイベリア半島からイスラーム勢力を排除するため
に行った運動で，717 年に始まり，1492 年，最後の砦であったグラナダ陥
落で完了した。この国土回復運動の過程で，ポルトガル・スペイン両王国
が成立した。

ルネサンスと宗教改革期の図書館

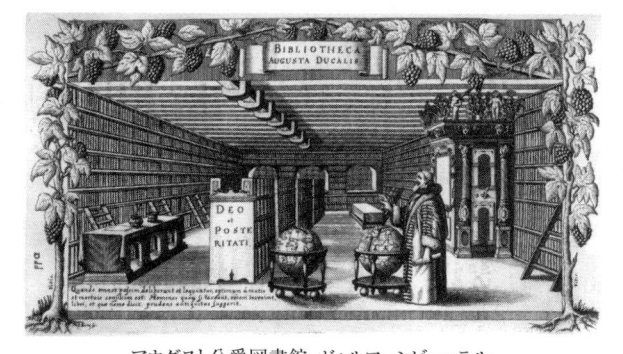

アウグスト公爵図書館, ヴォルフェンビュッテル

あった[13]。

ルネサンスと宗教改革期の図書館

　ルネサンス期の人文学はギリシア・ローマの古典文献を再発見し，それに触発された人文主義の学問への関心，さらにグーテンベルク（Johannes Gutenberg, c.1400-68）による印刷術の発明などが，その後の図書館の規模と役割に決定的な影響を与えた。この時代の学者，哲学者，医師，法律家たちは書物を必要としたが，個人的に十分な中身のある図書館を所有できる者はほとんどいなかった。そのかわり高位の貴族や聖職者たちは，側近や廷臣たちの用に供するために大図書館を建設した。「宮廷図書館」と呼ばれたこれらの図書館のいくつかは，やがて登場する国立国会図書館・大学図書館の基盤となった。「賢明王」として名高いシャルル5世（1338-80）がつくった図書館は，パリの国立国会図書館の礎石と

─────────────
　13）　マレー『図解　図書館の歴史』，68-72 頁参照。

197

なったし，教皇ニコラウス5世（1397-1455）はローマのヴァ
チカン図書館を刷新して，今日の名声の基礎を築いた。スペ
インの王立エル・エスコリアル聖ロレンソ修道院図書館は，
フェリペ2世（1527-98）が創設したものであり，スペイン
帝国の黄金世紀を偲ばせる見事な図書館として知られてい
る[14]。

近現代の図書館

17 〜 18 世紀になると，個人で大規模な蔵書を所有する
愛書家_{ビブリオファイル}（書籍収集家）が現われたが，他方でフランス国立
図書館や大英国立図書館などの近代的な国立図書館も建設
されるようになった。国立図書館は多くの場合，著作権出
版物の受領機関として機能し始めた。大学図書館としては，
1602 年創立のオックスフォード大学のボドリアン図書館や，
1638 年創立のハーバード大学のワイドナー図書館が，その
歴史の古さと蔵書数において頭抜けている。18 世紀後半に
は，有料で書物の閲覧と照会サービスを行う会員制貸出図書
館も一般化した。やがて 19 〜 20 世紀になると，一般市民
が無料で利用できる公共図書館が各地にできた。大英博物
館のなかにも 1857 年に図書閲覧室（Reading Room）が設け
られ，多くの人に利用されたが，とくにカール・マルクス
（Karl Marx, 1818-83）は後半生 30 年以上のロンドン滞在中，
ほぼ毎日のようにここに通い，そこの資料を利用して『資本
論』を完成させたことは良く知られている。

---

14)　同上，106-113 頁参照。および『世界の夢の図書館』エクスナ
レッジ，2014 年，8-13, 20-23 頁参照。

世界各国の国立図書館は（わが国の国立国会図書館も含めて），国内で刊行されるすべての出版物の納本を義務づけている関係もあり，巨大な資料管理・保存センターとなっているが，いまや洪水のように増え続けている書物の整理・分類に頭を悩ませている。世界最大の総合図書館であるアメリカ議会図書館（Library of Congress）は，すでに全長850キロメートルの書架に1億冊以上の蔵書があり，しかも毎日7000冊の割合で増加している。それよりずっと規模の小さいわが国の国立国会図書館でも，蔵書数は1075万冊（平成27年度末時点）を超え，毎日600冊くらい増え続けているという。このように，本は増える一方なので，「大きな図書館はどこでも，売却したり，断裁したり，遠方の保存庫に数100万冊単位で移し替えたりして，たくさんの本を流失させつつある。図書館が直面している問題──スペース不足，資金不足──は切実で，侮りがたい」[15]。

納本制度と国立国会図書館

世界各国で出版された刊行物が，人類共有の知的・文化的資産，その活動の記録として永く保存され，後世に継承されていくために不可欠の制度として，納本制度なるものがあるが，この制度は，フランスのフランソワ1世（在位1515-47）が1537年に出版社に対して王立図書館への出版物の納本義務を課したのがその起源とされている。わが国では，1948年の国立国会図書館法により，国内で発行されたすべての出版物が，国立国会図書館（National Diet Library）への納入

---

15) バトルズ『図書館の興亡』，269頁。

13　書籍と図書館

を義務づけられている。2000 年には，同法の改正によって
CD-ROM や DVD など有形の媒体に情報を固定した電子出
版物（パッケージ系電子出版物）も，納入義務の対象に加え
られた。ちなみに，国立国会図書館とは，かつて帝国議会の
両院に置かれていた貴族院図書館と衆議院図書館，および文
部省に付属していた帝国図書館をその前身として，1948 年
に設立された図書館である。これは国会所属の議会図書館で
あると同時に，国立図書館としての性格も兼ね備え，建物内
での図書の貸し出しや，インターネット上における資料・情
報の公開をはじめとする各種のサービスを国民に提供してい
る。

デジタル図書館・美術館の出現

　ICT の飛躍的発展とインターネットの普及によって，伝統
的な図書館にも大きな変化が起こってきている。世界最大の
検索エンジンを誇り，情報世界の覇権を握っているアメリカ
の民間企業グーグルは，グーグル・ブックスというサイトを
立ち上げ，古今の書籍をスキャンして電子書籍化するプロ
ジェクトに大々的に乗り出した[16]。これに危機感を抱いた欧
州委員会は，2005 年，いち早く巨大電子図書館「ヨーロピ
アーナ」（Europeana）プロジェクトをスタートさせ，2008
年 11 月 20 日，ＥＵ加盟国の図書館や博物館や文書館が所
蔵する書籍，文献，写真，動画映像，絵画，彫刻，日記，地
図などを検索・閲覧できる電子図書館を開設した。ＥＵ圏内

16）　グーグル・ブックスのオンライン情報は，http://books.google.
co.jp/ で簡単に得られる。

200

だけでなく，世界中のどこからでも，誰でもがインターネットを通じて，所蔵されている膨大な量のデータに無料で自由にアクセスすることができる。EU のこのような素早い対応の背後にあったのは，「文化の集積と流通を支えるのは，域外の一民間企業ではなく，中立的で安定した地域内の公共セクターであるべきだ」という，賢明かつ厳格な戦略的思考であった。サルコジ政権下のフランスがその旗振り役を果たしたが，スタート時には約 200 万にすぎなかった利用可能なデータ数は，いまでは 5318 万件を超えるところまで発展している[17]。デジタル図書館の構想は，他の国々でもより小規模ながらなされているが，こうしたデジタル図書館が，冊子体の書籍を収蔵してきた従来の図書館にいかなる影響を及ぼすかは，まだ見通すことができない。参考までに，デジタル美術館についても一言触れておくと，例えば，ルーヴル美術館はオンラインであらゆる展示作品を一般公開しているし（http://www.louvre.fr/），Web Gallery of Art（http://www.wga. hu/）や，Google Art Project（https : // www. google. com /culturalinstitute/project/art-project）なども，オンラインで大量の貴重なデジタル画像を提供している。したがって，いまや居ながらにして世界中の有名美術館に所蔵されている名画に自由に接することができるだけでなく，その画像をダウンロードして研究に活用することもできる。

　いずれにせよ，時代の推移とともに図書館や美術館などのあり方も近年大きく変りつつあるが，図書館や美術館が将来いかなる形態をとるにせよ，人文学研究にとって図書館や美

　17）　ヨーロピアーナのサイトは https://www.europeana.eu/portal であり，誰でもどこからでも自由にアクセスできる。

術館がその存在意義を失うことは，遠い将来にもあり得ないであろう。なぜなら人文学と書籍や図書館，さらに美術館や博物館との関わりは，きわめて本質的なものだからである。

14
情報とメディア

メディアとは何か

「メディア」という語は，いまやすっかり人口に膾炙しており，あらたまった説明も要らないくらいであるが，一応説明しておくと，この語はラテン語の medium（「中間の」意味）から派生した名詞の複数形で，古代および中世に今日のような意味で使用された用例は寡聞にして知らない。おそらく16世紀後期から17世紀初頭にかけて，中間的ないしは媒介的な働きをするものを意味するようになった。18, 19世紀になると，新聞をメディアの一種として理解する考え方が広まり，「そして20世紀に至るまでの歴史のなかで，新聞から映画やラジオなどに代表されるマス・メディアまでが社会的な現実の構成にとって決定的な作用を及ぼすようになってくると，メディアとは，もっぱらそうした情報媒体のことをさすのだという認識のほうが支配的になって」きた。すなわち，19世紀以来の情報伝達手段の技術的発展のなかで，「そもそもの媒介的・仲裁的な作用としてのメディアという概念，つまり意識や思考とその対象物，さらには精神的，超越的な世界を媒介するものとしてのメディアという概念は，しだいに背景に退けられ」ていき，ついに20世紀になると，

203

14 情報とメディア

「メディアとは送り手から受け手へのメッセージ伝達を媒介する手段なのだという考え方」[1]が広まったのである。

メディア文化の第一人者吉見俊哉氏の『メディア文化論』を繙くと,「方法としてのメディア」,「歴史としてのメディア」,「実践としてのメディア」という三つの観点から,過去から現代に至るまでのメディアに関するさまざまな事柄が,綺麗に整理してコンパクトに論じられているが,著者は第1話「メディアとは何か」で,1) メディアは横断する,2) メディアは媒介する,3) メディアは伝達しない,4) メディアを研究する,というインパクトの強い命題を掲げている。2番目の命題については,すでに記した通りであるが,1番目と3番目の命題はいったいどういう意味なのであろうか。

吉見氏によると,今日メディアについて論ずる場合,われわれが最初に押さえておかなければならないのは,「メディア」という概念は,けっして単にテレビ,新聞,ラジオ,ポスター,雑誌,電話,パソコンなどの伝達装置の寄せ集めを意味するものではないということである。現代のメディア研究は,「現代のメディアの知が,新聞なり,放送なり,映画なり,出版なりといった個別のメディアの知を超えた横断的な地平を獲得すべきであるという立場に立って」いるのであって,その観点からすれば,メディアとは,「私たちの社会的経験世界の技術的な次元と意味的な次元を同時に媒介し,またそうした次元によって媒介されながら,個別のメディアの布置や編制を可能にしていく,テクノロジーと意味,それに語りや解釈,接触といった社会的実践の構造連関

---

1) 吉見俊哉『メディア文化論』有斐閣アルマ,2004年,5-6頁。

204

メディアとは何か

的な場」[2]を意味するという。

　次に，「メディアは伝達しない」とはどういうことであろうか。鬼面人を驚かすこの命題は，世間一般的な通念への挑戦を意味している。というのは，書物は作者から読者へ，テレビは放送事業者から視聴者へ，新聞は新聞社から購読者へ，電話は話者から話者へとメッセージを伝えるので，「メディアとは何らかのメッセージを送り手から受け手に伝達する手段である」[3]というのが，われわれの通念となっている。しかし吉見氏によれば，

　　……現在では，私たちの身のまわりのメディアで語られていることは，メッセージというよりもテクストであるとする考え方が優勢です。テクストのなかにはもちろんメッセージという側面も含まれますが，それだけではありません。テクストとは，他者には開かれた記号の複合体です。送り手は，さまざまな意味を埋め込むような仕方でテクストを紡ぎ出し，受け手は，その送り手とはまた異なる立場からそれぞれが受け取ったテクストの意味を編み直していきます。……私たちは，テクストの生産や受容の無限のプロセスのなかで意味を紡ぎ出し，読み換え，書き改めています。ホールはこのメディアによる媒介の重層的な過程を，エンコーディング／デコーディングというモデルによって構造化しました。[4]

　つまり，メッセージの送信者から受信者への単純な伝達で

---

2)　前掲書，3頁。
3)　前掲書，8頁。
4)　前掲書，9-10頁。

はなく，受け手の側の主体的なテクスト解釈・意味理解の問題が，研究者の意識の前面にクローズアップされてきているのである。

そこから現代では，相互に切り離し難く連関し合っている二つの次元が，メディア研究において際立ってきているという。一つは，テレビとか電話とかパソコンといった，「テクノロジーないし装置としてのメディアの次元」であり，もう一つは，「さまざまなタイプのテクストが相互作用していく言説的な実践の場としての次元」[5]である。

メディア論およびメディア文化論そのものは，その分野の専門家の議論に任せることにして，われわれは次に情報技術の飛躍的発展が，人間の社会生活全般のみならず，とりわけ人文学的な知の営みにもたらす影響について，独自の観点から考えてみたい。

情報と知識基盤社会

昨今の情報通信技術（ICT）の発展は，「知」の創造や伝達の方法，さらには価値観まで著しく変化させている。新しい情報通信技術によって，大量の情報が国境を越えて瞬時に流通することが可能となり，このことが今日，社会・経済・文化のグローバル化が急速に進展する基礎となっている。このようにして，グローバル化する「知識基盤社会」（knowledge-based society）は，すでに現実のものとなっている。

情報通信技術の発達は，大学における教育と研究に対し

5）前掲書，12-13 頁。

ても，大きな変化を余儀なくしつつある。ワープロやコンピュータ端末の普及によって，原稿用紙に向かって手で書くという作業は，ほぼ全面的に停止してしまったし，各種のAV機器の導入，なかんずくパワーポイントの使用は，黒板に向かって板書する従来の授業風景を一変させてしまった。インターネット，スマートフォン（スマホ），タブレット端末などの普及は，学生の学習スタイルを根本から変えてしまった。それどころか，就職活動のスタイルをも一変させ，ダイレクトメールも従来型の会社訪問もほぼ姿を消した。いまやネットを通じてのエントリーは就活の常識となっている。パソコンもしくはスマホなしに就活することは，いまやまったく不可能である。

　ICT の発達と普及によって，知識はもはや象牙の塔の住人だけの独占物ではなく，その外側にいる一般大衆が共有できるものとなっている。かくして「情報リテラシー」（information literacy）の向上が，一般社会においてだけでなく，大学教育の現場でも喫緊の課題となっている。2000 年11 月 22 日に出された大学審議会の答申では，「情報リテラシー」の向上について，以下のように述べている。

　　情報通信技術の飛躍的発展は「知」の創造や伝達の方法を大きく変化させるとともに，価値観や創造性の意味にまでも変容を迫っている。このような中で，大学教育においては，学生に，グローバルな広がりで，主体的に情報を収集し，分析し，判断し，創作し，発信する能力を養うことが不可欠である。その際，情報モラルや，情報機器及び情報通信ネットワークの機能にかかわる基本的

14 情報とメディア

知識や能力の習得を重視することが必要である。[6]

　大学審議会は,「人間関係の希薄化や情報モラルの問題」
などの負の側面に留意しつつも,「迅速かつ高度な情報通信
技術を大学教育において積極的に活用」することは不可避で
あり,「国境を越えて知的資源を発信することにより知的国
際貢献を果たしていくことは, 大学における教育研究活動を
革新していく上で重要なことと考える」[7], と明言している。
　こうして, 大学教育の現場でも, 汎用的技能として,「コ
ミュニケーション・スキル」(日本語と外国語を用いての, 読
み・書き・聞き・話すことができる能力),「数量的スキル」
(自然や社会的事象について, シンボルを活用して分析・理
解・表現することができる能力),「論理的思考力」(情報や知
識を複眼的・論理的に分析し, 表現できる能力),「問題解決
力」(問題を発見し, 解決に必要な情報を収集・分析・整理し,
その問題を確実に解決できる能力) と並んで, ICT を用いて,
多様な情報を収集・分析して適正に判断し, モラルに則っ
て効果的に活用することができる能力として,「情報リテラ
シー」の重要性が声高に叫ばれるようになったのである[8]。

インターネット

　しかし, ある筋にとっては予期せぬ仕方で, また別の筋に

_____

　6)　「グローバル化時代に求められる高等教育の在り方について (答
申)」(平成 12 年 11 月 22 日大学審議会)。http://www.mext.go.jp/b_menu/
shingi/12/daigaku/toushin/001101.htm を参照。2012 年 1 月 27 日にアクセス。
　7)　同上。
　8)　「学士課程教育の構築に向けて (答申)」(平成 20 年 12 月 24 日),
12-13 頁参照。

208

とっては危惧していた通り，民主化されて商業化されたインターネットの爆発的普及は，大学生の知的生活に由々しき影響を及ぼしつつある。いまや「知識社会の中央に屹立しているのは」，専門知識の体現者としての大学教授や知識人でも，知識や文献資料の宝庫としての大学図書館でもなくて，むしろ「実験室で生まれて商業主義によって民主化された情報処理装置，すなわちネットワークコンピュータである」[9]。オンラインの百科事典ウィキペディアは，大学生たちの図書館離れを促進しただけでなく，読書を通じて知識を習得する習慣——かつては大学生にとって必須の習慣——すら変えてしまった。スマホかタブレットさえあれば，図書館や書店に足を運ばなくても，インターネットのウィキペディアのようなサイトにアクセスすれば，きわめて迅速かつ安易に情報が得られる。人間とコンピュータ・スマホ・タブレットなどの情報通信機器との共生は大成功をおさめ，「もはや職人的な技術を持たぬ人も，あたかも豊穣の角〔ギリシャ神話に登場するなんども望みの物が出てくる角〕を手にしたかのように，オンラインで即座に易々とテキストや画像や音楽やゲームや有益な製品や情報を見つけられるようになった」[10]のである。

　しかし，われわれはここで一つの疑問を提起してみたい。はたして情報は知識と同一であろうか。むしろこの二つのものは区別されなければならないのではないか。というのは，厳密な意味での知識とは，認識活動によって得られた学問的な成果であって，「原理的・統一的に組織づけられ，客観的

---

　9)　イアン・F・マクリーニー／ライザ・ウルヴァートン，冨永星訳『知はいかにして「再発見」されたか——アレクサンドリア図書館からインターネットまで』日経BP社，2010年，283頁。

　10)　前掲書，287頁。

妥当性を要求し得る判断の体系」であるが，これに対して情報は，「判断を下したり行動を起こしたりするために必要な，種々の媒体を介した知識」にすぎないからである。美味しいレストランや安売りの店の所在を知っていても，所詮は単なる情報にすぎず，それは知識とは呼ばれない。情報はわれわれの頭脳の外部にあって血肉となることはないし，またその必要もない。一方，知識は習得されてわれわれの血肉となり得るものであり，またそうなることが望ましい。もちろん，単なる物知りの豆知識のようなものもあれば，諜報機関の機密情報のようなものもあり，十把一絡げに論ずることはできないであろう。しかし，われわれの経験に即して考えてみると，いやしくも知識の名に値するものは，読解や省察や分析などを通して，体得あるいは自己化されなければならないものである。したがって，それは地下鉄の吊り広告からでも収集できる情報とは異なった位相にあるといえる。大学が学問の府である以上，誰が書いたかわからないような不確かな情報にフリーハンドを与えてはならない。大学の学習の現場でウィキペディアの使用が制限されなければならない理由もそこにある。

デジタル人文学？

　それにつけても，ICT 分野の日進月歩の飛躍的進展は，人文学の世界にもいまや未曽有の変化を惹き起こしつつある。卑近な例を挙げると，いわゆる電子辞書，電子書籍，オンライン・データベースの使用は，従来の学習スタイルを一変させてしまった。例えば，学生が一般的に所持している電子辞書だと，少し高価なものであれば，国語系（国語辞典・漢和

デジタル人文学？

辞典・古語辞典），英語系（英和・和英・英英），外国語，ト
ラベル，生活，趣味，医学など，何十冊もの辞書・事典を収
録しており，かつ軽量で場所をとらない。それゆえ，いまや
冊子体の辞書・事典にすっかり取って代わり，教室に冊子体
の辞書を持ち込む学生はほとんどいなくなった。かつての日
本では，一種のステータスシンボルとして，応接間に百科事
典が置かれていた家も少なくなかったが，冊子体の百科事典
は無駄に場所をとるので，今ではほとんど廃棄処分になって
いる。それに比して，デジタル化された百科事典はわずか一
枚の DVD にすっきり収まり，必要な時にモニター上で読め
ばよい。

　同様に，例えばドイツの Digitale Bibliothek という電子書
籍シリーズ[11]は，著名な著作家や思想家の全集をほぼ網羅
し，それぞれ 1 枚の DVD に収録している。ルター，レッシ
ング，ゲーテ，ニーチェ，ヴェーバーなど名だたる著作家だ
けでなく，各分野の定評ある辞書・事典がほぼカバーされて
いる。Google books のオンライン情報（http://books.google.
co.jp/）は，わが国では入手することが難しく詳しい書誌情
報も知り得ない古書籍についても，PDF ファイルの形で提
供してくれるので，もはや海外の図書館に出向く必要がなく
なったほどである。電子書籍の一番の利点は，紙媒体の冊子
本にくらべて劣化しにくいこと，検索が自在にできること，
場所をとらないことなど，いろいろ数え上げることができ
る。例えば，デジタルデータ化されたワイマール版『ルター
著作全集』の WEB 版[12]は，書籍の将来のあり方に示唆を与

　11）　1997 年から 2007 年にかけて Directmedia Publishing GmbH から
発売された電子書籍シリーズ。
　12）　「ワイマール版」とは『ルター著作全集』*Luthers Werke* の決定版

14 情報とメディア

えるものであるが，これにあたるとあらゆる語句が検索可能
で，インターフェイスがドイツ語と英語で用意されている。

　しかし，もちろんマイナス面も見逃すことができない。デ
ジタル化された電子書籍は，それを再生する電子機器に依存
するので，そこにハードとソフトの対応関係という新たな問
題も発生する。また，モニターあるいはディスプレイの表示
スペースが狭いため，いちどきに限られた情報しか表示でき
ないという短所がある。冊子体の書籍であれば，開いたペー
ジ一面に掲載されている文字情報が，面として視角に入って
くるが，電子書籍の場合には，画面上の情報がスポット的に
知覚されるにすぎない。両者の違いは些細なことのように思
われるかもしれないが，小さな相違が累積されるとやがて大
差となる。総じて，デジタル化された知識は相互の連関を欠
いた，細切れ的，寄せ集め的，単線的な知識にとどまる傾向
がある。それに対して，電子媒体によらないアナログ的な知
識は，ごちゃごちゃ複雑に存在しているようでも，われわれ
のうちで総合されている[13]。

───────────

のこと。1883年から刊行され始め，全部で127巻からなる神学およびドイ
ツ語分野の記念碑的全集。WEB版のワイマール版ルター全集フルテキスト
データベース（Luthers Werke im WWW Weimerer Ausgabe）はQroQuestを
通じて提供されている。

　13)　精神医学者の木村敏氏が，「デジタル時計とアナログ時計」に関
して述べていることも，われわれがここで言おうとしていることと，かな
り共通した問題点の指摘を含んでいる。木村氏によれば，「われわれが日常，
時計を用いて時間を読みとる場合，われわれは決して物理学者が時間を観
測するのと同じ態度で振舞っていない。われわれが時間を知りたいと思う
大部分の場合に，われわれは現在の正確な時刻それ自体を知りたいと思っ
ているのではなくて，ある定められた時刻までに，まだどれだけの時間が
残されているのか，あるいは逆にある定められた時刻から，もうどれだけ
の時間が過ぎたのかを知りたいのである。……デジタル時計だと現在の時
間しか表示されないから，あらかじめ決められている時刻を示す数値との

212

デジタル人文学？

　加えて，大著作家の膨大なテクストをディスプレイ上で長時間読むことは，ほとんど不可能に近い。精読を必要とする哲学書や神学書の類は，やはり冊子本の頁をめくりながら読むのでないと，深い理解に至らないのではなかろうか。したがって，冊子体の書物とデジタル書籍とを併用しながら，用途に応じて使い分けるのが望ましいと思われる。

　ところで，最近は「デジタル人文学」[14]なる概念もちらほら目につく。まだ不勉強なので軽はずみな批判は慎むが，長年人文学の実践に取り組んできた経験からいえば，人文学の中核的部分はデジタル化されることが困難であるように思う。デジタルの反対語のアナログが，元来は「符号化されない連続した状態」を意味するのに対して，デジタルは，「膨大なアナログの世界のごくわずかを切り出して処理した情報にすぎない」[15]からである。もし人文学が完全にデジタル化され，従来の冊子体の書物が不用となり，さらに図書館すらも電子化されたデータ・バンクに姿を変えてしまうなら，もはやそれは人文学の世界ではなかろう。われわれがこれまで考察してきたように，人文学は人間とその文化を対象とし，人間性（フマニタス）に資する学問である以上，その担い手はあくまでもわれわれ人間でなければならない。所詮は高度

───────────

あいだで引き算をしなくてはならない。アナログ時計の場合だと，二本の針によってそのつど作られる扇形の空間的な形状とその変化から，この『まだどれだけ』と『もうどれだけ』とを，いわば直観的に見てとることができる。」『木村敏著作集2　時間と他者／アンテ・フェストゥム論』弘文堂，2001 年，153 頁。

　14）　楊暁捷・小松和彦・荒木浩『デジタル人文学のすすめ』勉誠出版，2013 年。小野俊太郎『デジタル人文学──検索から思索へとむかうために』松柏社，2013 年参照。

　15）　赤坂行雄『人文的「教養」とは何か──複雑系時代の人文学』學藝書林，1998 年，86 頁。

の知能をもった機械にすぎないコンピュータは，さまざまな仕方で人文学に奉仕できるであろうが，そこに蓄積された情報や知識をいかに用いるかは，人間自身が判断し決定しなければならない。

わかりやすく説明すると，現在の人文学が置かれている状況は，カーナビが利用できる時代の自動車の運転者のようなものである。カーナビはGPS（全地球測位システム）衛星からの位置情報によって，自分の現在の位置を知らせ，現在地から目的地への道案内をする便利なデジタル機器である。従来であれば，見知らぬ目的地をめざして車を運転する場合，道路地図を広げてそこまでの道筋を確認し，それをしっかり自分の頭にたたき込んで，ハンドルを握るしかなかった。道に迷った時にはひとに尋ね，繰り返し地図を広げては，試行錯誤しながら目的地に辿り着く以外になかった。しかしGPS機能を具えた機器の登場は，このような不便さを一気に解消してしまった。いまやカーナビがあれば，どんなに離れた目的地であろうと，どんなに道が入り組んでいようとも，画面上の地図と道案内の音声に従って運転すれば，誰でもが熟練したタクシードライバーのように，スイスイと自分の車を運転できるのである。

しかし，そこに落とし穴がないわけではない。GPSだけでは誤差があること，またトンネルなどでは無効である。もちろん，機器のハードないしソフトにわずかでも異常が生ずると，たちどころに使い物にならない。このような場合に，従来のアナログ的な対処法を併用できない運転者は，まったく途方に暮れざるを得ないであろう。同様に，人文学の分野にも各種の便利なデジタル機器が進出してきて，いまやかなりの部分がコンピュータ化され，デジタル的に処理されてい

る。時計の針を元に戻して，これらの作業をすべてアナログ的に処理することは，まさに反時代的な愚挙以外の何物でもなく，21世紀を生きるわれわれは，デジタル機器を駆使して仕事をせざるを得ない。しかし，これらのデジタル機器はどんなに便利であろうとも，所詮は特定の目的に奉仕する手段にすぎない。カーナビは道案内をしてくれるが，運転するのはあくまでも人間であるように，そして予期せぬ状況が発生したときに，瞬時に判断して対応するのも，やはり人間である。デジタル的な機器や情報は，アナログ的な人間知や判断との協働によってはじめてその価値を発揮するのである。

クリティカとトピカ

まったく同じように，人文学を営むのは人間であって，コンピュータがこれを代替することはできない。とりわけそこにおいて求められるのは，コンピュータが代行することのできない人間の総合的な判断力である。あらゆるもののデジタル化が進行する現代であればこそ，ヴィーコ（Giambattista Vico, 1668-1744）がアリストテレスの「共通感覚論」を踏まえて展開したトピカの機能に，あらためて注目しなければならない。ヴィーコは，デカルトの機械論的哲学——ヴィーコの表現によれば《哲学的批判主義》——を厳しく批判し，トポス論を捉え直すことを主唱し，クリティカに対してトピカを力説した[16]。ヴィーコにおいては，「クリティカ」とは，所与の個別対象に対して分別理性を働かせ，その真理性を分析

16）上村忠男『ヴィーコ——学問の起源へ』中公新書，2009年，24-35頁参照。『岩波　哲学・思想事典』（岩波書店，1998年）1182頁所収の上村氏による項目記事「トピカ」も併せて参照のこと。

14 情報とメディア

的に判断する技術である。これに対して「トピカ」は，多く
の所与を総合的に概観し，それらの間に働く意味連関を発見
して，問題の所在＝トポスがどこにあるかを見抜く技術であ
る[17]。トピカ的な知の特性は，「対象とする事柄の構成要素全
体の通覧」，あるいは事象の「一挙的総覧」[18]である。あらゆ
る事物の判断において，批判的技術としてのクリティカは，
このような総合的技術としてのトピカによって，補われなけ
ればならない。そうでなければ，われわれは正しい判断へと
導かれないからである。

　しかし，クリティカ重視の現代の教育は，われわれのうち
におけるクリティカとトピカの関係を，きわめてアンバラン
スなものにしている。「手術は成功したが患者は死亡した」
という言葉は，現代の科学者（もちろん人文学者を含む）が
おしなべて陥った陥穽を象徴的に表わしているが，人間とそ
の文化をトータルに問う人文学は，専門化・細分化した個々
の部分ではなく，各部分の連関の総体としての全体を，つね
に視野に入れておく必要がある。それゆえ，デジタル人文学
を推奨するのもよいが，トピカ的機能がすっかり弱体化した
現状への対処を考えないと，悲喜劇的な事態になるであろ
う。総じて，デジタル的なものはわれわれのうちのクリティ
カ的機能をより一層促進し，逆にアナログ的なものはトピカ
的機能を強化するので，デジタル化していく人文学におい
て，アナログ的なものをいかに保持していくかが，大きな問
題であるといえよう。そこに今日われわれが，「人文知の新

　17）　木村敏『心の病理を考える』岩波新書，1994 年，14-17 頁，およ
び中村雄二郎『共通感覚論』岩波書店，1979 年，44-48，272，300 頁参照。
　18）　上村忠男「ヴィーコ」，松永澄夫責任編集『哲学の歴史 6　知識・
経験・啓蒙』中央公論新社，2007 年，79 頁。

216

クリティカとトピカ

たな構築」を真剣に模索しなければならない理由もある。

　しかし問題は，単に人文学におけるデジタル化の是非ではない。現代世界はデジタル化の道をまっしぐらに走っている。すでにディープラーニング（深層学習）を導入した AI（artificial intelligence; 人口頭脳）が囲碁や将棋のトップ棋士を破る時代となり，また世界中の自動車メーカーは AI 技術を搭載した完全な自動運転車（autonomous car）の開発にしのぎを削っている。しかしその傾向が加速すればするほど，人間知性のアナログ的機能は逆比例的に退化し，トピカ的な総合的判断力は衰退の一途をたどる。世を挙げて AI 技術の進展に夢を追いかけている今だからこそ，われわれは人間の自立的思考を培い，総合的判断力を研磨する人文学の重要性を再認識すべきなのである。

15

「認識されたものの認識」としての人文知

人文学の非実用的有用性

第1章で述べたように，有用性と実利主義が幅を利かす現代社会において，実利や社会貢献と無縁な（少なくとも一般にはそう見られている）人文学あるいは人文知は，恒常的な退却戦を強いられている。なぜなら，「客観性（再現可能性），普遍性，実証性を備えた科学知に比べ，厳密な実験的検証や数量的記述になじまない人文知は，知識としての内的要件を欠いた趣味的学問とすら見なされている」[1]からである。科学技術と経済発展が至上価値となった今日，このような《非実学》である人文学を学ぶ意義は一体どこにあるのだろうか。《実学》がいわゆる「パンのための学問」であるのに対して，人文学はさしずめ「精神をただ精神としてだけ楽しませるような学問」（シラー）の部類に属する。この種の学問はたしかに実社会のニーズに直接的に応えることはできない。そのかぎりでは，人文学はたしかに《非実学》であ

---

1) 野家啓一「人文学の使命——スローサイエンスの行方」広田照幸・吉田文・小林傳司・上山隆太・濱中淳子編『研究する大学——何のための知識か』（シリーズ大学4）岩波書店，2013年，181頁。

り，ときに《虚学》とすら呼ばれることもある。しかし《虚学》もそれなりの仕方で実生活・実社会に寄与し得る。同僚の追塩千尋教授（中世仏教史専門）は，人文学を「人間基礎学」と名づけ，これを後からじわりと効いてくる漢方薬に譬えておられるが，まさに人文学は人間基礎力を育成する学問だと言ってよかろう。漢方薬は一般的に即効性がないものの，根本的な体質改善を促し，長い目で見ると病気の治癒や健康の維持に役立つ。同様に，人文学は人間形成ないし人間性の陶冶に一役買い，実生活を営む上で必須の思考力・判断力・想像力を培うのではなかろうか。

　人文学のこのような非実用的有用性を理解するために，ヴィルヘルム・フォン・フンボルトの教育理念を引き合いに出すことも，あながち間違いではなかろう。第6章で見たように，ベルリン大学の創設者であるこの文人政治家としての顔をもつ言語学者は，実用主義的効用を重んずる専門学校を批判し，近視眼的な職業準備教育よりも一般陶冶をめざす教育を高く評価した。職業は人間を特定の領域に固定するので，人間を不自由かつ偏狭にする。それゆえ，一般的な人間形成が職業人形成に先行しなければならないというのである。彼は大学を人格形成と学問研究が密接な連関において同時に遂行される場であると捉え，「学問による教養」（Bildung durch Wissenschaft）という理念を唱えた。フンボルトによれば，高校までの「学校では用意され出来上がった知識を教えたり学んだりするのに対して，高等学術施設〔としての大学〕では学問をいつもまだ解決されていない問題として取扱い，そのためにいつも研究を続けるという特徴がある」[2]。大

　2）　W・v・フンボルト，C・メンツェ編，K・ルーメル・小笠原道

学は不断の真理探究に従事する研究機関として，研究に従事する教師と学生の人間性の陶冶に大きく寄与するはずだというのである。そこにドイツ・イデアリスムスに深く掉さすフンボルトの理想主義がある。そしてここに「研究を通じての教育」（潮木守一）という大学理念の真骨頂もある。しかしやがてその理念の変質とともに生まれてくるのは，研究と教育を機能的に明確に分離し，後者よりも前者に圧倒的な価値を置く，いわゆる「研究大学」（research university）である。1874 年に米国のジョンズ・ホプキンス大学に初めて設立された「大学院」（graduate school）は，「研究機関としてのユニヴァーシティー」[3]のひな型となり，そこから「研究大学」が全世界で陸続として誕生してくる。

研究大学・人文科学・人文学

「研究大学」において最も重視され，また評価されるのは，その大学の研究力である。昨今注目を集めている「世界大学ランキング」（World University Rankings）は，基本的に大学の研究力を測定して序列化したものである。研究力の強化のために，URA（University Research Administrator）の重要性がしきりに叫ばれるのも，大学の研究力を競う動向にしっかり対応している。しかしわれわれにとっての問題は，研究力が大学評価の最重要項目となり，「研究大学」化の方向が加速されるなかで，いたるところで教養と人文学が冷遇され，

雄・江島正子訳『人間形成と言語』以文社，1989 年，177 頁。
　3）　F・ルドルフ，阿部美哉・阿部温子訳『アメリカ大学史』玉川大学出版部，2003 年，257-262 頁参照。

アカデミズムの世界でその価値を著しく失いつつあることである。フンボルトは研究＝真理の探究が人間形成＝教養に結びつくことを信じてやまなかったが，今日ではこの二つのものは全く別の物として分断されている。それだけでなく，研究自体もかつてのように真理の探究とは必ずしも言えず，むしろ経済的合理性や功利性の追求そのものの様相を呈している。真理の探究のみならず，教養とか人間形成ということも，もはや現代の大学のなかにしかるべき場所を見出せない。

　フンボルトにおいては結びついていた《教養》と《研究》は，無残にも引き裂かれてしまい，しかも「大学設置基準の大綱化」によって《教養》が雲散霧消して，いまや名だたる大学（とりわけ大学院大学）においては《研究》にのみ比重が置かれている。大綱化以前のかつての大学では，人文科学・社会科学・自然科学から各12単位，合計36単位を修得することが義務づけられていたが，教養部の解体とともにこのような縛りはなくなり，かつて一般教育の中核を担い，教養部の必修科目であった哲学・歴史学・文学などの人文科学は，必ずしも履修を義務づけられない自由選択科目になりさがった。

　ところで，われわれはいま人文科学に言及したが，これは人文学と同じものなのだろうか。中身は同じで呼称が違うだけなのだろうか。一般的にはほぼ同義だとみる人が多いが，そういう見方をするかぎり見えてこない事実がある。これはわれわれの根本的テーゼであるが，人文学（humanities）と人文科学（human science）は密接に関係しているものの，厳密には区別されなければならない。古代ギリシアのパイデイアに発し，それを継承する古代ローマ帝国で成立した「自

15 「認識されたものの認識」としての人文知

由学芸」（リベラル・アーツ）の理念は，やがて中世西欧に
おいて「三学」（trivium）・「四科」（quadrivium）として整備
される。すなわち，文法，修辞学，論理学，算術，幾何学，
天文学，音楽からなる「七自由学芸」（seven liberal arts）の
学問＝教育体系は，フマニタス＝人間形成に照準を合わせた
学知の探究を意味している。それはスキエンティアすなわち
サイエンスではなく，むしろドクトリーナあるいはラーニン
グに属する学知の体系である。そしてそれを背景として登場
するルネサンス期の「フマニタス研究」（studia humanitatis）
——この用語自体は古代ローマのキケロにまで遡る——こそ
が西洋の「人文学」の直接的母体であるが，これは「古典的
人間教養研究」とでも訳されるものであって，近代的意味で
の「科学」，すなわち客観性・普遍性・実証性を備えたサイ
エンスでは決してない。

　「人文科学」と呼ばれるものは，いわば上記のような「人
文学」という由緒正しき学の帝国から，16-17 世紀にまずは
「自然科学」が独立宣言して袂を分かち，やがて 18-19 世紀
に「社会科学」がそのあとに続いたことによって，その広大
な領土の約三分の二を失ってしまった，「人文学」のなれの
果てなのである[4]。つまり「人文科学」＝「人文学」−「自
然科学」−「社会科学」のような等式が成り立つのであっ
て，したがって人文学と人文科学は単純にイコールでは結べ
ない。しかしこのように痩せ細ってしまった近代の「人文
学」が，自然科学・社会科学とは異なるとはいえ，自らもま
た科学すなわちサイエンスであると主張したところに，「人

---

　4) ここに「社会科学」として念頭に置かれているものは，心理学，
社会学，文化人類学などに加え，政治学や経済学などである。

研究大学・人文科学・人文学

文科学」という変異体(ヴァリアント)が誕生したのである。

本来の人文学は，統合的原理として「人間性」の理念を中心に据え，人間とその文化を総合的な視点のもとに探究する学問である。それは近代的意味での科学(サイエンス)ではなく，それを学ぶ者自身が学習課程を通じて精神的陶冶を体験できるような，いわば人間形成的な学問である。フンボルトの「学問による教養」という理念は，その意味では人文学と近代科学との絶妙の結合を示していることがわかる。そしてこのような結合が可能であったのは，彼が「新人文主義」（Neuhumanismus）の名を冠する教養運動の旗手の一人だったからである。一般的理解にしたがえば，「新人文主義」とは，18世紀後半にドイツ古典主義の文学者や思想家たちによって推進された教養運動のことである。この運動は古代ギリシアの学芸に結実した「人間性」の理念を最高の教養理想と見なし，そこにみずからの活動の模範と源泉を求めた。それは機能主義に偏した近代の合理主義的人間観に対して，トータルな「人格性」を尊び，人間性の全面的発展と完成を追求した。そして芸術の自律性を要請する一方で，審美的価値と倫理的価値との間の密接な相互関係を主張した。この運動を推進した多くの思想家たちは，実定的なキリスト教には一定の距離を置きながらも，宗教そのものに対しては人間精神にとって必要な発展段階であるとの態度をとった。通常，ヴィンケルマン，ヘルダー，ゲーテ，シラー，ヴィルヘルム・フォン・フンボルトなどがこの「新人文主義」の運動の代表者と見なされている[5]。いずれにせよ，人文学の理念は

---

5) 大貫隆・名取四郎・宮本久雄・百瀬文晃編集『岩波キリスト教辞典』岩波書店，2002年，408頁所収の拙稿「新人文主義」を参照されたい。

223

15 「認識されたものの認識」としての人文知

「人間性」の理想（人文主義）と不可分の関係にあることが，フンボルトの事例からもよくわかる。

グローバル化時代の「新しい人文学」

だが問題は，フンボルトの大学理念においても統合的原理として機能していたフマニタス＝人間形成の理念が，今日厳しい批判に晒されており，容易にこれを掲げることができないことである。というのは，伝統的な西洋のフマニタスの理念は，白人の中産階級の男性を自明なモデルとしており，女性や子どもの存在のみならず，非西洋人の存在もそこでは十分に顧慮されていないからである。それゆえ，それは西洋中心主義を根幹から支えそれを反映しているとの批判が，いまや各方面から発せられている。この難局を打開するためには，われわれはグローバルな視点からの西洋的なフマニタス概念の批判的検証へと赴かざるを得ない。「グローバル化時代の多元的人文学」[6]の構築が急務となるゆえんである。

とはいえ，グローバル化に対応した多元的人文学の構築は，言うほど簡単なものでない。西洋の人文学がフマニタスの理念を基盤とし，「人間性の探究」（humaniora [studia]）という意味合いを持っていたとすれば，統合的原理として機能していた根幹理念が揺らいだ今，われわれはいかなる人間概念を中心に据えるべきであるのか。ここに人文学の中心に

---

6) 京都大学大学院文学研究科の21世紀COEプログラム「グローバル化時代の多元的人文学の拠点形成」（総括リーダー，紀平英作教授），およびその成果として紀平英作編『グローバル化時代の人文学——対話と寛容の知を求めて』上・下巻（京都大学学術出版会，2007年）と，南川高志編『知と学びのヨーロッパ史』（ミネルヴァ書房，2007年）を参照のこと。

224

グローバル化時代の「新しい人文学」

位置する永遠の問いが，新たな状況のなかで改めて問われなければならない。果たして「人間とは何か？」と。「文化人類学」（cultural anthropology）と並んで，「哲学的人間学」（philosophical anthropology）と呼ばれる学問が誕生したのは，こうした事態と密接に関係している（補遺参照）。経験的諸科学の成果を大いに取り入れて，人間の全体的特質を根本的に究明しようとするこの学問は，人間科学の経験知の統合の基底を担おうとするものである[7]。しかしこれとても未だ生成途上の学であり，人文科学に従事する研究者の共通の基盤とはなり得ていない。

　加えて，東洋と西洋，欧米キリスト教文化圏とイスラーム文化圏といった文化的な深い相違・対立の問題は，統合的原理として機能し得るグローバルな人間概念の確立や提示を限りなく困難にしている。そういうなかにあって，あの名著『オリエンタリズム』Orientalism（1978）の著者であるエドワード・W・サイード（Edward W. Said, 1935-2003）の晩年の小著『人文学と批評の使命──デモクラシーのために』[8]は，グローバル化の時代に構築されるべき人文学について，多くの示唆に富む内容を含んでいる。

　サイードによれば，「人文学の本質は，人間の歴史を，……あらゆる人々にとっての，絶えざる自己理解と自己実現

　7）　哲学的人間学については，ボルノウ／プレスナー，藤田健治他訳『現代の哲学的人間学』白水社，2002年，および金子晴勇『現代ヨーロッパの人間学──精神と生命の問題をめぐって』知泉書館，2010年参照。

　8）　Edward W. Said, *Humanism and Democratic Criticism* (New York: Columbia University, 2004). 邦訳はエドワード・W・サイード，村山敏勝・三宅敦子訳『人文学と批評の使命──デモクラシーのために』岩波現代文庫，2013年。

225

15 「認識されたものの認識」としての人文知

エドワード・サイード
(1835-2003)

の過程とみることにある」[9]。人文学は「民主的で世俗的な，開かれた性質」[10] を有しており，西洋人の文化，西洋人の言語，西洋人の記念碑の美点を白人至上主義的優越感にひたって主唱するものではない。それは人類の「歴史における言語の産物，他の言語や他の歴史を理解し，再解釈し，それと取り組み合うために，言語のさまざまな力を行使する」[11]。人文学は「批判力」を重視し，世界の歴史的現実に「目を見開いた知を蓄積し，問いかけるという実践を，途切れることなく続けるものなのである」[12]。

だが，欧米世界で実際になされていた人文学は，東洋や非西洋の世界の文化的伝統をほとんど顧みず，ヨーロッパ中心主義に色濃く染まっていた。「人文学とはかつては，古代ギリシアやローマ，ヘブライ文化の息吹を伝える古典テクストを研究することだった」[13] のである。しかし「他の伝統につ

---

9) 前掲書，33 頁。
10) 前掲書，27 頁。
11) 前掲書，35 頁。
12) 前掲書，62-63 頁。
13) 前掲書，58 頁。

いてもあまりにも多くのことが知られている今，人文学その
ものがもっぱら西欧の実践だと信じることなど，とうていで
きはしない」[14]。たとえヨーロッパ中心主義的な人文学が過去
において十分機能していたとしても，今日ではすでに役に立
たなくなっている。したがって，「今，人文主義の意義を再
考し，再検討し，新たに作り上げるべきときがきているよう
に，ともかくわたしには思える」[15]。すなわち，「人文学と人
文主義は，本質的に見直して，再考し，活性化される必要が
ある」[16]。このような根本的な問題意識に立って，サイードは
「新しい人文学」[17]を提唱している。それがいかなるものであ
るかといえば，彼の説く「新しい人文学」は，グローバルな
視点に立脚し，テクスト‐言語に忠実でありつつ，越境的，
民主的，かつ現実批判的な性格をもった新しい形の人文学で
ある。そして「新しい人文学」との関連で，サイードが強調
するのが「文献学への回帰」[18]ということである。

文献学への回帰

　グローバル化に対応した新しい人文学の具体的な構築は，
いまなおその実現が将来に待たれる課題であるとしても，

14）　前掲書，72 頁。

15）　前掲書，7 頁。

16）　前掲書，42 頁。

17）　前掲書，13 頁。但し，「新しい人文学」と訳されている箇所は，
原書では a different kind of humanism であることに注意。Said, *Humanism and Democratic Criticism*, 11.

18）　第 3 章の表題が「文献学への回帰」と銘打たれており，また第 4
章でアウエルバッハの『ミメーシス』が詳述されていることからわかるように，「文献学への回帰」はサイードにとってきわめて重要なポイントである。

15 「認識されたものの認識」としての人文知

「文献学への回帰」という標語のなかに，サイードが目指す
方向性がかなり明確に示されている。サイードは文献学への
回帰を提唱するにあたって，まず文献学が置かれている現代
の状況を次のように表現している。いささか自虐的ではある
が，これは現代のアカデミズム世界における文献学の現況を
よく示している。

　　文献学は，人文学と関連した学問分野のなかでも，
　もっともノリが悪く，セクシーさに乏しく，古臭い分野
　で，二十一世紀初めにおける人文学と生との関連を論ず
　るにあたって，一番浮上してきそうにないものだ。しか
　し，わたしは背を伸ばして，みなさんの我慢強さを期待
　しつつ，話題に入っていくつもりなので，水を差したく
　なってもしばらく抑えていて頂きたい。[19]

　文献学のこのような不興ぶりにもかかわらず，サイードが
──そしてわれわれもまた──文献学の重要性を主張して譲
らないのは，「読みの科学は，人文科学の知にとって至高の
もの」[20]だからである。サイードが言うように，「読むことは
欠かすことのできない行為，それなしでは文献学がまった
く不可能になるような最初の行為である」[21]。精読そして読解
は，文献学ならびに人文学全般が，それによって立ちもし倒
れもする根本原理なのである。
　われわれは第 11 章で，読む行為には速読，多読，精読と
あるが，とくに人文学にとっては精読が大切であると説いた

---

19)　サイード，前掲書，77 頁。
20)　前掲書，79 頁。
21)　前掲書，81 頁。

文献学への回帰

が，サイードもこの点を大いに強調している。彼は「新しい人文学」を主唱するにあたって引き合いに出したポイリア（Richard Poirier, 1925-2009）に仮託してこう主張する。「ますます綿密に，そしてポイリアが提案するように，ますます注意深く，ますます幅広く，ますます受容性に富み，抵抗的に行われる読みの行為のみが，とくに……人文主義の基盤が変化した今，人文学にとって本質的な価値のある適切な訓練なのだ」[22]。上滑りな表面的な読みではなく，精読こそが人文学の基盤である。精読とは「言語が歴史のなかの人間によって使われるときの言葉やレトリックを，詳細に辛抱強く吟味すること」[23]であり，文学テクストあるいは文献資料を精読することが，人文学の基礎であり生命線である。サイードは念を押すかのように，さらにシュピッツァー（Leo Spitzer, 1887-1960）から長い文章を引用する。そこには人文学の精髄にかかわる読解のありようがきわめて的確に記されているので，われわれも端折らずに引用してみよう。

　　方法論については何十年もの経験の蓄積がわたしにはあるが，それでもなお，学び始めたばかりの学生とまるで同じように，その魔術をどうしても明らかにしてくれないページを，ただぼんやりと眺めたことが，いったい何度あることだろう。この非生産的状況から抜け出す唯一の方法は，その作品の雰囲気にどっぷり浸かろうと真剣に努力しながら，我慢強く自信をもって読み，読み返すことである。すると突如一つの言葉が，一つの行が（も

---

22)　前掲書，82 頁。
23)　同上。

229

15 「認識されたものの認識」としての人文知

しくは複数の言葉や一連の行が）際立ってきて，いま，わたしたちとその詩のあいだに関係が確立されたことがわかるのだ。たいていこの時点で，いま一つの観察が最初の観察に加わり，その円環の以前の経験が介入してきて，かつて学んだことからの連想が目の前に組み立てられ……，あの特有の「ひらめき」がまもなく起こることがわかる。ひらめきは，細部と全体が一つの共通の特徴を見出したことを示す——こうしてテクストの発生源が与えられる。そしてこの過程を振り返ると……読んだとはすでに読んだということであり，理解するとはすでに理解したということと同じなのだと，実際にわかるのである。[24]

　ここに記されている「読む」という行為の《循環性》こそ，アウグスト・ベークが造語して人口に膾炙するようになった「解釈学的循環」（der hermeneutische Zirkel）ということにほかならない[25]。そして肝心な点は，「読む」という行為から「理解」が突如として生起することである。それがいかにして生ずるかは，実際に「読解」作業に従事した人のみが体験的に知ることができる。

「認識されたものの認識」——文献学を基盤とする人文学

　シュピッツァーが証言している理解の突如性は，なにも文

24）　前掲書，88-89 頁。

25）　August Boeckh, *Encyklopädie und Methodologie der philologischen Wissenschaften*, 102, 109, 142; A・ベーク，安酸敏眞訳『解釈学と批判——古典文献学の精髄』知泉書館，2014 年，155, 163, 212 頁。

「認識されたものの認識」

学や詩に限定されたことではなく，広く人文学全般に関わることである。われわれはベークにしたがって，文献学の本務を「認識されたものの認識」（die Erkenntnis des Erkannten; das Erkennen des Erkannten）として捉えたが，文献学を基盤とする人文学は，基本的に人間精神の所産としての有形無形の過去のテクスト——文字通りの文献資料だけでなく，人間精神と人間の手が作り上げたもの，刻印したもの，触れたもの，すなわち人間の足跡のすべてがこれに含まれる——を取り扱い，それを現在のわれわれにとって理解できるものにしようと努める。現今はやりの「解釈学」（Hermeneutik）の語源であるヘルメーネイア（ἑρμηνεία）は，「他者の会話を理解できるようにするすること，通訳すること」[26]を意味しているが（175 - 176 頁参照），このことからも人文学において文献学とともに解釈学が決定的重要性をもっていることがわかる。

　解釈学においては，理解とその技術論とが中心的テーマとなるが，ベークの直弟子にあたる歴史家のドロイゼンは，人文学者において生じる理解のプロセスを，つぎのような感銘的な表現で叙述している。

　　理解は，われわれにとって人間的な仕方で可能な，最も完全な認識である。それゆえ理解は，そこで働く論理的メカニズムが意識されることなく，直接的かつ突発的に行なわれる。それゆえ理解の作用は，直接的直観のような，創造的作用のような，さながら二つの起電盤の間

――――――――――
26）　Boeckh, *Encyklopädie und Methodologie der philologischen Wissenschaften*, 80; ベーク『解釈学と批判――古典文献学の精髄』，125 頁。

15 「認識されたものの認識」としての人文知

に発する閃光のような、受胎の作用のようなものである。理解においては、人間の精神的・感性的本性の全体が完全に協働し、与えると同時に受け取り、つくると同時に身ごもる。理解は人間的本質が最も人間的なかたちで表われる行為であり、真に人間的な振る舞いはすべて、理解のうちで安らぎ、理解を求め、理解を見出す。理解は人間とあらゆる倫理的存在の基礎とをつなぐ最も緊密な絆である。[27]

このように、理解はテクストを精読するなかで、すなわちその意味を解明すべく注意深く丁寧に読み返すなかで、あるときわれわれのうちで、思いがけない仕方で、突如として生じる[28]。しかも何かの媒介を通じてではなく、むしろ直接的に生起する。それは「閃光」という表現が示唆するように、衝撃的ないし電撃的であり、また「受胎」というメタファーが示唆するように、まさに創造的なプロセスである。その理解が正しいかどうかを保証するものはないし、その作用を科学的に証明することもできない。あるのはただ、「人間精神を研究する人間精神に授けられた力」を信ずる「深い主観的な感覚」だけであり、その判断については研究者みずからが「自分で決断し、責任を取らなければならない」[29]のである。

いずれにせよ、以上の説明から明らかになるように、文献

---

[27] Johann Gustav Droysen, *Historik. Vorlesungen über Enzyklopädie und Methodologie der Geschichte*, herausgegeben von Rudolf Hübner (München: R. Oldenbourg, 1937; Nachdruck, 5. Aufl., 1967), 26.

[28] 拙著『レッシングとドイツ啓蒙——レッシング宗教哲学の研究』創文社、1998年、355頁、および *Lessing's Philosophy of Religion and the German Enlightenment* (New York: Oxford University Press, 2002), viii 参照。

[29] サイード、前掲書、88頁。

「認識されたものの認識」

学を基盤とする人文学は——それが学問性を強調して人文科学と名乗る場合であっても——，自然科学や社会科学とは明らかに異なる学問原理に基づいている。ドロイゼンやディルタイが言うように，人文学や人文科学は自然科学とは違って，「説明」（Erklärung）ではなく，主に「理解」（Verstehen）という認識方式に依拠している。つまり，人文知は解釈による理解という読解の技術を必要とする間接知なのである。人文学あるいは人文科学に従事する者は，まずこの事実をしっかり肝に銘ずべきであって，いたずらに自然科学や社会科学の学問性に追随すべきではない。ディルタイの「精神科学」やリッカートの「文化科学」を確立しようとする学問論的試みも[30]，基本的には認識対象と認識方式において自然科学とは大きく異なる，上記のような人文科学（人文学を含む）固有の学問的特質を明確化しようとしたものにほかならない。

　以上の論点をベークの「認識されたものの認識」という定式に関連づけて敷衍すれば，自然科学は自然的事象を客観的に観察・実験・記録し，普遍的な法則へともたらそうとし，社会科学もそれに準ずる仕方で人間社会の諸現象を実証的・客観的に説明しようとするが，人文学はそれらとは異なり，おおむね過去の人間が残した遺物，文献，作品，社会的文化的制度などを対象として，他の人間主体が過去におこなった認識・表現活動を，過去の人間の痕跡としての文化的所産を介して，間接的に再認識しようとする知的活動なのである。自然科学や一部の社会科学が，原初的・直接的な認　識（γιγνώσκει）という性格をもっているとすれば，人

30）これについては，「補遺　人文学研究とその方法」を参照されたい。

15 「認識されたものの認識」としての人文知

間の精神活動の産物を対象とする人文学は，むしろ再認識^{アナギグノースケイ}（ἀναγιγνώσκει）という特徴をもっている。それは何らかのメディアを通じて伝達された過去の痕跡を手掛かりに，歴史の不可逆性と一回性とに規定された過去の人間の自由な精神活動の所産を，追体験的に再構成してふたたび認識へともたらそうと努める。人文学および人文科学はそれゆえ，「認識されたものの認識」という自己再帰的（self-reflexive）な，多重的な入れ子構造を特質としている。

しかし自然科学的な直接知であれ，人文学的な間接知であれ，そもそもこのような学知が可能となるのは，人間存在のロゴス的（言語＝理性的）構造——ζῷον λόγον ἔχον [31]——によっている。カッシーラーはこれを「シンボルを操るもの」（animal symbolicum）として読み解いたが（104 − 105 頁参照），人間存在のかかる言語＝理性的な特質ゆえに，人間の精神活動とその所産としての文化が可能となり，神話，宗教，言語，芸術，歴史，科学などの営みが成立する[32]。この点に留意すれば，人文知と科学知とは研究対象への関わり方と研究方式とを異にするものの，両者は「あれか—これか」ではなく，むしろ相補的な関係にあることがわかる。人文知と科学知は乖離する一方であるが，その責任の一端は科学知を前のめりに追求する人々だけでなく，彼らに人文知の固有のアイデンティティを弁証し得ない人文学者の側にもある。

31）「言葉をもっている生き物」の意。アリストテレス『政治学』第1巻第2章1253a9-18参照。

32）エルンスト・カッシーラー，宮城音弥訳『人間——シンボルを操るもの』岩波書店，1997年，およびエルンスト・カッシーラー，木田元・生松敬三・村岡晋一訳『シンボル形式の哲学』全4巻，岩波文庫，1989-1997年参照。

「いっそう文雅なる学問」の行方

　グローバル化が進む二十一世紀に，それに即応した「新しい人文学」を構築するためには，「人間とは何か？」という永遠の問いをふたたび問う必要がある。しかしこの問いはもはや人文知だけでは究明され得ない。今日では生命科学，脳科学，情報科学などの科学的知見を抜きにしては，もはやトータルな人間について語ることはできない。そこにこうした諸科学の経験知の成果を取り入れる哲学的人間学が要請される所以がある。いずれにせよ，現代のわれわれは人文知と科学知の双方の成果を学ばなければならない。野家啓一氏が言うように，「一般教育（教養教育）においては，文科系の学生には科学技術リテラシーを，理工系の学生には社会文化リテラシーを身に付けさせる必要がある」[33]。現代社会は科学技術の成果なしには立ち行かない反面，科学技術が環境破壊，地球温暖化，原発事故，薬害など種々の弊害を生み出していることも事実である。それゆえ，文系の学生であっても科学技術リテラシーを身に付けて，科学技術の正負両面を正しく認識できなければならないし，理工系の学生も社会文化リテラシーを身に付けて，人間とその社会・文化の問題を広く深く考察する目を養わなければならない。

　にもかかわらず，「人文知は科学知とは別個の存立基盤をもつ学問である」[34]。われわれはそのことにより自覚的でなければならない。近年，速度と経済効果を最優先し，有用性と

　33）　野家啓一「人文学の使命——スローサイエンスの行方」191 頁。
　34）　前掲書，192 頁。

15 「認識されたものの認識」としての人文知

効率という物差しで万事を測る風潮（新自由主義的な市場原理主義）が，アカデミズムの世界にも蔓延しつつあるが[35]，自然科学の分野と違って人文学の分野では，研究成果が目に見える形になるのに時間がかかる。前者においては新発見などの一点突破的な研究が評価されるが，後者においては一定の広がりと深さが要求されるので，従来，三十代で文学博士号を授与された人はほとんどいなかった。人文学の分野の学士院賞や文化勲章の受賞年齢が著しく高いのも，かかる理由による。要するに，人文学の分野においては，新奇さや新鮮味よりも円熟味とか成熟度の方が高い価値であり，この域に到達するには長い歳月が必要なのである。野家啓一氏が人文学を「スローサイエンス」として特徴づけるのも頷ける[36]。

詰まるところ，人文知と科学知は，いわば「ファストサイエンス」と「スローサイエンス」として，互いに別個でありつつも相補的であり，いずれが欠けても真の人間性も人間らしい生活もそこに期待できない。科学知を欠いた人文知は寓話的であり，人文知を欠いた科学知は無慈悲である。人類の学名であるホモ・サピエンス（Homo sapiens）の原義は「知

---

35) 「アカデミック・キャピタリズム」と称されるこの潮流は，とりわけアメリカの大学において顕著であるが，わが国においても年々その傾向が強くなっている。従来アカデミズムの牙城と見なされた研究機関としての大学も，いまや経営的センスを前面に押し出した「起業家的大学」（entrepreneurial university）とならざるを得なくなり，ここに真理の探究を責務とする大学にとって難しい問題が生じてくる。Sheila Slaughter and Larry L. Leslie, *Academic Capitalism: Politics, Policies, and the Entrepreneurial University*, Baltimore and London: Johns Hopkins University Press, 1999, 上山隆大『アカデミック・キャピタリズムを超えて——アメリカの大学と科学研究の現在』NTT 出版 2010 年，および S・スローター／G・ローズ，成定薫監訳『アカデミック・キャピタリズムとニュー・エコノミー——市場，国家，高等教育』法政大学出版局，2012 年参照。

36) 野家啓一「人文学の使命」，184-193 頁参照。

236

「いっそう文雅なる学問」の行方

恵あるヒト」であるが，人文学こそはまさに人類の知恵（あるいは人間の思想）の宝庫の番人である。科学知のみに依拠する社会はホムンクルス[37]を製造しても，血の通った思慮ある人間を育成しない。真の人間を陶冶するためには，やはり人文知が不可欠である。ヒトが人間となるために，あるいは人間がより人間的な生活を営むために，「いっそう文雅なる学問」（litterae humaniores; humaniora）と呼ばれてきた人文学は，この先も久しくその役目を終えることはないであろう。

37）ラテン語の homun-（homo「人」の語幹 homin- の異形）と -cule（小，微粒を表わす指小辞）から合成された語。もともとは錬金術師によってフラスコの中で作られたといわれる人工小人を指すが，ここでは現代の科学技術の粋を結集して作られる「人造人間」の意味。荒川弘の人気漫画作品『鋼の錬金術師』には，錬金術師によって生み出された多くのホムンクルスが登場するが，この作品は現代における人文知と科学知の関係を考える上で意義深い，数多くの示唆を含んでいる。

補　遺
人文学研究とその方法

今日では一般に，学問は，

「人文科学」（Humanwissenschaften; human sciences），

「社会科学」（Sozialwissenschaften; social sciences），

「自然科学」（Naturwissenschaften; natural sciences），

の三つに大別される。われわれが「人文学」（humanities）と呼んでいるものは，実質的には人文科学とほぼ同一であるが，英語の表現が端的に示すように，人文学は人文科学のように科学（サイエンス）であることに力点を置くのではなく，むしろ人間文化に関する学問（ラーニング）である点をより際立たせる[1]。このような相違はあるものの，人文学あるいは人文科学は共通して，大学に象徴される今日の知の世界地図のなかで，次第にその広大な領土を減らし，ますますその威信と存在感を失いつつある。われわれはこういう状況にある人文学の現状を憂え，その将来展望を見据えながら，人文学の特質とは何かを問い質してきたのであるが，このような人文研究の特質と方法に

---

1)　ちなみに，*Oxford Dictionary of English* (Second Edition Revised) には，humanities の説明として，"learning concerned with human culture, especially literature, history, art, music, and philosophy" とあるし，*Webster's Third New International Dictionary* に は，"the branches of learning regarded as having primarily a cultural character and usu. including languages, literature, history, mathematics, and philosophy" と記載されている。

ついて，さらに二，三のことを補足しておきたい。

ディルタイと「精神科学」

　ドイツの大学制度では，わが国の人文学部に相当するのは
「精神科学部」（Fakultät der Geisteswissenschaften）と称され
る学部である。「精神科学」（Geisteswissenschaften）という
用語そのものは，英国のジョン・スチュアート・ミルの著作
をドイツに導入する際に，英語の moral sciences の翻訳語と
して成立したものであると言われるが，学問的にその確立
に最も尽力したのは，ヴィルヘルム・ディルタイ（Wilhelm
Dilthey, 1833-1911）である。死後営々と弟子たちによって
刊行されてきた彼の著作は，現在では 36 巻にも及ぶが，そ
のディルタイの畢生の問題関心は，「生を生それ自身から
理解しようとすること」（das Leben aus ihm selber verstehen
zu wollen）[2]であった。生の哲学の立場に立つディルタイ
は，「自然」（Natur）を取り扱う自然科学に対して，「精神」
（Geist）を対象とする諸学問の基礎づけを可能にする道を模
索した。彼は当初，人間の心的体験の全体構造を具体的に分
析記述して，真に確実なる事実としての意識の世界を心理学
的に究明し，そこから社会および歴史の世界を本質的に解き
明かそうとした。これは，精神および歴史の世界を人間の心
的体験の全体性に基礎づけて詳述しようとするもので，社会
と歴史の心理学的解明と称すべきものであった。しかし心理
学的方法にはおのずから限界があり，いかにすれば一定の客
観的・学問的妥当性を要求できるのか。ここに心理学的方法

---

2)　Dilthey, *Gesammelte Schriften*, Bd. 5, 4.

に代わって解釈学的方法が前面に出てきた理由がある。

それゆえ，後年のディルタイは，ひたすら解釈学的方法をめぐって思索を深める。彼は，自然現象を因果法則によって説明（erklären）する自然科学に対して，人間の行為の所産としての歴史的現実を内面的・共感的に理解（verstehen）しようとする学問を区別して，これを「精神科学」（Geisteswissenschaft）と名づけた。そしてシュライアマハー－ベーク－ドロイゼンの系譜にしたがって，歴史的世界を捉えるための方法として，体験・表現・理解を基礎とする解釈学（Hermeneutik）を提唱した。そして自然科学が自然法則の解明に努め，自然現象を「説明」することを主眼とするのに対して，解釈学をその方法とする精神科学は，本質的に解釈学的性格をもっており，歴史的現実の「理解」を目指すものである，と言明した。

西南学派と「文化科学」

これに対して，新カント派の西南学派の創始者ヴィンデルバント（Wilhelm Windelband, 1848-1915）は，「歴史と自然科学」（Geschichte und Naturwissenschaft）と題された，1894年のシュトラスブルク大学総長就任演説において，次のような重大かつ意味深長な問題提起を行った。

　　故に我々はかく言ふことが出來る，―――一切の經驗科學は實在の認識に於て，自然法則の形式を有する普遍者を求むるか，然らずんば歴史的に規定された形態を具する特殊者を求むるのであると。經驗的科學の或るものは現實的生起の恆常不變なる形式を考察し，他のものは同じ

西南学派と「文化科学」

く現實的生起の夫れ自身に於て規定された一回的内容を観察する。前者は法則科學（Gesetzeswissenschaft）であり，後者は事件科學（Ereigniswissenschaft）である。彼れは常に在るところのものを，此れは嘗て在りしところのものを教へる。學的思惟は，――新術語を作ることが許されるならば，――前者の場合には法則定立的（nomothetisch）であり，後者の場合には個性記述的（idiographisch）である。また若し舊來の用語を蹈襲しようと思ふならば，如上の意味に於て自然科學と歴史科學との對立と言つてもよい，――但し，かくの如き方法的意味に於ては，心理學は全く自然科學に算せらるべきことを念頭に置いての上である。[3]

　すなわち，経験科学には二種類あり，自然科学は普遍的法則を求めるのに対して，いわゆる精神科学は特殊的・歴史的事実を求める。前者は「法則科学」であり，常にあるところのものを教えるのに対して，後者は「事件科学」であり，かつてあったところのものを教える。とくに後者に属する歴史学は，「常住的なもの」（das Immergleiche）ではなく，「一回的なもの」（das Einmalige）に焦点をあてる。なぜなら，「實に歴史的過程は，それが唯だ一回的なる時にのみ價値を有する」[4]からである。こうした洞察に基づいて，学問思惟としては，前者は「法則定立的」（nomothetisch）であり，後者は「個性記述的」（idiographisch）であると言い，そして心理学を手掛かりにして精神科学を基礎づけようとしたディル

――――――――――
　3）　ヴィンデルバント，篠田英雄訳『歴史と自然科学・道徳の原理に就て・聖』岩波文庫，1936 年，19 頁。
　4）　前掲書，31 頁。

241

補　遺　人文学研究とその方法

タイに暗に釘を刺して，心理学はむしろ自然科学に算入されるべきだ，と主張した。

彼の衣鉢を継ぐリッカート（Heinrich Rickert, 1863-1936）は，師の学説に基本的に賛同しつつも，承伏しがたい点も見出した。その一つが「法則定立的」と「個性記述的」という用語法である。この術語は，一方には全く普遍的なものが，他方には全く特殊的なものがあるとの誤解を与えかねない。リッカートによれば，事態はこの二つの術語によって劃然と区別されるほど単純なものではない。そこで彼はこれに代えて，「一般化的方法」（eine generalisierende Methode）と「個性化的方法」（eine individualisierende Methode）という術語をあらたに考案した。すなわち，自然科学は価値や意味を離れた自然を対象とし，これを普遍的概念の中に入れるべく，一般化的手続きを用いるのに対して，歴史学に代表されるもう一方の諸学問は，意味に満ちた価値関係的文化を叙述することを課題とし，そのために個性化的考察を必要とする。したがって，後者の学問を言い表わすには，《精神科学》という曖昧な用語ではなく，《歴史的文化科学》（historische Kulturwissenschaft）なる呼称の方がはるかに相応しいとされた。

マックス・ヴェーバー（Max Weber, 1864-1920）も，「文化科学」の基礎づけにおいてはリッカートの忠実な弟子である。ヴェーバーは，「あるもの」（存在）と「あるべきもの」（当為）とを原理的に峻別し，「生活現象をその文化意義において認識しようとする学科」を，「文化科学」と名づける。その場合，社会科学もそこに含まれるが，「ある文化現象の形成の意義，およびこの意義の根拠は，法則概念の体系がいかに完全となっても，そこから取り出したり，基礎づけた

242

り，理解させたりすることはできない」という。なぜなら，
「そうした意義や根拠は，文化現象を価値理念に関係づける
ことを，前提としているからである」。彼によれば，「文化の
概念は，ひとつの価値概念である。経験的実在は，われわれ
がそれを価値理念に関係づけるがゆえに，またそのかぎり
で，われわれにとって，「文化」であり，文化とは，実在の
うち，価値理念への関係づけによってわれわれに意義あるも
のとなる，その構成部分を，しかもそれのみを，包摂するの
である」[5]。要するに，社会科学も含めて文化科学においては，
実在の価値理念への関係づけが，その実在に意義を付与する
のであって，この点が自然科学と異なるとされるのである。

人文学の方法

自然科学，精神科学，文化科学の対立と相違については，
かなり専門的な議論がいまなおあり，ここでは深入りできな
いし，またそのつもりも能力もない[6]。われわれにとって大
事なことは，人文学は自然科学（そして一部の社会科学）と
は異なる原理に立脚した学問であり，それは学問論的には，
精神科学あるいは文化科学として位置づけられることであ
る。したがって，人文学が主に用いる方法は，西南学派の用
語を用いれば，「法則定立的」ないし「一般化的」ではなく，
「個性記述的」ないし「個性化的」な方法ということになる

5）　マックス・ヴェーバー，冨永祐治・立野保男・折原浩輔訳『社会
科学と社会政策に関わる認識の「客観性」』岩波文庫，1998年，82-83 頁。

6）　筆者の眼に触れたかぎりでは，Otto Gerhard Oexle, hrsg.,
Naturwissenschaft, Geisteswissenschaft, Kulturwissenschaft: Einheit-Gegensatz-
Komplementarität? (Göttingen: Wallstein Verlag, 1998) が一番参考になる。

243

補　遺　人文学研究とその方法

であろう。しかし，ヴィンデルバントも注意を促しているように，同一の対象が法則定立的研究の対象にも，個性記述的研究の対象にもなり得るので，このことは人文学が自然科学的方法を用いないことを意味するものではない。人文学は「人間とその文化を対象とする学問」であるが，人間という存在は，単に文学や哲学や歴史学が問うところのものではなく，文化人類学も社会学も，経済学も政治学も，さらには生物学も医学も，それぞれの仕方で人間に深く関わっている。これらの経験的諸学問においては，自然科学や社会科学の各種の方法が駆使されており，人間はそういう方法によってさまざまな角度から研究されている。

　さて，人間（ἄνθρωπος）を真正面から問い質す学問は，一般的に「人間学」（anthropology; Anthropologie）と呼ばれるが，これには大きく分けて，「自然人間学」（natural anthropology），「文化人類学」（cultural anthropology），「哲学的人間学」（philosophical anthropology）の三つがある。第1のものは，自然科学的な手法による人間学であり，人間を動物学の一側面から考察し，とりわけ頭蓋骨を測定し，何百万年も経った人骨から人類の形態を解明する。第2のものは，民族学・社会学・宗教学・民俗学・文化誌・統計学などの協力によって誕生したもので，モルガン（Lewis Henry Morgan, 1818-81）やマリノフスキー（Bronislaw Malinowski, 1884-1942）による原始・未開社会の実態調査から始まり，異文化理解を共通目標に社会文化生活の広汎な研究を行っている。第3のものが独立した学問として産声を上げたのは，1928年，マックス・シェーラー（Max Scheler, 1874-1928）が『宇宙における人間の地位』を世に問うたときであり，同年にケルン大学の彼の同僚であったヘルムート・プレスナー

人文学の方法

（Helmuth Plessner, 1892-1985）がいっそう広汎な著作『有機体の諸段階と人間——哲学的人間学入門』を発表して，一気に人間の存在を全体的に考察する学問を軌道に乗せた。われわれが言及したゲーレンの研究（第7章参照）は，その最高水準の成果を示していると言われる。

　人文学の中心に位置する永遠の問い，すなわち「人間とは何か？」という問いは，ある意味では哲学の歴史とともに古いものであるが，自然人間学と文化人類学は言うに及ばず，哲学的人間学も経験的諸科学の成果を大いに取り入れている。哲学的人間学は，人間を対象とする諸科学の経験知の諸体系に対して，それらの成果をも含む人間の知識・行為・製作の全体の特質を，そのつど根本的に問い質しつつ，それらの存立の条件・根拠・意味・方向などを，人間の自然的・歴史的なあり方に即して探究する。そのようにして，それは基礎人間学として，人間科学の経験知の統合の基底を担おうとする。

　以上の点を勘案すると，人文学の方法を単純に個性記述的ないし個性化的として特徴づけることは，もはやできないと言わざるを得ない。それにもかかわらず，人文学が「人間とその文化を対象とする学問」である以上，動物一般や機械に還元できない人間存在の特異性に配慮した，固有の研究方法が要請されなければならない。トータルな意味での人間とその文化は，自然科学的方法や社会学的方法のみによっては解明できない。その不可能性の理由は，そこからカッシーラーが人間を「シンボルを操る動物」（animal symbolicum）と名づけたところの，人間存在の根源的事実に尽きる。われわれが見てきたように（第7〜10章参照），言語・芸術・神話・宗教・祝祭・時間・記憶・歴史といったアスペクトは，その

245

いずれをとっても人間固有の生の次元を反映している。これらのアスペクトないし次元のある部分については、もちろんある程度のデジタル化はできるであろうし、またデジタル化されなければならない。しかしそのすべてをデジタル化してコンピュータ処理することは、この先何万年かかろうとも無理な話であろう。なぜなら、それは人間が人間であることをやめてしまうことを意味するからである。そのかぎりでは、人文学においてアナログ的思考が不用になることはない、と断言しても構わない。それと同時に、「読み、読み返す」という読解の方法も、伝統的な文献学的な研究方法も、その重要性を失うことはないであろう。

人文学の学問性

そうだとしても、しかし人文学の学問性はどこに求められるべきであろうか。一つの有力な手掛かりは、解釈学と現象学の理論とその成果であろう。もちろん、一口に解釈学や現象学といっても、その歴史・解釈・理解には多様性が存在するので、一筋縄ではいかない。しかし人間精神とその所産としての文化を、その実際のあり方に即しながら研究し、各種の文化的シンボルを読解し、人間知性の理解へともたらそうと努力する営みは、人間にのみ固有な解釈学的行為であり、これに深くメスを入れ、その行為の本質を解明するには、自然科学が用いる「説明」のためのツールだけでは不十分である。そのためには、精神科学ないし文化科学が用いる「理解」のためのツールが不可欠である。それに加えて、たびたび強調してきたように、アナログ的な思考と作法、トピカ的な総合的判断力の重要性が、ここでもう一度主張されなけれ

人文学の学問性

ばならない。

　最後に，再度ディルタイの言葉を引けば，「生を生それ自身から理解しようとすること」，これこそが人文学の辿るべき道である。しかしそのためには，人間自身による知的探求＝探究の企てが不断になされなければならず，人文学はまさにそのような学問的営為なのである。

あとがき

　本書は，2014 年に刊行された『人文学概論——新しい人文学の地平を求めて』の増補改訂版である。もともとは奉職している大学の概論講義のために書き下ろしたものであって，そのためにワンセメスター 15 回の講義に見立てた形式をとっていた。しかし 15 回の 90 分授業で人文学のすべてについて語ることはもとより不可能であるので，筆者の専門分野の知識と問題関心に基づいて，いわば強引な「選択と集中」によって，あのような章立てと内容になった次第である。

　類書がほとんど存在しなかったためか，初版は筆者の予想をはるかに超えて，多くの読者に歓迎された。一般的な概論書であるにもかかわらず，たとえば学会誌にも書評が掲載されたし，ネット上でもさまざまな反響があった。もちろん，なかには手厳しい批判——その代表的なものは，「新しい人文学の地平を求めて」と謳いながら，少しも新しいところがないというもの——もあったが，大方の読者は好意的に受け取ってくださったようである。難しいところはかなり噛み砕いて講義をしたこともあり，教室での学生たちの反応もおおむね良好であった。

　ここに改訂版を出すにあたって，単なる誤植の訂正にとどまらず，第 15 章を全面的に書き換え，それ以外のところでも情報を最新のものに更新し，必要に応じて適宜内容を補足した。その際，読者の声や受講生たちのコメントを参照させていただいた。今回の改訂の最大のポイントは，第 15 章の

あとがき

　章題に端的に示されているように，人文知が科学知とは本質的に異なり，一般的にベークのいう「認識されたものの認識」という性格を有し，それゆえ自己再帰的・多重的な入れ子構造を特質としていることを，より明確に打ち出したことである。この増補改訂によって本書の趣旨がより鮮明になったので，副題を「新しい人文学の地平を求めて」から「人文知の新たな構築をめざして」に変更した。

　初版の「あとがき」にも記したように，エクリチュールというメディアを媒介にした人文学の時代が終焉したと宣告される現在，人文知を新たに構築しようとすることは，ある種のドン・キホーテ的蛮勇を必要とする。人文知あるいは人文学というものは，過去に由来する文字資料や人間的痕跡に関する諸情報を自己再帰的に取り扱うので，それの新たな構築をめざすいかなる試みも，現存する人間精神の所産の根本的再検証という，ある種の回顧的な解釈作業を不可避とする。文化人類学，映像文化，さらに「デジタル人文学」などは，必ずしもそうではないかもしれないが，俗に「哲・史・文」と称される文学部の伝統的な学問分野は，基本的に，いまでも文献学的手法にほぼ全面的に依拠している。

　人文学は，畢竟，「温故知新」の学である。この学問はたえず過去の知的遺産に立ち返って，それを根源的に問い直すなかから，時代に即応した新しい意味を発見しようと努める。それゆえ，一部の人々から時代錯誤と揶揄されようと，人文学はあくまでもテクストの精読と読解を中心に据えた「読みの科学」である，と主張せざるを得ない。「新しい人文学」が唱道される場合でも，サイードにおいてもそうであったように，その新しさは「温故知新」的な意味での「新しさ」であらざるを得ない。それは過去のテクストを現在のコ

あとがき

ンテクストにおいて読解するなかから，新鮮で生き生きとした意味を主体的・責任的に紡ぎ出すことである。これは発想の斬新さや視点の奇抜さに由来する，ポップな新奇さとは別物である。

情報通信技術や人工頭脳の飛躍的進歩が，人間の営みを根本的に変えつつある今日，エクリチュールとそれの読解を根幹とする人文学は，たしかに時代遅れの学問なのかもしれない。スピードを競う時代にあっては，「スローサイエンスとしての人文学」（野家啓一）はたしかに受けが悪い。しかし，例えば「半分が全部より多い」（ヘシオドス）とか，「最短の線がつねに直線だということは真実ではない」（レッシング）というような言述は，深い人文学的な知恵と経験に掉さしており，人間的真理を見事に言い表している。この先 ICT や AI がいかに発達しようとも，人文知が不必要となることはまずないであろう。むしろ過去の知的遺産を継承・伝達する役割は，ますますその重要度を増してくるであろうし，またその役割を立派に果たすには，本物の人文知を身に付けた人間があまた必要となる。人文知は科学知によって代替され得ない。それだから，人文学に従事する者たちよ，「その船を漕いでゆけ　おまえの手で漕いでゆけ　おまえが消えて喜ぶ者に　おまえのオールをまかせるな」（中島みゆき「宙船」より）！

最後に，激しい向かい風が吹き荒れる時代にもかかわらず，小著の増補改訂版の刊行を快くお引き受けくださった知泉書館の小山光夫社長と，編集・校正などのこまごまとした仕事を担当してくださった高野文子さんに，ふたたびこの場を借りてお礼を申し上げたい。人文学のたゆみない営みは，

あとがき

このような出版社と編集者の協力なしにはあり得ない。著者
として少しでも多くの読者に本書が読まれることを祈念して
やまない。それこそがお二人の労苦に報いる唯一の手段なの
だから。

2017 年 12 月
札幌清田の寓居にて

安 酸 敏 眞

人文学に関連する文化史年表

年	人文学関連事項	一般史事項	本書の章
前6世紀	タレス（前625頃-前545頃）「万物は水からなる」		2
	ピュタゴラス（前569頃-前470頃）		3
	孔子（前551-前479）		15
		ペルシア戦争（前546頃-前448頃）	
		ペロポネソス戦争（前431-前404）	2
	ヘロドトス（生没年未詳）『歴史』		10
	トゥキュディデス（前460頃-前400頃）『歴史』		10
前399	ソクラテス（前469頃-前399）死す		2
	釈迦（前463頃-前383頃）		
前392頃	イソクラテス（前436-前338），アテナイに修辞学校を設立		3
前387	プラトン（前427頃-前347），アテナイにアカデメイアを設立		2/3
前334	アリストテレス（前384-前322），リュケイオンを設立	アレクサンドロス（前356-前323）東方遠征に出発	2
	エウクレイデス（ユークリッド）（前300年ごろ）『原本』（ストイケイア）		3
前3世紀	プトレマイオス1世ソテル（在位前323-前285），アレクサンドリアにムーセイオン設立		13

253

人文学に関連する文化史年表

	エピクロス（前341頃-前270頃）		3
	ゼノン（前336頃-前264頃）		3
前3世紀中葉〜前1世紀	プトレマイオス2世フィラデルフォス（前285-前247）の命によりセプトゥアギンタ（LXX）完成		13
前55	キケロ（前106-前43）『弁論家について』		3
前44		ユリウス・カエサル（前100-前44）暗殺される	
前31		アクチウムの海戦（オクタヴィアヌス，アントニウスとクレオパトラの軍を破る）	
	イエス・キリスト（前4-29）		9
64頃	使徒ペテロ，ローマにて殉死（使徒パウロも同年，あるいは67年頃ローマにて殉死）		
1世紀	クインティリアーヌス（35頃-100頃）		3
	フラウィウス・ヨセフス（37-100頃）『ユダヤ古代誌』		13
	ウィトルーウィウス（1世紀）『建築書』		3
2世紀	プトレマイオス（100頃-170頃）		3
4世紀	ドナトゥス（4世紀）『大文法』と『小文法』		3
313		皇帝コンスタンティヌスによるミラノの勅令	
392		キリスト教ローマの国教になる	
405頃	ヒエロニムス（347頃-420頃），ラテン語訳聖書のヴルガータを完成		11

人文学に関連する文化史年表

426	アウグスティヌス（354-430）『神の国』全22巻を完成		10
476		西ローマ帝国滅亡	
6世紀	プリスキアヌス（6世紀）『文法の原理』		3
529	ベネディクトゥス（480頃-543頃），モンテ＝カシノに修道院を創立	東ローマ皇帝ユスティニアヌスの命によりアカデメイア閉鎖	13
6-7世紀	ムハンマド（570頃-632）		
711		レコンキスタ（国土回復運動）（711-1492）	13
732		トゥール・ポアティエ間の戦い	
800		カール大帝（742/43-814）の戴冠式	4
	アルクイン（735頃-804）		4
9世紀	カロリング・ルネサンス		4
910	クリュニー修道院創立		13
962		オットー大帝（912-973）の戴冠式	
	アヴィケンナ（980-1037）『アリストテレス形而上学註解』		4
1073		グレゴリウス7世（在位1073-1085）「グレゴリウス改革」に着手	4
1077		カノッサの屈辱	4
1095		ウルバヌス2世（在位1088-1099）イスラム討伐令	4
		十字軍戦争（1096-1270）	4
	シャルトルのベルナルドゥス（1126没）		4
	アベラール（1079-1142）エロイーズ（1098頃-1164）		4

255

人文学に関連する文化史年表

	ソールズベリのヨハネス (1115/20-80)		4
	アヴェロエス (1126-98)『形而上学要綱』		4
	モーゼ・ベン・マイモン（マイモニデス）(1135-1204)『迷える者への救いの手引き』		4
1088 頃	ボローニャ大学創立		4
1150 頃	パリ大学創立		4
1170 頃	オックスフォード大学創立		4
1209	ケンブリッジ大学創立／アッシジのフランシスコ (1181 頃 -1226)，フランシスコ修道会創立	インノケンティウス 3 世（在位 1198-1216），教皇権全盛期時代の第 176 代ローマ教皇	4/13
1215	ドミニクス (1170 頃 -1221)，ドミニコ修道会創立		13
1266-74	トマス・アクィナス (1225 頃 -74)『神学大全』		
1307-21	ダンテ (1265-1321)『神曲』		
		教皇のバビロン捕囚 (1309-77)	
1350	ペトラルカ (1304-74)『カンツォニエーレ』	1348 年頃，西欧に黒死病（ペスト）流行	5
		教会大分裂（大シスマ）(1378-1417)	
1386	ハイデルベルク大学創立		6
1434 頃		グーテンベルク (?-1468?) 活版印刷術の発明	10/13
1440	ロレンツォ・ヴァッラ (1405-57)『コンスタンティヌスの寄進状』が虚構であることを文献学的に証明		5

人文学に関連する文化史年表

1453		ビザンツ帝国，オスマントルコによって滅ぼされる	
1462	フィチーノ（1433-99）フィレンツェに「プラトン・アカデミー」開く		5
	ボッティチェリ（1444頃-1510）「ヴィーナスの誕生」「春」		5
	レオナルド・ダ・ヴィンチ（1452-1519）「最後の晩餐」「モナリザ」		5
	ミケランジェロ（1475-1564）「ダヴィデ」「天地創造」「最後の審判」		5
	ラファエロ（1483-1520）「聖母子像」「アテナイの学堂」		5
1492		レコンキスタ（国土回復運動）の完了／コロンブスによる新大陸発見	
1511	エラスムス（1466頃-1536）『痴愚神礼賛』		5
1516	エラスムス　ギリシア語原典版『校訂新約聖書』／トマス・モア（1478-1535）『ユートピア』		5
1517	ルター（1483-1546）の「95か条の提題」→宗教改革勃発		5
1524-26	エラスムスとルターの間で「自由意志論争」起こる	ドイツ農民戦争（1524-25）	5
1534	ルター，旧約聖書をヘブライ語からドイツ語に翻訳／イグナティウス・ロヨラ（1491頃-1556），フランシスコ・ザビエル（1506頃-52）とともにイエズス会創立	ヘンリー8世，主張令を発布→イギリス国教会	11

人文学に関連する文化史年表

1543	コペルニクス（1473-1543）『天体の回転について』		
1590 頃 -	シェークスピア（1564-1616）		12
1600	ジョルダーノ・ブルーノ（1548-1600）火刑に処せられる	関ヶ原の戦い	
1603		江戸幕府（1603-1867）の開府	
		三十年戦争（1618-48）	
1620		ピルグリム・ファーザーズ，メイフラワー号でアメリカに移住	
1633	ガリレイ（1564-1642），宗教裁判にかけられる		
1637	デカルト（1596-1650）『方法叙説』		
1639	ハーバード大学創立	徳川3代将軍家光，鎖国に踏み切る	6
		ピューリタン革命（1642-49）	
1648		ウェストファリア条約	
1687	ニュートン（1642-1727）『プリンキピア』		
1688-89		名誉革命→権利の章典	
1701	イェール大学創立		6
1702	松尾芭蕉（1644-94）『おくのほそ道』		
1725	ヴィーコ（1668-1744）『新しい学』第1版		14
1734	ヴォルテール（1694-1778）『哲学書簡』		
1737	ゲッティンゲン大学創立		6
1746	プリンストン大学創立		6
1748	モンテスキュー（1689-1755）『法の精神』		

人文学に関連する文化史年表

年			
1762	ルソー（1712-78）『社会契約論』		
1766	レッシング（1729-81）『ラオコオン』		9
1774	ゲーテ『若きウェルテルの悩み』		
1776	アダム・スミス『諸国民の富』	アメリカ独立宣言（1776.7.4）	
1779	レッシング『賢者ナータン』		
1781	カント（1725-1804）『純粋理性批判』／シラー（1759-1805）『群盗』		10/12
1788	カント『実践理性批判』		
1789		フランス革命勃発→人権宣言（1789.8.26）	1
1795	フリードリヒ・アウグスト・ヴォルフ（1759-1824）『ホメロス序説』		12
		ナポレオン戦争（1796-1815）	
1798	本居宣長（1730-1801）『古事記伝』を完成		12
1799	シュライアマハー（1768-1834）『宗教論』		9
1806		神聖ローマ帝国の消滅／イエナの戦い	
1807	ヘーゲル（1770-1831）『精神現象学』		
1808	ゲーテ（1749-1832）『ファウスト』（第1部1808，第2部1832）		1/12
1809	ヴィルヘルム・フォン・フンボルト（1767-1835）「ベルリン高等学術施設の内的および外的組織について」		6
1810	ベルリン大学創立		6
		ウィーン会議（1814-15）	

人文学に関連する文化史年表

年	列1	列2	列3
1815	杉田玄白『蘭学事始』		
1853		ペリー来航，日本に開国迫る	7
1854	ランケ（1795-1886）『世界史概観』		10
1858	ドロイゼン（1808-84）『史学論』		10/15
1859	ダーウィン（1809-82）『種の起源』		
		アメリカ南北戦争（1861-65）	
1862-65	西周（1829-97），オランダに留学	リンカーン大統領，「奴隷解放宣言」発布（1863.1）	1
1864-74	新島襄（1843-90），アメリカに留学		
1867-85	マルクス（1818-83）『資本論』		13
1868		明治維新	
1871	タイラー（1832-1917）『未開社会』	ドイツ帝国（1871-1918）の成立	7
1871-73		岩倉使節団，欧米を視察訪問	
1871-82	津田梅子（1864-1929）アメリカに留学	ビスマルクによる「文化闘争」（1871-80）	
1872-96	福沢諭吉（1834-1901）『学問のすすめ』		7
1875	福沢諭吉『文明論之概略』		7
1876	クラーク博士（1826-86）来日し，札幌農学校にて8カ月間教鞭をとる		11
1877	アウグスト・ベーク（1785-1867）『文献学的諸学問のエンツィクロペディーと方法論』／東京大学創立（1886年，帝国大学となる）	インド帝国成立（1877-1947），ヴィクトリア女王がインド皇帝に即位	12/15

人文学に関連する文化史年表

1878	フェノロサ（1853-1908）来日。1886年まで東京大学(のち帝国大学)で教鞭をとる		11
1883	ディルタイ（1833-1911）『精神科学序説I』		補遺
1884-88	森鷗外（1862-1922），ドイツに留学		7/11
1887-89	二葉亭四迷（1864-1909）『浮雲』		11
1889		大日本帝国憲法発布	
1890	フレイザー（1854-1941）『金枝篇』	第1回帝国議会開会	9
1893	ケーベル（1848-1923）来日。1914年まで東京帝国大学で教鞭をとり，多くの学生に感化を与える		
1894	ヴィンデルバント（1848-1915）学長就任講演「歴史と自然科学」		補遺
		日清戦争（1894-95）	
1895	内村鑑三（1861-1930）『余は如何にして基督信徒となりし乎』How I Became A Christian		11
1897	京都帝国大学創立		
1898	リッカート（1863-1936）『文化科学と自然科学』	エミール・ゾラ（1840-1902），「私は弾劾する」を発表して，ドレフュス事件の扱いに抗議	補遺
1899	新渡戸稲造（1862-1933）『武士道』Bushido, the Soul of Japan		11
1899-1901	芳賀矢一（1867-1927），ドイツに留学		12
1900	夏目漱石（1867-1916），イギリスに留学／フロイト（1856-1939）『夢判断』	ヴィクトリア女王没（在位1837-1901）	7

人文学に関連する文化史年表

1904	マックス・ヴェーバー (1864-1920)『社会科学と社会政策にかかわる認識の「客観性」』		補遺
		日露戦争（1904-05）	
1904-06	波多野精一 (1877-1950), ドイツに留学		10
1906	岡倉天心 (1862-1913)『茶の本』 The Book of Tea		11
1906-09	原勝郎 (1871-1924), ヨーロッパに留学		7
1908	内村鑑三『代表的日本人』 Representative Men of Japan		11
1909	内藤湖南 (1866-1934), 京都帝国大学文科大学教授に就任		7
1911	西田幾多郎 (1870-1945)『善の研究』	辛亥革命（1911-12）	9
1912		元号が改まり大正となる	
		第一次世界大戦（1914-18）	
1913	タゴール (1861-1941), アジア人初のノーベル文学賞受賞	ウィルソン，第28代大統領に就任（1913-21）	
1916	ソシュール (1857-1913)『一般言語学講義』／アインシュタイン (1879-1955), 一般相対性理論を発表		8
1917	河上肇 (1879-1946)『貧乏物語』／ルドルフ・オットー (1869-1937)『聖なるもの』	ロシア革命	1/9
1918	トーマス・マン (1875-1955)『非政治的人間の考察』	米国大統領ウィルソン，「十四カ条」を発表	7
		ワイマール共和国（1919-33）	

人文学に関連する文化史年表

1920	ジョン・デューイ（1859-1952）『哲学の改造』	国際連盟設立	
1921	バルト（1886-1968）『ローマ書』第二版／魯迅（1881-1936）『阿Q正伝』	中国共産党成立	8
1922	トレルチ（1865-1923）『歴史主義とその諸問題』／アインシュタイン（1879-1955）来日		7/10
1922-24	村岡典嗣（1884-1946），ヨーロッパに留学		7
1922-25	三木清（1897-1994），ヨーロッパに留学／有賀鐵太郎（1899-1977），アメリカに留学		7
1922-29	九鬼周造（1888-1941），ヨーロッパに留学		7
1923		関東大震災（9月1日）	
1926	クローチェ（1866-1952）『歴史の理論と歴史』	元号が改まり昭和となる	10
1927	ハイデガー（1889-1976）『存在と時間』	リンドバーグ，初の単独大西洋無着陸横断飛行	10
1928	シェーラー（1874-1928）『宇宙における人間の地位』／プレスナー『有機体の諸段階——哲学的人間学入門』		補遺
1928-31	吉川幸次郎（1904-80），中国に留学	大恐慌（1929.10-1933）	11
1930	九鬼周造『「いき」の構造』		7
1934	ルース・ベネディクト（1887-1948）『文化の型』		7
		第二次世界大戦（1939-45）	
1937	朝河貫一（1873-1948），日本人初のイェール大学教授に就任	日伊独三国防共協定なる	7

人文学に関連する文化史年表

1942	ヤコーブソン（1896-1982）「音と意味に関する六つの講義」		8
1942-43	『中央公論』の座談会『世界史的立場と日本』		
1943	『文学界』の座談会『近代の超克』／波多野精一『時と永遠』	イタリア降伏	10
1944	カッシーラー（1874-1945）『人間―シンボルを操るもの―』	連合国，ノルマンディー上陸	8
1945		広島，長崎に原爆投下／国際連合設立	
1946	ルース・ベネディクト『菊と刀』／田辺元『懺悔道の哲学』	天皇の人間宣言／日本国憲法制定公布	7
1947		「6・3・3・4」制スタート／トルーマン・ドクトリン	
1949	湯川秀樹（1907-81），日本人として初のノーベル物理学賞受賞		
1956	アーノルド・トインビー（1889-1975）来日		7
1958	井筒俊彦（1914-93），日本で最初の『コーラン』の原典訳を刊行	岩戸景気（61年11月まで）	7, 11
1960	ガダマー（1900-2002）『真理と方法』／パウル・ティリッヒ（1886-1965）来日		9/12
1961	西谷啓治（1900-90）『宗教とは何か』／ゲーレン（1904-76）『人間学の探究』	ケネディ，第35代大統領に就任（1961-63）	7/9
1968	川端康成（1899-1972），日本人として初のノーベル文学賞受賞	キング牧師暗殺される（1968.4）	

人文学に関連する文化史年表

1970	三島由紀夫 (1925-70), 割腹自決／ソルジェニーツィン (1918-2008), ノーベル文学賞受賞	大阪万博／アポロ 13 号打ち上げ	8
1978	サイード (1935-2003)『オリエンタリズム』		15
1983	テリー・イーグルトン (1943-)『文学とは何か』	パソコン・ワープロブーム／TV ドラマ「おしん」大人気	8
1989		ベルリンの壁の崩壊／元号が改まり平成となる	
1991		ソビエト連邦の崩壊／文部科学省による大学設置基準の大綱化	1
1993		ヨーロッパ連合（ＥＵ）正式発足	
1994	大江健三郎 (1935-), 日本人二人目のノーベル文学賞受賞	ネルソン・マンデラ (1918-2013) 南ア共和国初の黒人大統領となる	
1995	ベルンハルト・シュリンク (1944-)『朗読者』		10
1999	ペーター・スローターダイク『「人間園」の規則』	ＥＵ加盟国，共通通貨ユーロ（Euro）を導入	1
2001		ニューヨークとワシントン D.C. 同時多発テロ	
2004	サイード『人文学と批評の使命』	4 月より国立大学の独立行政法人化	15
2005	巨大電子図書館「ヨーロピアーナ」スタート		13
2011	ドナルド・キーン (1922-)『ドナルド・キーン著作集』全 15 巻	東日本大震災 (3 月 11 日)	11
2012	ドナルド・キーン, 日本に帰化		
2017	カズオ・イシグロ (1954-), 日系人初のノーベル文学賞受賞	ドナルド・トランプ (1946-), 第 45 代大統領に就任	

主要文献解題

01 「人文学の終焉」からのスタート

ペーター・スローターダイク，仲正昌樹訳『「人間園」の規則』御茶
の水書房，2000 年
　1999 年に勃発した「スローターダイク論争」のきっかけとなったペー
　ター・スローターダイクの論文と，アレックス・デミロヴィッチの「覚
　え書き」を収録する。「人文主義の終焉」というセンセーショナルな問題
　提起を含んでいるが，人文学の営みの本質を見事に逆照射しており，一
　読の価値ある文献。

南川高志「序　人文学と人文主義のヨーロッパ史──いま問われる
べきこと」，南川高志編著『知と学びのヨーロッパ史』ミネルヴァ
書房，2007 年
　「知」のあり方が大きく変貌するなかにあって，人文学のあり方・学び方
　を真摯に問い質す。

赤塚行雄『人文的「教養」とは何か──複雑系時代の人文学』學藝
書林，1998 年
　要素還元主義的な現代の思潮に抗して，人文学的な知のあり方と「教養」
　の伝統を大胆に擁護。

赤塚行雄『人文学のプロレゴーメナ』風媒社，2000 年
　わが国における人文学の伝統を多角的に洗い直す仕方で，人文学の再生
　の方向性を探る意欲的な試み。

吉見俊哉『大学とは何か』岩波新書，2011 年
　大学を知のメディアとして捉え，中世ヨーロッパにおける誕生から今日
　に至るまでの大学を問い直したもの。

服部良久・南川高志・小山哲・金澤周作編『人文学への接近法──
西洋史を学ぶ』京都大学学術出版会，2010 年
　新しい人文学を模索する視点から西洋史の学び方を多角的に見直そうと
　する試み。平易に叙述されている。

西山雄二編『哲学と大学』未来社，2009 年
　大学存立の危機が叫ばれる現代の状況下で，各種の大学論を参照しつつ
　人文科学の未来を模索する意欲的試み。

西山雄二編『人文学と制度』未来社，2013 年
　経済至上主義の現代にあって，社会的制度としての大学を根源的に問い，

主要文献解題

人文学や哲学の可能性を追求する。

貝塚茂樹『孔子』岩波新書，1951 年

　半世紀以上たってもちっとも古びぬ碩学による論語の入門書。しっかり
　した学識に基づいた書物は時代が変わってもその価値を失わない。

　02　ギリシアにおける学知の誕生

服部英次郎『西洋古代中世哲学史』ミネルヴァ書房，1976 年

　学生時代から愛読してきた西洋古代中世哲学史の教科書。少し古びた感
　じは否めないが，初学者にはとてもわかり易い一書。この章の叙述は主
　にこれによっている。

田中美知太郎『ソクラテス』岩波新書，1957 年

　わが国におけるプラトン研究を確立した第一人者による，ソクラテスの
　生涯と思想についての標準的入門書。

Ｆ・Ｍ・コーンフォード，山田道夫訳『ソクラテス以前以後』岩波
　文庫，1995 年

　イギリスの代表的古典学者コーンフォードによる西洋古典学およびギリ
　シア思想史についての格好の入門書。

山本光雄『アリストテレス──自然学・政治学』岩波新書，1977 年

　アリストテレスの自然学と政治哲学をとりあげて，万学の祖たるアリス
　トテレスの思想世界に道案内する。

藤沢令夫『プラトンの哲学』岩波新書，1998 年

　透徹した原典テクストの読解によって，通俗的理解の間違いを正しつつ，
　プラトン哲学の核心へと迫る。

Ｄ・セドレー編著，内山勝利監訳『古代ギリシア・ローマの哲学』
　京都大学学術出版会，2009 年

　ケンブリッジ大学の俊英教授によって編集されたギリシア・ローマ哲学
　研究の最新の息吹を伝える総合的研究書の翻訳。

　03　パイデイアとヨーロッパ的教養の伝統

上智大学中世思想研究所編集『教育思想史Ⅰ──ギリシア・ローマ
　の教育思想』東洋館出版社，1974 年

　全 6 巻からなる教育思想史の第 1 巻。ギリシア・ローマの代表的哲学者・
　思想家の教育思想を見事に炙り出す。

廣川洋一『ギリシア人の教育──教養とはなにか』岩波新書，1990
　年

　ギリシア人にとって教育の目的とは何であったかを，プラトンとイソク

267

主要文献解題

ラテスに即して鋭く分析している。

高田康成『キケロ——ヨーロッパの知的伝統』岩波新著，1999 年
　　ギリシア・ローマの古典文化を西欧近代に伝えたキケロの業績を論じ，
　　それを通してヨーロッパの知的伝統の特質を描き出す。

Ｈ・Ｉ・マルー，岩村清太訳『アウグスティヌスと古代教養の終焉』
　　知泉書館，2008 年
　　ギリシア・ローマの教養と聖書的な信仰を一身において総合したアウグ
　　スティヌスに範をとって，古代的教養の中身とその終焉を克明に描き出
　　す不朽の名著。

ピエール・リシェ，岩村清太訳『ヨーロッパ成立期の学校教育と教
　　養』知泉書館，2002 年
　　西欧初期中世の教育，教養を研究する者にとって不可欠の重厚な書物。
　　著者のピエール・リシェは，カロリング研究の権威者として有名。この
　　ような大著を正確に訳せる訳者の力量にも脱帽。

Jaeger, Werner. *Paideia: The Ideals of Greek Culture.* Trans. Gilbert
　　Highet. 3 vols. 2d ed. Oxford & New York: Oxford University Press,
　　1971.
　　ギリシアの教養概念であるパイデイアについての包括的な研究書。ドイ
　　ツ語の原題は，*Paideia. Die Formung des griechischen Menschen* ［パイデ
　　イア——ギリシア的な人間の形成］。巨匠イェーガーのライフワーク的著作。

04　知識人と大学の誕生

アベラールとエロイーズ，沓掛良彦・横山安由美訳『愛の往復書簡』
　　岩波文庫，2009 年
　　中世キリスト教社会を震撼とさせたアベラールとエロイーズの恋愛事件。
　　その当事者たちがみずから綴る事件の顛末と懊悩を，新しい訳でとどけ
　　る。第一書簡「災厄の記」は必読。

堀米庸三編『西欧精神の探究——革新の十二世紀』上・下巻，NHK
　　ライブラリー，日本放送出版協会，2001 年
　　ヨーロッパがキリスト教世界として形を整えたのは，12 世紀であったと
　　して，本書はこの「革新の 12 世紀」を多角的に考察している。古き良き
　　時代の人文学的な香りがする一冊である。

フィリップ・ヴォルフ，渡邊昌美訳『ヨーロッパの知的覚醒——中
　　世知識人群像』白水社，2000 年
　　帯に「真の西欧的な知が誕生する歴史的過程をドラマティックに描いた
　　古典的名著」と記されているが，アルクイン，ジェルベール，アベラー

主要文献解題

ルそれぞれの時代についての叙述は，さすがに堂に入っている。

リチャード・E・ルーベンスタイン，小沢千重子訳『中世の覚醒
——アリストテレス再発見から知の革命へ』紀伊國屋書店，2008
年
アリストテレスの再発見が西欧中世の知的覚醒につながった経緯を克明
に描き出す良書。ワクワクしながら読める一冊。

クリストフ・シャルル／ジャック・ヴェルジェ，岡山茂・谷口清彦
訳『大学の歴史』（文庫クセジュ）白水社，2009 年
シャルルとの共著のこの本は，ヴェルジェ単独執筆の『中世の大学』（み
すず書房，1979 年）よりもコンパクトながら，要点がより明確に記載さ
れている。しかしより詳細な情報を欲する読者には，単独執筆のものを
お薦めする。

C・H・ハスキンズ，青木靖三・三浦常司訳『大学の起源』八坂書
房，2009 年
中世の大学の実際の営みを，大学制度・教師・学生という 3 つの視点か
ら描いており，ヴェルジェのものと併せ読むときわめて有益である。

岩村清太『ヨーロッパ中世の自由学芸と教育』知泉書館，2007 年
マルーやリシェの名著の訳者として名高い岩村清太氏が，深い学識に基
づいて世に送り出したヨーロッパ中世の自由学芸と教育についての本格
的研究書。

甚野尚志『十二世紀ルネサンスの精神——ソールズベリのジョンの
思想構造』知泉書館，2009 年
12 世紀ルネサンスを代表する知識人の一人ソールズベリのジョン（ヨハ
ネス）の思想構造についての，本邦初の本格的な研究書。

ロフト・トーマン編，アヒム・ベトノルツ写真，バルバラ・ボルン
ゲッサー文，忠平美幸訳『美しい荘厳な芸術 ヨーロッパの大聖堂』
河出書房新社，2017 年
ヨーロッパ 11 カ国，125 都市，151 聖堂・教会を収録した美しい写真集。
ヨーロッパ文化の極みともいえる豪華絢爛な大聖堂を堪能できる。時代
的に新しいものも数多く収録されているが，中世に建造された代表的ロ
マネスク様式やゴシック様式の大聖堂も少なくない。

Rashdall, Hastings. *The Universities of Europe in the Middle Ages*. 3
vols. Oxford: Oxford University Press, 1895; revised ed., Oxford:
Oxford University Press, 1936.
中世ヨーロッパの大学史としては，従来最も権威的な書物。邦訳書はヘー
スティングス・ラシュドール，横尾壮英訳『大学の起源——ヨーロッパ

269

主要文献解題

中世大学史』全3冊，東洋館出版社，1966-68年。

ステファン・ディルセー，池端次郎訳『大学史（上・下）』二巻本，
東洋館出版社，1988年
　フランス人の著者による詳細な大学史叙述。思想史ならびに法制史の観
　点も取り入れた大学史として必読の文献。

A History of the University in Europe. Vol. 1: *Universities in the Middle
　Ages.* Ed. H. de Ridder-Symoens. Cambridge: Cambridge University
　Press, 1992.
　最新のヨーロッパ大学史の第1巻。ラシュドールの研究を修正・補完す
　るのに有益。

A History of the University in Europe. Vol. 2: *Universities in Early
　Modern Europe (1500-1800).* Ed. H. de Ridder-Symoens. Cambridge:
　Cambridge University Press, 1996.
　最新のヨーロッパ大学史の第2巻。初期近代のヨーロッパにおける大学
　事情を知る上で有益。

05　ルネサンス人文主義と「フマニタス研究」

ニコラ・アッバニャーノ，天野恵訳「ルネサンス人文主義」，フィリ
　プ・P・ウィナー編『西洋思想大事典』平凡社，1990年，第4巻，
　535-541頁
　Dictionary of the History of Ideas 所収の記事 "Renaissance Humanism" の
　翻訳。事典の記事だけに大事な点が過不足なく要領よく綴られている。

P・O・クリステラー，渡辺守道訳『ルネサンスの思想』東京大学
　出版会，1977年
　アメリカのルネサンス研究の第一人者によるルネサンス思想の見事な概
　説。異教とキリスト教，アリストテレス主義とプラトン主義の絡み合い
　などを卓越した筆致で描く。

シュテファン・ツヴァイク，内垣啓一・藤本淳雄・猿田悳訳『エラ
　スムスの勝利と悲劇』みすず書房，1998年
　人文主義の王者エラスムスの評伝は沢山あるが，伝記文学者ツヴァイク
　のこの作品はおすすめの一冊。バランスが取れており，またその文体が
　実に美しい。

金子晴勇『宗教改革の精神──ルターとエラスムスの思想対決』講
　談社学術文庫，2001年
　エラスムスとルターの自由意志をめぐる論争は，ヨーロッパ精神史上の
　画期的瞬間であったが，両者の思想に精通した著者にしてはじめて可能

主要文献解題

な優れた洞察が随所に示されている。

クシシトフ・ポミアン，村松剛訳『増補　ヨーロッパとは何か──
分裂と統合の一五〇〇年』平凡社ライブラリー，2002 年
〈分裂〉と〈統合〉，〈中心〉と〈辺境〉などを軸に，ローマ時代末期か
ら 20 世紀までのヨーロッパの歩みを立体的に描き出す画期的な通史。第
十二章「第二のヨーロッパ統合──文芸共和国」がここでは参考になる。

池上俊一監修『原典　イタリア・ルネサンス人文主義』名古屋大学
出版会，2010 年
古典の教養を通して新たな市民のあり方を模索したイタリア人文主義の
精髄の原典テクストの翻訳集。

エウジェニオ・ガレン，近藤恒一訳『ルネサンスの教育──人間と
学芸との革新』知泉書館，2002 年
ルネサンス研究の第一人者によるルネサンス・ヒューマニズムの教育思
想についての論述。巨匠ならではの卓越した洞察が随所に光る。

根占献一『フィレンツェ共和国のヒューマニスト』創文社，2005 年
イタリア・ルネサンスの中心となったフィレンツェ共和国に焦点を絞っ
たルネサンス・ヒューマニズム研究の第一弾。

根占献一『共和国のプラトン的世界』創文社，2005 年
イタリアのルネサンス・ヒューマニズム研究の第二弾。フィチーノとプ
ラトン・アカデミーについての本邦初の本格的研究。

根占献一『ルネサンス精神への旅──ジョアッキーノ・ダ・フィオー
レからカッシーラーまで』創文社，2009 年
中世のジョアッキーノ・ダ・フィオーレ（フィオーレのヨアキム）から
20 世紀のエルンスト・カッシーラーに至るまでのルネサンス精神の旅に
ついての随筆集。

H・ボーツ／F・ヴァケ，池端次郎・田村滋男訳『学問の共和国』知
泉書館，2015 年
「学問の共和国」（res publica litteraria; La République des Lettres）の語義
や定義から説き起こし，その内実を主に 16 世紀から 18 世紀前半までの
ヨーロッパの歴史を辿りつつ，かつて存在していた知識人たちの普遍的
共同体の姿を克明に描き出した卓越した書物。

アンソニー・グラフトン，ヒロ・ヒライ監訳・解題，福西亮輔訳『テ
クストの擁護者たち──近代ヨーロッパにおける人文学の誕生』
勁草書房，2015 年
ルネサンス以降，盛んになる古代ギリシア・ローマの古典の再生と受容
をはじめ，旧約聖書や各国史などを扱って，人文学の誕生と伝統を描き

主要文献解題

出す魅力的な一書。

06 「フンボルト理念」と近代的大学の理想

西村貞二『フンボルト』（人と思想 86）清水書院，1990 年
　　ベルリン大学の創設者として知られるヴィルヘルム・フォン・フンボルトの人と思想についての最良の入門書。

潮木守一『ドイツの大学』講談社学術文庫，1992 年
　　ドイツの大学の沿革についての平凡な叙述にとどまらず，大学を取り巻く時代や文化，さらにさまざまな人間模様を描いており，ドイツの大学の文化史的考察として面白く読める。

潮木守一『アメリカの大学』講談社学術文庫，1993 年
　　ハーバード，イェール，シカゴ，ジョンズ・ホプキンスなど，アメリカを代表する大学の成立と変革の歴史をたどりつつ，現代のアメリカの大学が抱える問題にまで論及している。

潮木守一『フンボルト理念の終焉？——現代大学の新次元』東信堂，2008 年
　　近代的な大学のモデルとなった「フンボルト理念」を実証的に検討・解明し，今日の大学の現状に深くメスを入れた著者の渾身作。

水垣渉「精神史としての大学」，『第 3 回志学会セミナー・ガイダンス（2005 年 7 月 31 日〜 8 月 2 日）報告書』志学会実行委員会，2006 年
　　あるセミナーで語られた講演内容を収録したもの。精神史の視点から大学を考察しておりなかなか有益。

W・v・フンボルト，C・メンツェ編，K・ルーメル・小笠原道雄・江島正子訳『人間形成と言語』以文社，1989 年
　　人間形成・教育・言語などに関するヴィルヘルム・フォン・フンボルトの珠玉の論文集を新たに訳したもの。

ヘルムート・シェルスキー，田中昭徳・阿部謹也・中川勇治訳『大学の孤独と自由——ドイツの大学ならびにその改革の理念と形態』未来社，1970 年
　　フンボルトの大学創設の理念を克明に分析しつつ，現代における大学の形態と問題点を抉り出した問題の書。

天野郁夫『大学の誕生（上・下）』中公新書，2009 年
　　わが国の大学がどのようにして誕生したかを，正確な資料に基づいて叙述したもの。わが国の大学の全般的特質と個々の大学の位置づけを確認する上できわめて有益である。

主要文献解題

07　人間と文化

柳父章『一語の辞典　文化』三省堂，1995 年
　　「一語の辞典」シリーズのなかの「文化」を扱った一書。日本語の「文化」
　　の背後に潜む種々の事情を明らかにして，日本語の「文化」概念の重層
　　性・多様性を浮き彫りにする。

金子晴勇編『人間学』創文社，1995 年（とくに第 II 部の 1）
　　編者の定年退職の記念に友人・同僚・後輩たちに編まれた論文集ではあ
　　るが，全体として整序された一貫性があり，人間学のすぐれた入門書と
　　なっている。本書執筆に際しても大きな示唆を得た。

金子晴勇『ヨーロッパの思想文化』教文館，1999 年
　　ヨーロッパの思想文化について第一級の研究と教育を行ってきた著者が，
　　講義ノートに基づいて書き下ろした初学者向けの入門書。

R・ベネディクト，米山俊直訳『文化の型』講談社学術文庫，2008
年
　　『菊と刀』で有名なルース・ベネディクトのもう一つの代表作。文化人類
　　学の古典的名著と見なされている。

クリストファ・ドウソン，朝倉文市・横山竹己訳『現代社会とキリ
スト教文化』青踏社，2003 年
　　20 世紀の英国を代表する中世文化史家による，キリスト教文化史につい
　　ての歴史的概観と問題点の鋭い指摘を含んでいる。

A・ゲーレン，亀井裕・滝浦静雄他訳『人間学の探究』紀伊國屋書
店，1970 年
　　現代の哲学的人間学の最高水準を示す書物。人間を「行為する生物」と
　　して捉え，そこからさらに人間を「訓育の生物」と規定し，文化を創造
　　する人間固有の特質に深くメスを入れる。

Dawson, Christopher. *Christianity and European Culture: Selections
　from the Work of Christopher Dawson.* Ed. Gerald J. Russello.
　Washington D. C.: The Catholic University of America Press, 1998.
　　ドウソンを愛読する筆者が，とくに高く評価している珠玉の論文集。キ
　　リスト教とヨーロッパ文化を学ぶ者にとっての必読書。そうした理由で，
　　過去において何度も演習のテクストとして用いてきた。

内藤湖南，礪波護責任編集『東洋文化史』中公クラシックス，2004
年
　　近代日本の東洋史学者のなかで最も影響力のあった内藤湖南の史学思想
　　ならびに文化論の精華を，コンパクトに収録した書物。東洋学に疎い筆
　　者には，蒙を啓かれるような創見に満ちた一書。日本史や東洋史を学ぶ

273

主要文献解題

学徒にかぎらず，西洋のことを学ぶ人にも是非読んでほしい一冊。

安酸敏眞『欧米留学の原風景——福沢諭吉から鶴見俊輔へ』知泉書館，2016 年

1860 年の咸臨丸による福沢諭吉のアメリカ渡航から，1942 年の「日米交換船」による武田清子，鶴見俊輔の帰国にいたる，総計 28 名のわが国の知識人たちの欧米留学を集合体験として捉え，それをドッペルポートレート（二人一組の人物描写）の手法で活写した異色の近代日本思想史。

08　言語と芸術

カッシーラー，宮城音弥訳『人間——シンボルを操るもの』岩波文庫，1997 年

『シンボル形式の哲学』の著者が，みずからの哲学的人間学のエッセンスを披露した書物。人間を「シンボルを操るもの」として規定し，その視点から人間とその文化の特質を描き出す（第 2，3，8，9 章参照）。

ヴィルヘルム・フォン・フンボルト，亀山健吉訳『言語と精神——カヴィ語研究序説』法政大学出版局，1984 年

筆者自身まだ部分的にしか読んでいないが，フンボルトの言語論として知られている大作。このような大部で難解な書物を翻訳された訳者にまずは脱帽。なお，原典からの抄訳としては，別にフンボルト，岡田隆平訳『言語と人間』ゆまに書房，1998 年がある。

ロマーン・ヤーコブソン，花輪光訳『音と意味についての 6 章』みすず書房，1977 年

言語学についてわかりやすく語った 6 つの章からなる。言語学の門外漢にも理解できる平易な語り口が魅力的。

ソシュール，小林英夫訳『一般言語学講義』岩波書店，1972 年

現代の一般言語学の代表的な書物。専門書なので，予備知識がないと十分理解することが困難であるが，一定の周辺的知識があればその骨子を摑むことはできなくはない。

井島勉『美学』創文社，1958 年

すっかり旧聞に属する書物ではあるが，初学者にもわかりやすく美学とは何かを説いており，古びぬ魅力がある書物。

中井正一『美学入門』中公文庫，2010 年

実に優れた美学の入門書。コンパクトかつ平易でありながら，深い学問的裏づけがあり，人間的温かみも湛えた書物。この手の入門書は本物にしか書けない。

M・メルロ＝ポンティ，木田元・鯨岡峻訳『意識と言語の獲得——

主要文献解題

ソルボンヌ講義1』みすず書房，1993 年
　副題にあるようにソルボンヌ大学での講義がもとになっているので，かなり専門的な知識がないと読みこなせないが，言語についての現象学的アプローチをした書物として出色のもの。
桑原武夫『文学入門』岩波新書，1950 年
　なぜ文学は人生に必要か。すぐれた文学とはどういうものか。何を，どう読めばよいのか。戦後間もないころ，清新な文学理論と洞察力をもって，文学とは何かを平易に語った名著。70 年近くたっても古びない魅力に富む。
テリー・イーグルトン，大橋洋一訳『文学とは何か──現代文学批評理論への招待』二巻本，岩波文庫，2014 年
　現代欧米の文学理論の諸潮流をわかりやすく解説した優れた入門講義。「文学」とは何かを問うことから始めて，現象学と解釈学，構造主義と記号論，ポスト構造主義，ポストコロニアル批評，新歴史主義，カルチュラル・スタディーズなど，実に多種多様な理論が見事に俎上に載せられている。

　09　神話・宗教・祝祭
シュライエルマッヘル，佐野勝也・石井次郎訳『宗教論』岩波文庫，1949 年
　ロマン主義的な宗教観の精華と見なされている書物。一般的知識人が宗教に背を向ける時代に，「宗教の本質は，思惟でも行為でもなく，直観と感情である」として，宗教を擁護したことで有名。
オットー，久松英二訳『聖なるもの』岩波文庫，2010 年
　シュライアマハーの「絶対依存感情」を「被造物感情」として捉え直し，そこで体験される「聖なるもの」の本質を，「戦慄すべき神秘」と「魅する神秘」として剔抉してみせる。
ミルチャ・エリアーデ，風間敏夫訳『聖と俗──宗教的なるものの本質について』新装版，法政大学出版局，2014 年
　聖なるものの現象形態全般とそのなかに生きる人間の状況とを叙述し，俗なる世界との対比によって，宗教的人間のあり方を明らかにした名著。
G・ファン・デル・レーウ，田丸徳善・大竹みよ子訳『宗教現象学入門』東京大学出版会，1979 年
　いまや古典となった宗教現象学の草分け的名著。宗教現象学とは何かを知る上で最良の入門書。
グスタフ・メンシング，下宮守之・田中元訳『宗教とは何か──現

275

主要文献解題

象形式・構造類型・生の法則』法政大学出版局，1983 年
「比較することと理解すること」という 2 つの柱に立脚するメンシングの
宗教学は，最もよくバランスの取れた比較宗教学として高く評価されて
いる。宗教学を志す者にとって必読の書物。

西谷啓治『宗教とは何か——宗教論集 I』創文社，1961 年
　西田幾多郎の衣鉢を継ぐ京都学派の宗教哲学の最高傑作。人間の自覚に
　おいて実在自身の自己実現が成り立つという主張は，深い哲学的思索と
　豊富な宗教体験に裏打ちされている。

木村敏『木村敏著作集 2　時間と他者／アンテ・フェストゥム論』
弘文堂，2001 年
　「存在の意味は時間であり，時間とは私自身である」というテーゼをもつ
　木村精神病理学の真骨頂。人文学にとって多くの示唆に富む。

木村敏『木村敏著作集 3　躁鬱病と文化／ポスト・フェストゥム論』
弘文堂，2001 年
　「人と人との間」の精神医学的文化論から「あいだ」の超越論的存在論へ
　と歩を進めようとする。こちらも人文学にとって示唆に富む内容が含ま
　れている。

10　時間・記憶・歴史

E・H・カー，清水幾太郎訳『歴史とは何か』岩波新書，1962 年
　E・H・カーが 1961 年にケンブリッジ大学で行った連続講演の全訳。著
　者によれば，「歴史とは現在と過去との対話である。」「歴史とは何か」と
　いう問いを扱った書物として，半世紀を経た今も失せぬ魅力をもってい
　る。

ベネデト・クロォチェ，羽仁五郎訳『歴史の理論と歴史』岩波文庫，
1952 年
　哲学者として，また歴史家として，比類なき思想を展開したイタリアの
　異才クロォチェの貴重な書物。「すべての真の歴史は現代の歴史である」
　という言葉は有名。

ジョン・H・アーノルド，新広記訳『歴史』（〈1 冊でわかる〉シリー
ズ）岩波書店，2003 年
　歴史の探究の現場で，歴史像がいかに紡ぎ出されるかをわかりやすく解
　説した入門書。

桜井万里子『ヘロドトスとトゥキュディデス——歴史学の始まり』
山川出版社，2006 年
　ヘロドトスとトゥキュディデスという二人のギリシアの歴史家は，歴史

主要文献解題

叙述および歴史学とは何かを考える上で，避けて通れない存在であるが，本書は両者の比較を通じて，上記の問いに答えようとしている。

ベルンハルト・シュリンク，松永美穂訳『朗読者』新潮文庫，2003年

法学を教える大学教授が世に問うたこの小説は，大ベストセラーとなって世界的に広まったが，そこにはナチス時代の犯罪をどうとらえるかという重い問題が含まれている。歴史や記憶について考える上で有益な書物。

ジャック・ル・ゴフ，立川孝一訳『歴史と記憶』新装版，法政大学出版局，2011年

歴史と記憶に関する最良の書。著者はアナール派第三世代のリーダー的存在のジャック・ル・ゴフ。過去／現在，古代／近代，記憶，歴史に関して，あらためて目を開かされる卓越した書物。

ピエール・ノラ編，谷川稔監訳『記憶の場』全3巻，岩波書店，2002-03年

「史学史上の事件」となり，「記憶の場」(lieux de mémoire) という概念を定着させることになった3巻本の書物。記憶としての「出来事」が，いかにして歴史的「表象」に転位されるのかを鋭く問い質す。

ポール・リクール，久米博訳『記憶・歴史・忘却』上・下巻，新曜社，2004-05年

哲学（とくに解釈学）と歴史学についての専門的知識なしには読めない高度に専門的な書物。

エルンスト・トレルチ，近藤勝彦訳『歴史主義とその諸問題』上・中・下巻（トレルチ著作集　第4・5・6巻）ヨルダン社，1980-88年

トレルチの晩年の大作で，ヘーゲル以後の最も重要な歴史哲学的著作と見なされている。「現在的文化総合」のプログラムや，「歴史による歴史の克服」というモットーは有名。史学論，メタヒストリーとして読んでも非常に有益。

11　原典と翻訳

大山定一・吉川幸次郎『洛中書問』筑摩書房，1974年

ドイツ文学者の大山定一氏と中国文学者の吉川幸次郎氏が，文学作品の翻訳のあり方をめぐって，往復書簡の形式により，激しく意見を交換し合ったもの。人文学にとっての翻訳の意義を考える上できわめて貴重な書。

主要文献解題

丸山真男・加藤周一『翻訳と日本の近代』岩波新書，1998 年
　日本の近代化に「翻訳」は特別な役割を果たしたが，それが可能となっ
　た背景，またその功罪について，加藤周一氏と丸山真男氏が忌憚なく語
　り合う。

柳瀬尚紀『翻訳はいかにすべきか』岩波新書，2000 年
　ジェイムズ・ジョイスの翻訳で知られる著者が，翻訳のあるべき姿をめ
　ぐって展開するきわめて刺激的な翻訳論。感心してうなることしきり。

山岡洋一『翻訳とは何か──職業としての翻訳』日外アソシエーツ，
　2001 年
　「当代一流の翻訳者が論じる本格的翻訳論」の名に恥じぬ内容。翻訳家を
　目指す人には必見の情報が満載。

須山静夫『クレバスに心せよ！──アメリカ文学，翻訳と誤読』吉
　夏社，2012 年
　数々のアメリカ文学作品の翻訳を手掛けてきた著者が，メルヴィル，オ
　コナー，フォークナーの作品を取り上げ，日米の研究者がおかしてきた
　誤読や誤訳を鋭く抉る。

柳父章『近代日本語の思想──翻訳文体成立事情』法政大学出版局，
　2004 年
　日本語の文体は近代以後，翻訳によってつくられたものであることを実
　証的に示している。柳父には他に，『翻訳語の論理』法政大学出版局，
　1972 年，『翻訳とはなにか』法政大学出版局，1976 年，『翻訳語成立事
　情』岩波新書，1982 年など，翻訳に関する多数の著書がある。

飛田良文『明治生まれの日本語』淡交社，2002 年
　われわれが日常的に馴染んでいる日本語の少なからぬものは，実際には
　明治時代に翻訳語として成立したものである。本書は，明治時代に生ま
　れた翻訳語の造語過程を示しており，ときに「目から鱗」の発見もある。

12　文献学と解釈学

シュライエルマッハー，久野昭・天野雅郎訳『解釈学の構想』以文
　社，1984 年
　一般解釈学の構想は，シュライアマハーの学問研究の隠れた中心テーマ
　であったが，本書は解釈学に関する彼の最も古い断片的な思想を提示して
　いる。

ディルタイ，久野昭訳『解釈学の成立』以文社，1984 年
　「解釈学」という学問分野と課題について，人々の問題意識を喚起する上
　で決定的な役割を果たした小著。解釈学の古典的テクストと見なされて

主要文献解題

いる。

ヘンドリック・ビールズ編，竹田純郎・三国千秋・横山正美訳『解釈学とは何か』山本書店，1996 年

「解釈学とは何か」という問いに答えるために，4 人の研究者がそれぞれシュライアマハー，ディルタイ，ハイデガー，ガダマーの立場について述べた概説書。全体を鳥瞰する上で有意義。

麻生建『解釈学』世界書院，1985 年

解釈学の歴史について平易に記した標準的な入門書。ギリシアの文献学からガダマーに至るまでの主要な思想家や学派がバランスよく解説されている。

池田亀鑑『古典学入門』岩波文庫，1991 年

平安朝文学研究の第一人者として知られる著者が，日本文学のみならず欧米文学についての広く深い知識に基づいて，古典とは何か，古典のテクストはどう伝えられてきたか，またどう読むべきかを手ほどきする。

鎌田浩毅『座右の古典――賢者の言葉に人生が変わる』東洋経済新報社，2010 年

長いときを経てふるいにかけられた古典の魅力とそれを読むメリットを，独自の基準で選んだ 50 冊の古典についての解題によって示そうとした意欲的な書物。

アウグスト・ベーク，安酸敏眞訳『解釈学と批判』知泉書館，2014 年

古典文献学者ベークの幻の名著 *Encyklopädie und Methodologie der philologischen Wissenschaften* の序論と第 1 部を翻訳したもの。文献学および解釈学がいかなるものであるかを具体的に教示してくれる貴重な書。

安酸敏眞『歴史と解釈学――《ベルリン精神》の系譜学』知泉書館，2012 年

解釈学と歴史主義の結びつきを，シュライアマハー，ベーク，ドロイゼン，ディルタイ，トレルチの原典テクストに即して実証しようとした意欲的研究書。

H‐G・ガダマー，轡田収・巻田悦郎ほか訳『真理と方法』全 3 巻，法政大学出版局，1986-2012 年

シュライアマハーからディルタイに至るロマン主義解釈学に終止符を打ち，ハイデガー的哲学の方向へ解釈学を大きく転轍した画期的著作。しかしそこには見過ごすことのできない偏りがあることも否定し得ない。

小西甚一『日本文藝史　別巻　日本文学原論』笠間書院，2009 年

著者はいわずと知れた日本文学研究の大家。『日本文藝史』の別巻として

主要文献解題

構想された本書は，西洋のフィロロギーをはじめ，シュライアマハー，ディルタイ，ハイデガー，ガダマーの解釈学などへの目配りも怠らず，実に大きな構えの書物となっている。この類の本が書ける人はもはやわが国にはいないであろう。

13 書籍と図書館

マシュー・バトルズ，白須英子訳『図書館の興亡——古代アレクサンドリアから現代まで』草思社，2004 年
　アメリカの一流図書館で長年司書を務めてきたバトルズが語る図書館の歴史についての興味深い物語の数々。

マスタファ・エル＝アバディ，松本慎二訳『古代アレクサンドリア図書館——よみがえる知の宝庫』中公新書，1991 年
　紀元前 3 世紀に建設された古代アレクサンドリア図書館の実像に，同時代の資料から迫ろうとした野心的書物。

スチュアート・A・P・マレー，日暮雅通訳『図解　図書館の歴史』原書房，2011 年
　古代の粘土板から現代の情報デジタル化まで，図書館 5000 年の歴史を多彩な図版を用いて説明したもの。

『世界の夢の図書館』エクスナレッジ，2014 年
　世界を代表する 37 の図書館をカラフルなグラビアと簡潔な文章で紹介。一度は是非訪れてみたくなる。これぞまさに「夢の図書館」！

ジェームズ・W・P・キャンベル，桂英史日本語監修，野中邦子・高橋早苗訳『美しい知の遺産　世界の図書館』河出書房新社，2014 年
　読書と図書館の歴史を建築美術から総覧した書物。古代メソポタミアから現代日本に至るまでの世界の図書館 188 館を美しい写真を添えて解説したもの。

大濱徹也『アーカイブズへの眼——記録の管理と保存の哲学』刀水書房，2007 年
　アーカイブズとは，「記憶を呼び戻し，生み育てる記録の倉庫であり，知の宝庫として，国家や民族の歴史を蘇生せしめる器」であるが，いまそれが存立の危機に瀕しているという。アーカイブズに関する最良の書物。

『図書館・アーカイブズとは何か』（別冊『環』⑮）藤原書店，2008 年
　IT 革命の進展や，国や地方自治体の財政状況の悪化などによって，図書館とアーカイブズは目下重大な岐路に立たされている。人類の知の遺産

主要文献解題

の管理人たる図書館とアーカイブズが直面している課題と，新しい未来への道を多角的に考察した書物。

マリア・バルバラ・ベルティーニ，湯上良訳『アーカイブとは何か──石板からデジタル文書まで，イタリアの文書管理』法政大学出版局，2012 年
イタリアのアーカイビストが，「アーカイブとは何か」という問いに正面から答えた書物。アーカイブの歴史とイタリアにおける現状を学ぶことができる。

14　情報とメディア

吉見俊哉『メディア文化論』有斐閣アルマ，2004 年
メディアを学ぶ人のための本格的入門書で，メディア文化論の過去と現在について幅広く手ほどきしている。

マクルーハン，森常治訳『グーテンベルクの銀河系──活字人間の形成』みすず書房，1986 年
カナダ最高の文学賞のカナダ総督賞（ノンフィクション部門）を受賞したマクルーハンの主著の一つ。メディア論の古典的名著と見なされている。

柴田崇『マクルーハンとメディア論』勁草書房，2013 年
新進気鋭の学者によるマクルーハン論。マクルーハンの世界に不慣れな初学者にも，メディア論の専門家にもともに読まれ得る良書。

イアン・F・マクリーニー／ライザ・ウルヴァートン，冨永星訳『知はいかにして「再発見」されたか──アレクサンドリア図書館からインターネットまで』日経 BP 社，2010 年
知識の伝達と継承の問題を，図書館，修道院，大学，実験室，インターネットなどに絡めて論じた刺激的書物。

小野俊太郎『デジタル人文学──検索から思索へとむかうために』松柏社，2013 年
「デジタル人文学」という言葉を造語し，デジタル時代の人文学のあり方を果敢に論じた先駆的な書物。

楊暁捷・小松和彦・荒木浩『デジタル人文学のすすめ』勉誠出版，2013 年
著しい進歩を遂げるデジタル技術が人文学に何をもたらすのかを検証しつつ，デジタル人文学の未来を考える。

15　「認識されたものの認識」としての人文知

主要文献解題

紀平英作編『グローバル化時代の人文学——対話と寛容の知を求めて』上・下巻，京都大学学術出版会，2007 年
京都大学文学部創立百周年記念論文集として編まれたもの。グローバル化が進展するなかで，人文学がいかにして新しい視座を獲得できるかを問うている。

エドワード・W・サイード，村山敏勝・三宅敦子訳『人文学と批評の使命——デモクラシーのために』岩波現代文庫，2013 年
人文学を支える基盤が根底から揺らぐなかで，新しい人文学の可能性を「文献学への回帰」に求めるサイードの最後のメッセージ。われわれはそこから多くのことを学ぶことができる。

野家啓一「人文学の使命——スローサイエンスの行方」広田照幸・吉田文・小林傳司・上山隆太・濱中淳子編『研究する大学——何のための知識か』（シリーズ大学 4）岩波書店，2013 年，165-195 頁
自然科学（科学知）とは異なる人文学（人文知）の固有のアイデンティティを弁証した卓越した論攷。著者によれば，人文学は有用性とも速度とも無縁の場所に成立した学問であり，「ファストサイエンス」たる自然科学との対比で，「スローサイエンス」として特徴づけられるという。

Sheila Slaughter and Larry L. Leslie, *Academic Capitalism: Politics, Policies, and the Entrepreneurial University,* Baltimore and London: Johns Hopkins University Press, 1999.
市場原理主義を前面に押し出した新自由主義的学問・大学観を，「アカデミック・キャピタリズム」と名づけ，その主要特質と問題点を鋭く抉り出した問題の書物。わが国の人文学者たちもこれを対岸の火事と見なさず，底流にある思潮と根本的に対峙しなければならない。

上山隆大『アカデミック・キャピタリズムを超えて——アメリカの大学と科学研究の現在』NTT 出版，2010 年
「アカデミック・キャピタリズム」が猛威を振るっているアメリカの大学の学問状況を分析した警世の書物。一読の価値あり。

S・スローター／G・ローズ，成定薫監訳『アカデミック・キャピタリズムとニュー・エコノミー——市場，国家，高等教育』法政大学出版局，2012 年
同じく「アカデミック・キャピタリズム」の問題を，新自由主義的な市場経済との関係で鋭く分析した書物。

苅谷剛彦『オックスフォードからの警鐘——グローバル化時代の大学論』中公新書ラクレ，2017 年

主要文献解題

オックスブリッジといえば古典語教育を重んじる古風な大学のイメージ
が強いが,両校は「THE 世界大学ランキング」でもつねに上位に位置し,
科学技術分野の研究実績でも卓越していることが示されている。本書は
その秘訣を解き明かしている。

補遺　人文学研究とその方法

ディルタイ,牧野英二編集／校閲『精神科学序説 I』(『ディルタイ
全集』第 1 巻)法政大学出版局,2006 年,およびディルタイ,塚
本正明編集／校閲『精神科学序説 II』(『ディルタイ全集』第 2 巻)
法政大学出版局,2003 年
多岐にわたるディルタイの著作をほぼカバーする日本語版『ディルタイ
全集』のうちの第 1・2 巻。精神諸科学の基礎づけに関するディルタイ
の基本的な取り組みを窺い知ることができる。

ヴィンデルバント,篠田英雄訳『歴史と自然科学・道徳の原理に就
て・聖』岩波文庫,1929 年
西南ドイツ学派の学頭ヴィンデルバントによる歴史学の学問的基礎づけ
に関する重要論文を収録している。

リッケルト,佐竹哲雄・豊川昇訳『文化科学と自然科学』岩波文庫,
1939 年
西南ドイツ学派の碩学リッケールトが,自然科学的認識と歴史的な文化科
学との差異を明確に規定した画期的な著作。

マックス・ヴェーバー,冨永祐治・立野保男訳,折原浩補訳『社会
科学と社会政策にかかわる認識の「客観性」』岩波文庫,1998 年
20 世紀初頭のドイツにあって,社会科学に巨大な業績をのこしたマック
ス・ヴェーバーが,みずからの社会科学の方法論を論じた記念碑的論文。
人文学の方法論にとっても貴重な一冊。

丸山高司『人間科学の方法論争』勁草書房,1985 年
「人間科学の方法論」が,現代哲学の一つの中心テーマであるとの問題意
識から,生の解釈学,分析哲学,言語ゲーム論,理解社会学,哲学的解
釈学,批判的解釈学などの立場を検証しようとした書物。

ヘルベルト・シュネーデルバッハ,船山敏明・朴順南・内藤貴・渡
邊福太郎訳『ドイツ哲学史　1831-1933』法政大学出版局,2009
年
ヘーゲルの死後からヒトラー台頭までのドイツ哲学史を独自の視点から
縦横に論じた卓越した書物。

vom Bruch, Rüdiger Friedrich Wilhelm Graf & Gangolf Hübinger. Hrsg.

主要文献解題

Kultur und Kulturwissenschaften um 1900. Krise der Moderne und Glaube an die Wissenschaft. Stuttgart: Franz Steiner Verlag, 1989.

19世紀末から20世紀初頭にかけて，ドイツの学問は目覚ましい発展を遂げたが，本書は「文化諸科学」(Kulturwissenschaften)に対象を絞って，その時代の文化との関連で掘り下げた分析を行っている。

Oexle, Otto Gerhard Hrsg. *Naturwissenschaft, Geisteswissenschaft, Kulturwissenschaft: Einheit-Gegensatz-Komplementarität* . Göttingen: Wallstein Verlag, 1998.

人文・社会・自然科学に関する学問論はわが国では絶えて久しいが，さすがは学問の本場ドイツ！　本書では自然科学，精神科学，文化科学の一致・対立・相補性について，正面から真摯な検討がなされている。

人 名 索 引

アヴィケンナ　49
アウエルバッハ　227
アヴェロエス　49
アウグスティヌス　132, 138, 139
赤塚行雄　8, 18
朝河貫一　102
アッシュールバニバル 2 世　188
アッパニャーノ，ニコラ　64
アベラール　45, 50, 52, 53
アリストテレス　27-30, 35, 37, 41-43, 49, 65, 105, 106, 142, 146, 189, 196, 215, 234
アル・ガザーリ　49
アルキメデス　42, 189
アルクイン　47
アレクサンドロス　27
アンダーソン，R・D　74
アンドレア・ダ・フィレンツェ　40
イエス・キリスト　130, 190
イーグルトン，テリー　116
池田亀鑑　180-82
伊澤蘭軒　156, 157
井島勉　112
井筒俊彦　101
イソクラテス　35-37
岩村清太　39, 41

ヴァッラ，ロレンツォ　67
ヴィーコ　215, 216
ウィトルーウィウス　40
ヴィンケルマン　223
ヴィンデルバント　240, 241, 244
ヴェーバー，マックス　10, 211, 242, 243
上村忠男　215, 216
ウェルギリウス　51
ヴェルジェ，ジャック　55, 74
ヴォルフ，フィリップ　47, 52
ヴォルフ，フリードリヒ・アウグスト　82, 169
潮木守一　73, 75, 81, 220
内村鑑三　166
ウルヴァートン，ライザ　209
ウルバヌス 2 世　48
エウクレイデス　40, 42, 189
エピクロス　37
エラスムス　45, 66-71
エラトステネス　189
エルハルト，ハインリヒ・アウグスト　185
エロイーズ　52, 53
追塩千尋　219

285

人　名　索　引

大濱徹也　185
大山定一　13, 101, 159-62
岡倉天心　166
小塩節　13
オットー，ルドルフ　125,
　　126

カー，E・H　150
カール大帝　46, 47
貝塚茂樹　9
ガダマー　101, 176, 177
カッシーラー，エルンスト
　　60, 104-06, 111, 118, 121,
　　234, 245
加藤周一　164
金子晴勇　96-98, 123, 225
カペラ，マルティアヌス　39
鎌田浩毅　181
カルヴァン　68
ガレノス　189
河上肇　17
川端康成　181
カント，イマヌエル　12,
　　132, 172, 178, 240
キーン，ドナルド　152
キケロ　6, 9, 37-39, 41, 60,
　　98, 195, 222
紀平英作　224
木村敏　131, 133, 212, 213,
　　216
クインティリアーヌス　40
空海　182
グーテンベルク　143, 197
九鬼周造　102

クラーク，ウィリアム　166
クリストフォロス　153
グレゴリウス 7 世　47
クローチェ　149
桑原武夫　117
ゲーテ　10, 12, 13, 101, 159,
　　163, 181, 211, 223
ゲーレン，アルノルト　98,
　　99, 245
ゲスナー，ヨーハン・マティア
　　ス　82
ゲリウス　60
コーンフォード　28
小西甚一　174, 179
サイード　225, 227-29, 232,
　　250
サルコジ　201
サルターティ，コルッチェ
　　60
シェークスピア　181
シェーラー，マックス　244
シェルスキー，ヘルムート
　　75, 78
シャルル，クリストフ　74
シャルル 5 世　197
シュピッツァー　229, 230
シュライアマハー　10, 124,
　　125, 177-79, 240
シュリンク，ベルンハルト
　　144
ジョイス，ジェイムズ　156
シラー　10, 16, 17, 218, 223
ジルソン，E　51

人 名 索 引

ストラボン　189
須山静夫　157, 158
スローターダイク，ペーター
　5-7
ゼノン　37
セバスティアーニ，エツィオ
　185
ソクラテス　20-25, 27, 28,
　30, 35, 37
ソシュール，フェルディナン・
　ド　108, 109
ソテル（プトレマイオス 1 世）
　189
薗田稔　130, 131

タイラー　95
谷崎潤一郎　152
タレス　20, 29
ツィンカーナーゲル，カール
　185
ツヴァイク，シュテファン
　68, 70, 71
ツヴィングリ　71
ティリッヒ，パウル　126,
　127
ディルタイ　175, 177, 179,
　233, 239-41, 247
デカルト　215
デモクリトス　20
デューラー　68
トインビー，アーノルド
　101
トゥキュディデス　145
ドウソン，クリストファー

70, 95, 96
ドナトゥス　42
トバル・カイン　41
トレルチ　10, 101, 102, 150,
　168
ドロイゼン　37, 137, 147,
　148, 177, 231, 233, 240

内藤湖南　103
中井正一　146
夏目漱石　102, 174, 181
ニーチェ　211
ニートハンマー　59
ニーバー，ラインホールド
　127, 141
ニコラウス 5 世　198
西田幾多郎　127
西谷啓治　127, 128
新渡戸稲造　166
根占献一　59-61, 63
野家啓一　218, 235, 236, 251

ハーバーマス，ユルゲン　7
ハイデガー　136, 176, 177
ハイネ，C・G　82
ハインリヒ 4 世　47
バウマー，フランクリン
　133
パウル，ジャン　6, 126
パウロ　151
芳賀矢一　174
ハスキンズ　43, 45, 55
秦剛平　190
波多野精一　137

287

人 名 索 引

バトルズ，マシュー　193,
　199
原勝郎　102
パラケルスス　68
ピュタゴラス　40
ピンダロス　176
フィチーノ　60
フィラデルフォス（プトレマイ
　オス2世）　189, 190
フェノロサ　166
フェリペ2世　198
フェルメール
福沢諭吉　90, 91, 102, 166,
　174
藤沢令夫　23, 24
二葉亭四迷　156
プトレマイオス　41, 42
プラトン　20, 22-31, 33-37,
　60, 63, 65, 142, 155, 189
フランソワ1世　199
プリスキアヌス　41, 42
ブリュール，レヴィ　122
ブルーニ，レオナルド　60
フレイザー　119, 120, 122
プレスナー，ヘルムート
　225, 244
プロタゴラス　20
フンボルト，ヴィルヘルム・フォ
　ン　10, 54, 72, 74-81, 83,
　　107, 168, 219-21, 223, 224
ペイシストラトス　189
ベーク，アウグスト　83,
　　169, 170, 172, 174-80, 182,
　　192, 230, 231, 233, 240

ヘーゲル　10, 150
ベーダ　42
ペトラルカ　65, 67
ベネディクト，ルース　95
ベラー，ロバート・N　134
ヘラクレイトス　136, 171
ヘルダー　10, 98, 99, 223
ベルナルドゥス（シャルトルの）
　50, 51
ベルマン，アントワーヌ
　155
ヘロドトス　145, 146, 180
ホイジンガ　44
ボイリア　229
ボエティウス　42
ポミアン，クシシトフ　70
堀口大學　157
ポルトマン，アドルフ　99,
　100
ホワイトヘッド　25

マイモニデス　49
マクリーニー，イアン・F
　209
松尾芭蕉　152
マリノフスキー　244
マルクス，カール　198
丸山真男　164
マレー，スチュアート・A
　197
マン，トーマス　92, 93
三木清　93, 94
ミケランジェロ　68
三島由紀夫　152

人 名 索 引

水垣渉　84
南川高志　181, 224
武藤一雄　16
村岡典嗣　91, 92, 102
メランヒトン　68
メルロ＝ポンティ　111
メンシング, グスタフ　122, 123
モーゼ・ベン・マイモン　49
　　→マイモニデス
森鷗外　13, 102, 156, 164
モルガン　244
諸橋轍次　89

ヤコーブソン, ロマーン　109, 110, 115
柳田國男　131
柳瀬尚紀　156-58, 164
柳父章　90, 154, 166
山岡洋一　164
ユークリッド　40, 189　→エ
　ウクレイデス
吉川幸次郎　159-61
吉見俊哉　12, 54, 55, 73, 204
ヨセフス, フラウィウス　190

ヨハネス（ソールズベリの)
　50, 51

ラシュドール, ヘースティング
　ス　56, 57
ラファエロ　31, 68
ランケ, レオポルド・フォン
　147
リシェ, ピエール　39
リッカート　233, 242
ル・ゴフ, ジャック　44, 45,
　51, 52, 54, 139, 141, 144, 148
ルーベンスタイン, リチャード・
　E　49, 196
ルカヌス　51
ルクレール, ジャン　195
ルター　67, 69, 71, 160, 163,
　211, 212
レオナルド, ダ・ヴィンチ
　68
レッシング　10, 113, 163,
　182, 211, 232, 251
ロイヒリン　69
ローディ, フリトヨーフ
　177
ロバートソン＝スミス　120

事 項 索 引

ア 行

アーカイブズ　184, 185
アイヴィー・リーグ　72
アカデミック・キャピタリズム
　236
アカデメイア　26, 27, 35, 36,
　189
アテナイ　22-27, 33, 35, 36,
　189, 191
アナログ　212-16, 246, 247
アニミズム　122
アブラハム宗教（Abrahamic
　religions）　129
アルケー　19, 20
アルファベット化　6, 7
アレクサンドリア　188-91,
　193, 209
アレテー　23, 24, 36
安息日　128, 129
アンテ・フェストゥム（ante
　festum）　131, 133, 213
イスラーム　46, 48, 49, 101,
　128, 129, 195, 196, 225
一回性　146, 234
イデア　25-28, 220
異文化　100, 102, 155, 244
AI　217

エイドス　26
エクリチュール　5-7, 250,
　251
エンキュクリオス・パイデイア
　10, 40
エンコーディング　205
音韻　108, 110
音楽　15, 38, 39, 41, 42, 112-
　14, 209, 222
温故知新　8, 9, 250
音声　105, 107, 109-11, 214
音声学　109, 110

カ 行

解釈　9, 50, 66, 83, 110, 119,
　125, 137, 147, 150, 168, 169,
　175-80, 192, 204, 206, 226,
　230, 231, 233, 240, 246, 250
解釈学　137, 168, 169, 175-
　80, 192, 230, 231, 240, 246
カイロス　135
学人　159, 161, 162
学校　17, 27, 36, 39, 45, 46,
　74-79, 84, 100, 102, 185, 189,
　195, 219
カノッサの屈辱　48
カルチャー　90, 91, 95, 97,
　98, 101

290

事 項 索 引

カルチャー・ショック　101
カロリング・ルネサンス
　46, 47
感情　94, 119, 124-26
記憶　132, 137-44, 146, 148,
　185, 187, 188, 245
幾何学　15, 28, 38-40, 222
記号　105, 109, 115, 205
究極的関心（the ultimate
　concern）　126, 127
共時性（synchronie）　108
教養　5, 7-10, 15, 32, 33, 35-
　40, 58, 59, 61, 64, 70, 71, 75,
　77, 80, 82, 85, 93, 94, 97, 98,
　100, 103, 124, 168, 172, 174,
　181, 183, 213, 219-23, 235
虚学　16, 219
キリスト教　8, 44, 46-49, 66,
　67, 69, 96, 125, 127-30, 138,
　140-42, 168, 191, 193, 195,
　196, 223, 225
記録　144, 149, 150, 184-86,
　188, 189, 191, 192, 199, 233
空間思考（space-mind）　133
クリティカ　215, 216
クルトゥール　90, 93-95, 97
クルトゥス　98
訓育　60, 61, 98-100
敬虔　124, 125
芸術　11, 21, 46, 68, 69, 91-
　93, 95, 103-106, 112-16, 161,
　186, 195, 223, 234, 245
研究大学　75, 220
言語　11, 15, 17, 23, 29, 39,

　58, 61, 63, 67, 69, 75, 78-80,
　99, 100, 104-12, 114, 115,
　144, 153-56, 162, 164-67,
　171-73, 176, 178, 188, 219,
　220, 226, 227, 229, 234, 245
現象学　123, 246
現在的文化総合　102, 150
原典　8, 9, 49-51, 66, 69, 80,
　151-53, 155, 159, 163, 169,
　170, 182, 196
原文　156, 158, 159, 161, 162,
　164
考証　172
公文書館　139, 184, 186, 188
個性記述的（idiographisch）
　241-45
古典　5, 7, 8, 23, 33, 38, 39,
　42, 46, 47, 50, 51, 58, 60, 61,
　63-66, 69, 73, 83, 97, 142,
　152, 169, 171, 174, 180-83,
　195, 197, 222, 223, 226, 230,
　231
古典古代学（Alterthumsstudium）
　171, 174
孤独　75-78, 182
誤読　157, 158
誤訳　157-59

サ　行

サイエンス　222, 238
再認識　233, 234
三学（trivium）　15, 39, 63,
　222

291

事 項 索 引

算術　15, 39, 40, 42, 222

シヴィリゼーション　90, 91, 93-95

詩学　29, 50, 61, 63, 105, 106

視覚性　112, 114

時間思考（time-mind）　133

思考　19, 29, 32, 33, 66, 71, 77, 82, 84, 104, 107, 111, 118, 122, 133, 158, 201, 203, 208, 219, 246

自己再帰　234, 250

自然科学　63, 151, 152, 165, 221, 222, 233, 234, 236, 238-46

実学　5, 15-17, 84, 218

社会科学　82, 152, 177, 221, 222, 233, 238, 242-44

写本　191, 194, 195

自由　9, 10, 12, 15, 34, 35, 37-42, 54-56, 63, 69, 75-79, 92, 93, 109, 112-14, 122, 150, 152, 166, 168, 201, 219, 221, 222, 234, 236

自由意志論争　69

自由学芸　10, 37-41, 63, 221, 222

自由学科　9, 15, 38, 42

宗教　11, 13, 14, 16, 66-69, 91, 92, 105, 106, 118-131, 137, 140, 148, 163, 168, 196, 197, 223, 232, 234, 244, 245

宗教改革　66-69, 163, 197

修辞学　15, 38, 39, 41, 42, 50, 222

十字軍　46, 48, 49, 196

自由人　34, 35, 38, 40

修道院　42, 45, 47, 193, 195, 198

12世紀ルネサンス　45, 46, 49

熟練　172, 214

呪術　120-22

循環　230

情報　6, 11, 90, 139, 140, 165, 172, 200, 203, 206-15, 235, 249, 250

逍遥学派　27

所記（signifié）　109, 110

書籍　181, 184, 198, 200-02, 210-13

書物　5-7, 37, 39, 44, 56, 57, 61, 63, 70, 90, 98, 102, 145, 169, 172, 181, 182, 191, 192, 194-99, 205, 213

思慮（フロネーシス）　22, 36, 237

神学　8, 12, 13, 15, 16, 42, 43, 52, 55, 63, 65, 125, 126, 182, 212, 213

新人文主義　223

人文科学　220-22, 225, 228, 233, 234, 238

人文学　1, 3, 5, 7-12, 14-19, 30, 31, 57, 58, 60, 63, 65-68, 84, 87, 89, 151-53, 165, 167-70, 172, 180, 181, 197, 201, 202, 206, 210, 213-16, 218-31, 233-39, 243-47, 249-51

292

事 項 索 引

人文学部　10-12, 14-17, 84, 239

人文主義　5-7, 53, 58, 60, 64-67, 69-71, 75, 172, 174, 181, 197, 223, 224, 227, 229

シンボル　104-06, 111, 118, 121, 208, 211, 234, 245, 246

真理　13, 20, 30, 31, 55, 65, 67, 75, 116, 148, 163, 215, 220, 221, 236, 251

真理契機　67, 116, 163

真理性　215

神話　19, 48, 105, 118-22, 128, 131, 209, 234, 245

スキエンティア　222

スコラ哲学　43, 46

スパルタ　25

聖書　8, 12, 17, 41, 67, 69, 128, 129, 160, 163, 175, 190, 193, 195

精神科学　175, 233, 239-43, 246

精読　152, 213, 228, 229, 232, 250

聖なるもの　123, 125-27

生理的早産　99

世界大学ランキング　73, 220

絶対依存感情　124, 125

セプトゥアギンタ　189-91

ゼミナール　75, 81-84

専門教育　15

専門主義　168

専門性　32

戦慄すべき神秘（mysterium tremendum）　126

想起　26, 137, 138, 141, 142

速読　152, 228

祖先崇拝　119

啐啄同時　135

タ 行

大学　10-17, 32, 37, 38, 40, 43-45, 53-57, 72-85, 89, 102, 107, 123, 129, 139, 152, 154, 155, 159, 168, 174, 182, 185, 196-98, 206-10, 218-21, 224, 236, 238-40, 244, 249

大綱化　v, 15, 221

多読　152, 228

知識基盤社会　32, 206

知識人　7, 43-45, 47, 49-52, 54, 70, 102, 166, 196, 209

聴覚性　112-14

直観　124, 132, 213, 231

通時性（diachronie）　108

通弁　160, 162, 163

ディープラーニング　217

テクスト（テキスト）　5, 9, 152, 164, 170, 175, 177, 183, 190, 191, 193, 195, 205, 206, 209, 212, 213, 226, 227, 229-32, 250

デコーディング　205

デジタル　185, 200, 201, 210-17, 246, 250

哲学　5, 8, 11-16, 19, 20, 24-30, 36-38, 42, 43, 46, 49, 51,

293

事 項 索 引

61, 63-65, 75, 93, 97, 98, 107,
116, 127, 132, 136, 137, 140,
150, 164, 168, 170, 175, 177,
185, 197, 213, 215, 216, 221,
225, 232, 234, 235, 239, 244,
245

テレコミュニケーション
5-7

伝統　8, 9, 11, 15, 24, 25, 32,
38, 72, 96-98, 101, 113, 125,
150, 166, 168, 177, 192, 200,
224, 226, 246, 250

天文学　15, 38, 39, 41, 42, 222

トーテミズム　120, 122

トーテム信仰　119

ドクトリーナ　38, 222

都市　20, 27, 44, 45, 48, 54-
56, 73, 96, 188, 189

図書館　139, 140, 184, 186,
188-93, 195-202, 209, 211,
213

読解　5, 7-9, 166, 193, 210,
228-30, 233, 246, 250, 251

トピカ　215-17, 246

ナ　行

人間学　20, 97-99, 225, 235,
244, 245

人間形成　5, 9, 75, 77-79, 182,
219-24

人間性　7-9, 59, 64, 65, 70,
75, 78, 80, 97, 144, 172, 182,
183, 213, 219, 220, 223, 224,

236

「認識されたものの認識」
180, 182, 218, 230, 231, 233,
234, 250

ヌミノーゼ　124, 126

能記（signifiant）　109, 110

ハ　行

パイデイア　9, 10, 32, 33, 35,
36, 40, 58, 61, 63, 89, 97,
100, 221

博物館　186, 188, 198, 200,
202

博覧　171, 172, 174

パピルス　189, 191

パリンプセスト　191, 192

パンのための学問　15-17,
218

美術館　139, 186, 188, 200-02

被造物感情　125

批判　7, 27-30, 65, 81, 101,
117, 118, 147, 155, 157, 169,
172, 176, 178-80, 192, 195,
213, 215, 216, 219, 224, 226,
227, 230, 231, 249

ヒューマニズム　6, 37, 38,
58, 59, 63, 64

ヒューマニティ　59, 60

表象性　112-16

ビルドゥング　9, 80

フィロロギー　169-74, 180,
182

負担免除　99

事 項 索 引

不偏不党　147, 148

フマニスタ　63

フマニタス　8, 9, 37, 38, 58-61, 63, 64, 97, 168, 213, 222, 224

フマニタス研究　8, 58, 60, 61, 63, 64, 168, 222

フマニテート　59, 60

文化　8, 11, 12, 17, 37, 44-47, 49, 65, 69, 71, 89-104, 106, 111, 116-19, 121, 126-28, 131, 133, 134, 142, 143, 150, 154, 155, 163-67, 173, 175, 177, 188, 191, 193, 195, 196, 199, 201, 204, 206, 213, 216, 222, 223, 225, 226, 233-36, 238, 240, 242-46, 250

文化科学　233, 240, 242, 243, 246

文学　1, 3, 5, 7-12, 14-19, 30, 31, 38, 39, 41, 42, 57, 58, 60, 63, 65-68, 84, 87, 89, 92, 93, 113-17, 140, 151-53, 157, 159-65, 167-70, 172, 174, 179-81, 197, 201, 202, 206, 210, 213-16, 218-31, 233-39, 243-47, 249-51

文学史　163, 172, 174

文学部　10-12, 14-17, 84, 159, 168, 239, 250

文化圏　100, 103, 225

文化人類学　95, 121, 222, 225, 244, 245, 250

文化相対主義　95, 103

文芸共和国　69, 70

文献学　6, 8, 61, 66, 67, 82, 83, 168-70, 174, 175, 180, 227, 228, 230-32, 246, 250

文献学者　6

文人　39, 65, 159, 161, 219

文法（学）　15, 39, 41-43, 50, 60, 61, 63, 108, 174, 179, 222

文明　71, 90-97, 113

文理学部　14

ベルリン大学　14, 54, 74-76, 82, 83, 219

ヘレニズム　37, 49, 187, 192

ペロポネソス戦争　25

弁証法　12, 23, 65

弁論（術）　20, 35, 37, 138

忘却　138-42

法則定立的（nomothetisch）　241-44

ポスト・フェストゥム（post festum）　131

ホムンクルス　237

翻訳　42, 58, 89, 90, 144, 151-66, 169, 170, 176, 182, 189-91, 196, 239

マ　行

魅する神秘（mysterium fascinans）　126

ミメーシス　105, 107, 112, 227

ミュトス　19

ムーサイ　142, 187

295

事 項 索 引

ムネモシュネー　142, 187
メディア　5, 6, 203-06, 234,
　　250
文字　6, 7, 11, 97, 105, 113,
　　137, 142, 155, 170, 176, 188,
　　189, 191-93, 212, 231, 250
模倣　26, 28, 51, 105, 106

ヤ　行

ユーロピアーナ　200
ユダヤ教　128, 129, 140, 141
羊皮紙　191, 195
四科（quadrivium）　15, 39,
　　50, 222

ラ　行

ラーニング　222, 238
理解　8, 10, 11, 13, 21, 32, 33,
　　40, 60, 69, 76, 79, 90, 97,
　　101, 110, 118, 121, 123, 125,
　　127, 129, 137, 140, 155, 163-

66, 169, 174, 176-80, 203,
206, 208, 213, 219, 223, 225,
226, 230-33, 239, 240, 243,
244, 246, 247
理性　5, 12, 15, 19, 26, 28, 32,
50, 104, 118, 124, 170, 172,
178, 215, 221, 234
リベラル・アーツ　9, 37, 39,
222
リュケイオン　27, 189
倫理学　11, 29, 50-52, 61, 64
ルネサンス　8, 44-47, 49, 51,
58, 60, 61, 63-67, 168, 197,
222
歴史学　11, 13, 14, 37, 61, 63,
66, 102, 139, 140, 145-50,
168, 221, 241, 242, 244
歴史性　136
レコンキスタ　196
レトリック　61, 63, 229
ロゴス　19, 104, 170, 234
論理学　15, 23, 39, 41-43, 50,
52, 63, 65, 222

安酸 敏眞（やすかた・としまさ）

1952 年生まれ。京都大学大学院博士課程およびヴァンダービルト大学大学院博士課程修了。Ph.D., 京都大学博士（文学）。現在，北海学園大学学長。

〔主要業績〕*Ernst Troeltsch*, Scholars Press, 1986 [Oxford University Press, 2000], 『レッシングとドイツ啓蒙』創文社，1998 年，『歴史と探求』聖学院大学出版会，2001 年，*Lessing's Philosophy of Religion and the German Enlightenment*, Oxford University Press, 2002, 『キリスト論論争史』共著，日本基督教団出版局，2003 年，『歴史と解釈学―《ベルリン精神》の系譜学』2012 年，『人文学概論』2014 年，『欧米留学の原風景―福沢諭吉から鶴見俊輔へ』2016 年（以上，知泉書館），トレルチ『信仰論』教文館，1997 年，グラーフ『トレルチとドイツ文化プロテスタンティズム』共訳，聖学院大学出版会，2001 年，バルト『十九世紀のプロテスタント神学（中・下巻）』共訳，新教出版社，2006-07 年，グラーフ編『キリスト教の主要神学者 下』共訳，教文館，2014 年，アウグスト・ベーク『解釈学と批判―古典文献学の精髄』2014 年，シュライアマハー『「キリスト教信仰」の弁証―『信仰論』に関するリュッケ宛の二通の書簡』2015 年（以上，知泉書館）ほか。

〔人文学概論〕　　　　　　　　　　　　ISBN978-4-86285-271-7

2014 年 7 月 30 日　初版第 1 刷発行
2018 年 4 月 10 日　増補改訂版第 1 刷発行

著　者　安　酸　敏　眞

発行者　小　山　光　夫

製　版　ジ　ャ　ッ　ト

発行所　〒113-0033 東京都文京区本郷1-13-2　株式会社 知泉書館
電話03(3814)6161 振替00120-6-117170
http://www.chisen.co.jp

Printed in Japan　　　　　　　　　　　印刷・製本／藤原印刷

人文学概論 (増補改訂版)　人文知の新たな構築をめざして
安酸敏眞　　　　　　　　　　　　　　　　　四六/300p/2500 円

欧米留学の原風景　福沢諭吉から鶴見俊輔へ
安酸敏眞　　　　　　　　　　　　　　　　　四六/520p/3700 円

歴史と解釈学　《ベルリン精神》の系譜学
安酸敏眞　　　　　　　　　　　　　　　　　A5/600p/8500 円

解釈学と批判　古典文献学の精髄
A. ベーク／安酸敏眞訳　　　　　　　　　　　菊/420p/6000 円

『キリスト教信仰』の弁証　『信仰論』に関するリュッケ宛ての二通の書簡
F.D.E. シュライアマハー／安酸敏眞訳　　　　四六/240p/3200 円

人文学の可能性　原語・歴史・形象
村井則夫　　　　　　　　　　　　　　　　　四六/488p/4500 円

ニーチェ　仮象の文献学
村井則夫　　　　　　　　　　　　　　　　　四六/346p/3200 円

はじめての人文学　文化を学ぶ，世界と繋がる
佐藤貴史・仲松優子・村中亮夫編著　　　　　四六/306p/2200 円

フランツ・ローゼンツヴァイク　〈新しい思考〉の誕生
佐藤貴史　　　　　　　　　　　　　　　　　菊/340p/5500 円

トレルチにおける歴史と共同体
小柳敦史　　　　　　　　　　　　　　　　　菊/260p/4600 円

哲学中辞典
尾関・後藤・古茂田・佐藤・中村・吉田・渡辺編　　新書/1402p/5200 円

知恵の探求とは何か　哲学的思索への手引き
金子晴勇　　　　　　　　　　　　　　　　　四六/168p/1600 円